QUÉ NOMBRE PONERLE A SU FUTURO BEBÉ

Laura Tuan

QUÉ NOMBRE PONERLE A SU FUTURO BEBÉ

EDITORIAL DE VECCHI

A pesar de haber puesto el máximo cuidado en la redacción de esta obra, el autor o el editor no pueden en modo alguno responsabilizarse por las informaciones (fórmulas, recetas, técnicas, etc.) vertidas en el texto. Se aconseja, en el caso de problemas específicos —a menudo únicos— de cada lector en particular, que se consulte con una persona cualificada para obtener las informaciones más completas, más exactas y lo más actualizadas posible. EDITORIAL DE VECCHI, S. A. U.

Traducción de Nieves Nueno Cobas.

Diseño gráfico de la cubierta de Design Simona Peloggio.

© Editorial De Vecchi, S. A. U. 2004
Balmes, 114. 08008 BARCELONA
Depósito Legal: B. 19.169-2004
ISBN: 84-315-2230-5

Reservados todos los derechos. Ni la totalidad ni parte de este libro puede reproducirse o trasmitirse por ningún procedimiento electrónico o mecánico, incluyendo fotocopia, grabación magnética o cualquier almacenamiento de información y sistema de recuperación, sin permiso escrito de EDITORIAL DE VECCHI.

Introducción

A veces sucede. En el autobús o en el supermercado, miramos a un señor grueso, de cierta edad, y pensamos «Ese debe llamarse Plácido, o quizá Raúl». Llamamos mentalmente Isabel a la muchachita de ojos color violeta y Rosa a la señora con el traje de lunares. O bien, al contrario, un nombre, unas cuantas sílabas, resulta ya suficiente para evocar a una querida amiga de la infancia, a la antipática profesora, al cartero gruñón. Sutiles tramas de recuerdos, impresiones resucitadas, ternuras y rebeliones sofocadas se materializan de súbito al escuchar determinados nombres.

Este libro está dedicado a todo el mundo, dado que todos poseemos un nombre (o dos, o tres), y en ocasiones sentimos la curiosidad de saber qué orígenes tiene, qué significa, qué personajes fueron los primeros en llevarlo o lo ilustraron a lo largo de los siglos; pero va dirigido en especial a quienes viven la delicada y deliciosa experiencia de la espera de un bebé, del que aún no conocemos nada (ojos, cabello, nombre...). Un pequeño ser que, además de la papilla y el nuevo pañal superabsorbente, necesitará toda su dulce firmeza, su atención y su ternura.

Un niño que nace es una hoja en blanco. Al crecer, decidirá entre hacerse médico o panadero, ser católico o abrazar el islamismo, casarse con Marina, Carlota o con nadie, vivir en Madrid o en Singapur. Pero el nombre, a pesar del discreto auxilio del diminutivo, permanece despiadadamente impreso en el pasaporte o en el permiso de conducir, probándole, precisa y machaconamente, que él es Anténor Escobar o Genoveva Molada.

Su primer acto de amor hacia ese bebé, todavía del tamaño de una lenteja, puede comenzar ya, regalándole un bonito nombre. Un nombre que le guste pero que, sobre todo, le guste mañana a él o a ella; un nombre ni demasiado largo ni demasiado incómodo, ni demasiado lleno de X, Y, Z, desesperación de los maestros y de los empleados del registro. Un nombre que quede bien con el apellido, que nunca provoque la risa ni ruborice. Un nombre feliz, que evoque imágenes de luz y que no hable de dolor, derrota ni defectos físicos. Ni demasiado corriente ni absurdo, actual pero no extravagante, o aceptado sin espíritu crítico por estar de moda.

El destino de todo el que nace está escrito en las estrellas, en las líneas de la mano, en los biorritmos, y el nombre representa un pequeño instrumento para acentuarlo o para modificarlo.

ADA

Etimología e historia

Dos orígenes distintos para Ada: el hebraico *adah* (= alegre, feliz), y el germánico *adel* (= noble).

Este nombre, que la tradición considera afortunado, se celebra el 4 de diciembre y el 4 de mayo. Un personaje célebre fue la poetisa Ada Negri.

Diminutivos y variantes: *Adelina, Adita*.

Carácter y destino

Ada tiende al optimismo y a la alegría.

Bella, simpática, llena de encanto y segura de sí misma, vive alegremente sus sentimientos y sus delicadas emociones. Tranquila y dulce con su compañero, concede gran importancia a la vida familiar. Sabe dominar la cólera y se muestra siempre tranquila y serena; éxito en el arte y en el amor.

La suerte

El número de la suerte de Ada es el seis, el contradictorio número de Venus; por consiguiente, el día propicio es el viernes; colores: verde, turquesa y rosa. Talismanes: un objeto de jade, una esmeralda, una pulsera de cobre, o bien una rosa. En las situaciones en las que la combatividad resulta imprescindible, a Ada le será útil llevar algo rojo.

ADALBERTO - ALBERTO - ALBERTA

Etimología e historia

Nombre germánico (de *athala* = nobleza, y *bertha* = resplandeciente; pero quizá, jocosamente, de *all* = todo, y *brecht* = romper: que lo rompe todo) que tuvo una amplia difusión a partir de la Edad Media debido, probablemente, a muchos célebres personajes presentes tanto en el ámbito eclesiástico como nobiliario: del obispo de Praga al rey de Italia (hijo de Berengario), pasando por Alberto Magno, filósofo, teólogo, patrón de las ciencias naturales que nos dejó entre otras cosas cierta cantidad de «recetas» mágicas.

A Alberto están dedicadas muchas fiestas: el 5 y 21 de abril, el 4 de agosto, el 3 de septiembre y el 15 de noviembre. En cambio, el 23 de abril está dedicado sólo a él.

Carácter y destino

Adalberto es valiente y simpático, generoso y apasionado. Dotado de gran confianza en sí mismo, defiende a capa y espada sus ideas, a veces con cierta presunción. En el amor se muestra desconfiado y dotado de autocontrol. Manifiesta desde niño interés por casi todos los deportes.

Alberto también es inteligente, conciliador y ambicioso. Aparentemente frío, se muestra —para quien de verdad logra conocerle— abierto, simpático y sincero. Bastante caprichoso e irascible, valora tarde sus propias cualidades. Ama las aventuras amorosas pero tan pronto como se casa resulta un marido afectuoso y fiel.

Alberta es amable, servicial, devota; en ocasiones nerviosa, susceptible, muy curiosa. Fiel en los afectos.

La suerte

Números propicios son: seis para Adalberto, uno para Alberto, cinco para Alberta. Los días afortunados son respectivamente el viernes, el domingo y el miércoles. Talismanes: un objeto de jade para Adalberto, de oro para Alberto y de platino para Alberta; también son ideales la cornalina y el ágata, sobre los que se grabarán una golondrina o una mariposa. Para todos es adecuado el perfume de lavanda.

ADÁN

Etimología e historia

Dos son las fuentes etimológicas ocultas en el nombre de nuestro progenitor, predilecto hoy por protestantes y judíos: *adam* (hombre) y *adamah* (tierra). La fiesta del padre de la humanidad se celebra el 25 de diciembre. Otras fechas: 16 de mayo, 1 de junio y 29 de julio.

Es curiosa y bastante poco frecuente la versión femenina: *Adana*.

Carácter y destino

Adaptable, goloso y sociable, Adán resulta ser —según la tradición— el clásico hombre dominado por las mujeres. Hábil realizador, preciso, pedante; inclinado al estudio, las letras y las ciencias exactas. Le gusta viajar y, aunque no atribuye excesiva importancia al dinero, lo administra hábilmente. En amor tiende a planificar. Matrimonio tranquilo.

La suerte

Siete es el número para Adán; seis, para Adana. Día afortunado: lunes. Colores: blanco y gris perla. Talismanes: un berilo, las pinzas de un cangrejo o bien un objeto de cristal. Para ella, una esmeralda o perfume de ciclamino.

ADELAIDA - ADELA

Etimología e historia

En alemán, Adelheid *(athala heit)* significa «de noble calidad o raza».

Su fiesta se celebra el 16 de diciembre, el 5 de febrero y el 17 de junio. La de Adela, el 8 de septiembre, el 28 de noviembre y el 24 de diciembre.

Variantes: *Adelina, Adelia, Adelinda, Adelita, Alina, Addy, Alasia, Athala, Delly, Liddy, Elka.*

Carácter y destino

Noble, quiera o no quiera, **Adelaida** es concienzuda, lúcida e intuitiva. Sentimentalmente voluble, corre el riesgo de ser mal entendida en el amor, y es con frecuencia incomprendida. No siempre hallará felicidad en el matrimonio.

Adela se asemeja por inteligencia e intuición a Adelaida. Refinada y valiente, llega a ser despiadada con quienes no respetan sus ideales de justicia. Abierta y equilibrada, siente mucho la relación de pareja, en la que sabe dar mucho de sí misma. No muy dotada para administrar el dinero —que tiende a gastar para los demás—, puede experimentar auténticos golpes de suerte. Si actúa con prudencia, contrarrestando su natural impulsividad, vivirá una existencia bastante afortunada.

La suerte

El cinco es el número de la suerte de Adelaida; el nueve, el de Adela. A la primera le resultará afortunado el miércoles; a la segunda, el martes.

Adelaida hallará propicio el color celeste y todos los irisados. Amuleto: una margarita. El rojo y el violeta resultarán más adecuados para Adela, así como un anillo de hierro y la flor de la genciana.

ADOLFO

Etimología e historia

A pesar del origen germánico de *athal* = noble y *wulf* = lobo (no en el sentido literal de noble lobo sino de guerrero y compañero de Odín), el nombre está más difundido en el sur que en el norte quizá gracias al culto de san Adolfo, mártir de Córdoba. Un Ataúlfo fue rey de los visigodos, y *Adolfo* es el título de una novela de B. Constant.

Fiestas: 11 de febrero, 17 y 30 de junio, 27 de septiembre.

Variante provenzal: *Dolphin*.

Carácter y destino

Como el lobo, del que toma su origen el nombre, Adolfo es agresivo, activo y nervioso. Afectado quizá por una excesiva autoestima, es propenso a agrandar los defectos ajenos. Voluntad, parsimonia, intransigencia; dotado de carisma y enamorado del riesgo, vive afectos muy intensos. Excelente empleado, preciso y eficiente. Con tendencia a la melancolía, en amor se muestra un poco acomplejado.

La suerte

Es Saturno, con el número ocho, el rígido y frío planeta de la vejez, el señor de Adolfo. Por ello, tendrá suerte el sábado, le gustarán los colores oscuros como el marrón y el gris, y se beneficiará llevando ónice y coral negro. También son adecuados una hoja de hiedra y un pequeño escarabajo.

ADRIÁN - ADRIANO - ADRIANA

Etimología e historia

El origen de este apelativo, *cognomen* de una *gens* romana, es la antigua ciudad de Hadria, de la que toma su nombre también el mar Adriático. Es el nombre de seis pontífices y de un emperador romano, Publio Elio Adriano, recordado como el constructor del famoso Muro en las islas británicas.

San Adrián de Nicomedia, patrón de los mensajeros, es recordado el 8 de septiembre. Otras celebraciones: 4 de enero, 5 de marzo, 8 de julio.

Carácter y destino

Adrián representa al tipo de hombre bueno, sencillo y preciso del que la gente tiende a aprovecharse.

Activo, sincero y fiel en el amor, vive siempre un poco apartado en su propio mundo. Puede llegar a ser un buen técnico, profesor o constructor. El correspondiente femenino presenta dotes de mayor valor, combatividad y sentido práctico. Creativa, original y adaptable, **Adriana** sabrá crear su suerte con su propio optimismo.

La suerte

El número mágico de Adrián es el ocho; el de Adriana, el tres. Los días más afortunados son respectivamente el sábado y el jueves. Entre los talismanes, un jaspe marrón y una ramita de pino para él, y un zafiro oscuro y perfume de cedro para ella.

ÁGATA · ÁGUEDA

Etimología e historia

Nada tiene que ver, como podría creerse, con la piedra del mismo nombre, una variedad de calcedonio que toma su nombre de un torrente sículo (antiguo pueblo de Sicilia), el Achates, en cuyas orillas abundaba antiguamente. Ágata, como apelativo personal, deriva en cambio del griego *agathós* (= bueno).

La festividad de santa Águeda, patrona de las nodrizas y de los tejedores, se celebra el 5 de febrero.

Una variante poco común del nombre es *Gadea*.

Carácter y destino

Ágata demuestra, como su propio nombre revela, generosidad, dulzura y devoción. Un excesivo interés por la adulación le impulsa, no obstante, a conceder demasiada importancia a la opinión de los demás. Volitiva y competitiva, aprecia tanto el deporte como el estudio y, bastante rígida mentalmente, no se pierde en frivolidades. Prudencia ante las pasiones.

La suerte

Número de la suerte: tres. Día propicio: jueves. Color: azul oscuro. Talismanes: un fragmento de corteza de abedul, una amatista.

AGUSTÍN · AUGUSTO · AUGUSTA

Etimología e historia

Agustín es la forma popular de Augusto que, referido antiguamente sólo a objetos en la acepción de «consagrado a los augurios», comenzó a utilizarse en el sentido de «venerable» para Octaviano, el primer emperador de Roma. El más célebre entre los Agustines es por ahora el santo de Hipona, padre y doctor de la Iglesia, autor de las célebres *Confesiones* y de *La ciudad de Dios* y patrón de los filósofos, tipógrafos, editores y escritores; es invocado contra la pereza. Su fiesta se celebra el 28 de agosto.

En cuanto a Augusto, se celebra el 4 y el 27 de marzo, el 7 y el 28 de mayo, el 1 de septiembre y el 7 de octubre. La historia del arte y del pensamiento están llenas de personajes ilustres que llevan este nombre: el filósofo A. Comte, el pintor A. Renoir, el escultor A. Rodin y el escritor sueco A. Strindberg.

Carácter y destino

Agustín es inteligente, erudito, dotado de gran memoria y excelentes capacidades organizativas. Misterioso e indeciso en amor, desea sobre todo ser amado y apreciado. Bueno y servicial, prefiere el trabajo intelectual. Posibilidades de éxito.

Augusto se muestra fuerte, reflexivo, lento pero profundo en el pensamiento. Atiende metódicamente a sus fines, si bien en ocasiones puede detenerse a medio camino. Leal, orgulloso, a veces soberbio, puede obtener óptimos resultados en el campo técnico. Aunque aspira a la solidez afectiva es celoso de su libertad; no obstante, si se compromete y no se le agobia resultará un compañero dulce y original, sensual y comprensivo.

Augusta revela, en cambio, pasionalidad y coquetería. Fuerte aspiración al matrimonio con peligro de rupturas y desilusiones. Orgullosa y digna, sabe sufrir en silencio. No le gustan las cuestiones financieras ni las profesiones que comporten contacto con el público.

La suerte

Para Agustín, el número de la suerte es el uno; día favorable: domingo; color: amarillo solar; como talismanes: una hoja de salvia o un pequeño león de oro.

Para Augusto, el número es el cinco; día: miércoles; colores: irisados; como amuletos: un mechón de pelo de zorro o semillas de anís.

Augusta, por su parte, tendrá como número mágico el nueve y como día propicio el martes. Color: púrpura. Talismán: rubí, hematites, flores de lúpulo.

ALBA - ALBANO - ALBINO - ALBINA

Etimología e historia

Etimología evidente para Alba, Albino y Albina del latín *albus* (= blanco, rubio). Albano, en cambio, como nombre étnico, tiene su origen en la ciudad de Alba (*alb* = monte).

La festividad de Alba se celebra el día 16 de diciembre o el 17 de enero; la de Albino, el 1 de marzo; la de Albano, el 22 de noviembre.

Carácter y destino

Tanto **Albano** como **Albino** y **Albina** son bastante introvertidos, desconfiados pero dispuestos a mostrarse tiernos una vez han alcanzado la seguridad afectiva. Imaginativos, simpáticos, fascinantes y muy fieles; exceptuando alguna aventura en la primera juventud. **Albino** es un sensato y hábil administrador y organizador, con ideales de orden y jerarquía.

A ambos les gusta la buena mesa y aspiran a una existencia tranquila y regular.

La misma dulzura se halla en **Alba**, soñadora, romántica, pero caprichosa y más independiente. Entusiasta e intuitiva, no está dotada en absoluto para el comercio y los negocios. Religiosidad y dotes precognitivas.

La suerte

Albino tiene como número de la suerte el ocho; Albina, el tres; Albano, el nueve, y el siete es el número de Alba. Por ello, los días más afortunados serán respectivamente el sábado, el jueves, el martes y el lunes.

Colores: marrón, púrpura, rojo y blanco. Talismanes: una amatista para Albino y Albina, un rubí para Albano, una perla o una hoja de lunaria para Alba.

ALBERTO (véase ADALBERTO)

ALDO - ALDA

Etimología e historia

Sobre las raíces de Aldo coexisten varias hipótesis: el longobardo *ald* (= viejo) o el germánico *waldan* (= mandar), el céltico *althos* (= exquisitamente bello), o bien *alan*, también longobardo, con el significado de crecer, nutrir (es decir, crecido, adulto).

Fiestas: 10 de enero, 26 de abril, 18 de noviembre.

Variantes: *Alderio* y *Aldisio*.

Carácter y destino

Aldo es simpático, curioso, vivaz. El misterio le atrae, le tienta. Imaginación, idealismo. Su mayor defecto, sin embargo, es la vanidad.

Alda se somete sólo aparentemente; en realidad, es una mujer independiente, enérgica y volitiva, capaz de guiar a su compañero, al que dedica mucha atención. Espíritu crítico algo sarcástico; amor por las ocupaciones insólitas. Posibles viajes al extranjero.

Tiende a desanimarse con facilidad, a pesar de su espíritu decidido.

LA SUERTE

Para Aldo: número, el cinco; día: el miércoles; colores: gris, celeste y anaranjado. Número nueve, martes y color rojo sangre, para Alda. Entre los talismanes: un objeto de platino para él, una cadena de acero para ella.

ALEJANDRO - ALEJANDRA

ETIMOLOGÍA E HISTORIA

Alejandro, del griego *Aléxandros*, es defensor, protector de hombres. En la historia, al macedonio que extendió su imperio hasta la India sigue toda una multitud de Alejandros a cuál más conocido: del papa Alejandro VI Borgia a tres zares, de A. Manzoni a A. Volta, A. Pushkin, A. Dumas, etc.

Fiestas: 27 de marzo, 3 de mayo, 6 de junio, 26 de julio y 26 de agosto.

Alejandro, difundido por todas partes, ha dado origen a una serie de variantes; entre ellas: *Alessandria* y *Lisandra, Alex, Sacha, Sandy, Zander* y *Zandra, Alastair, Shura* y *Shurik, Alik, Sandor,* etc.

CARÁCTER Y DESTINO

En masculino, **Alejandro** resulta un nombre lleno de virtudes: inteligencia, voluntad, generosidad, fidelidad y buen corazón. Sin embargo, tiende a descuidar los sentimientos aislándose en su torre de marfil.

Desafortunadamente, en femenino pierde muchas de sus cualidades. **Alejandra** es susceptible y presuntuosa; muchas de sus ilusiones no se harán realidad. Sin embargo, en contrapartida es enérgica, valiente y buena.

LA SUERTE

El número de oro para Alejandro es el nueve, por la influencia del planeta Marte que le proporciona espíritu combativo y valor. Día propicio: martes. Color: rojo violáceo. Talismán: una bolsita de tabaco.

Para Alejandra: el número cuatro, el domingo, el color amarillo y un collar de ámbar como talismán (también es óptimo el perfume de azahar).

ALEJO - ALEXIA

ETIMOLOGÍA E HISTORIA

Deriva del sánscrito *Raksati* o del griego *Aléxos* (del verbo *aléxo* = defender, proteger).

El 17 de julio se celebra la festividad de Alejo, noble romano que renunció a las comodidades para vivir como confesor y asceta.

CARÁCTER Y DESTINO

Caprichosos e hipersensibles pero vivaces e imaginativos, **Alejo** y **Alexia** caen simpáticos a todo el mundo. Bastante valientes y activos, a menudo tienden a caer en auténticas crisis de pesimismo. Dotados de gran altruismo, poseen además una formidable memoria.

LA SUERTE

El ocho, el número del pesimista Saturno, es el propicio para Alejo. El sábado es su día; el gris oscuro, su color, y un pedacito de plomo, su amuleto.

Para Alexia serán favorables: el número tres, el jueves, color azul marino y un pedacito de estaño como talismán.

ALFEO - ALFIO

Etimología e historia

Para Alfio, la etimología es sin duda griega. En efecto, deriva de *álphios* (= blanco). Es distinto el caso de Alfeo que, aunque se apoya en el mito griego según el cual es el cazador enamorado de la ninfa Aretusa y con ella transformado por la celosa Artemis en fuente, al parecer tiene orígenes arameos en Halpay o Hal'fj.

Fiestas: 10 de mayo y 17 de noviembre.

Carácter y destino

Energía, voluntad y dominio caracterizan a **Alfeo**; pero su escasa perseverancia, unida a la poca sinceridad y a una absoluta falta de racionalidad, le llevan a menudo a decisiones precipitadas de las que derivan una gran cantidad de problemas. Astucia, amor por lo ampuloso y lo maravilloso. **Alfio** está dotado de una personalidad prudente, sensata, atraída por los temas filosóficos y en particular ocultos. Ama los libros, los viajes y las amistades, con las que demuestra mucha paciencia y lealtad. Posible matrimonio precoz.

La suerte

Para Alfio, el número propicio es el siete; día favorable, lunes; color, gris claro. Como amuleto, podrá utilizar semillas de calabaza o un objeto de nácar. Para Alfeo, por su parte, el número es el cuatro; el día, domingo; el color, amarillo oro; el amuleto, un sobrecito de azafrán y una hoja de salvia.

ALFONSO o ALONSO - ALFONSA o ALFONSINA

Etimología e historia

Existen varias hipótesis sobre los orígenes de Alfonso, un apelativo traído a España por los visigodos. El nombre se compone de dos partes: *funs* (= dispuesto, valeroso), y *athal, adel* (= noble), de donde deriva «noble valeroso»; o bien *ala* (= todo), es decir, «sumamente valeroso»; o también *haltus* (= batalla), y por tanto «valeroso en batalla».

Se trata de un apelativo de gran resonancia nobiliaria llevado tanto por reyes de España como de Portugal. Entre los personajes conocidos, los poetas Lamartine y Daudet. Entre los santos, san Alfonso de Ligorio, invocado contra la artritis y la gota, y san Alonso Rodríguez, protector de los porteros. Fiesta: 1 de agosto.

Carácter y destino

Emotivo, sensible y fácilmente impresionable, **Alfonso** compensa su falta de voluntad y de carácter con una viva inteligencia y una rápida invención. Muy leal en el amor. Destino poco propicio.

En femenino, el nombre predispone a un entusiasmo peligroso y a una generosidad casi excesiva. **Alfonsa** es buena, orgullosa, briosa, pero como Alfonso posee poca voluntad. Sólo algunas veces interesada, pero siempre seductora, se rodea de muchos amigos aunque vive sólo pocos afectos verdaderamente profundos.

La suerte

Alfonso tiene como número propicio el uno; día afortunado, el domingo; color, amarillo anaranjado; talismán, un pequeño león de oro y una ramita de muérdago. Para Alfonsa, el día es el miércoles; colores: irisados; talismán: la piedra llamada calcedonia o bien una avellana.

ALFREDO

Etimología e historia

La etimología de Alfredo deja margen a varias posibilidades, todas ellas de origen germánico, compuestas por *athal* (= noble), o *ald* (= viejo), o *all* (= todo), o *eald* (= sabio) y *fridu, friede* (= paz, seguridad), y por tanto noble en la paz, viejo en la paz, muy pacífico o sabio en la paz.

A estas se añade la anglosajona *aelfraed* (= consejo de los elfos), que confiere al nombre un aura mágica, de fábula. Personajes famosos son los literatos De Musset y Tennyson y el compositor Catalani.

Fiestas: 12 de enero, 14 de agosto y también el 15 de septiembre.

Carácter y destino

Se encuentra en Alfredo a un hombre dulce, pacífico, capaz de someter a los demás por medio de un encanto sutil, sereno y alejado de cualquier forma de violencia. Gran equilibrio y sentido de la responsabilidad. Colecciona éxitos amorosos pero se muestra bastante indeciso en la elección de su compañera. Tendencia a la investigación, al estudio. Éxito seguro aunque tardío, a largo plazo.

La suerte

Número de la suerte: siete; día favorable: lunes; colores: blanco y amarillo muy claro. El amuleto más adecuado: un pececillo de plata, una bolita de alcanfor.

ALICIA

Etimología e historia

Del germánico *Athalheid*, adopta en el francés antiguo la forma de *Alis* y *Alicia* en latín. Sin embargo, existe una forma griega, *Aliké* (= marina), que relaciona el nombre con las aventuras de una espléndida ninfa.

Fiestas: 5 de febrero, 11, 24 y 28 de junio.

Variantes: *Aliz, Alais, Alesia, Alissa, Allison*.

Carácter y destino

Alicia, la soñadora por antonomasia que se encanta «contemplando las musarañas» o se aventura en el país de las maravillas, es en realidad una mujer práctica, segura de sí misma y poco imaginativa. Tras una apariencia susceptible y pendenciera, oculta un ánimo tierno, sentimental y dulce. Posible éxito en las letras.

La suerte

Número propicio: tres; día favorable: jueves; color: azul marino; como amuleto, Alicia podrá escoger entre una turquesa, una hoja de abedul y un pedacito de cuerno de ciervo. Para ella el perro resulta un amigo excepcional.

ALMA

Etimología e historia

La etimología popular relaciona este nombre con la batalla que tuvo lugar durante la guerra de Crimea. En cambio, el nombre puede derivar del latín *alere* (= nutrir, ya que Alma era el epíteto de varias divinidades femeninas), o bien del alemán *helm* (= defender).

CARÁCTER Y DESTINO

Con Alma nos hallamos ante la clásica soñadora, enamorada del teatro, de la poesía, de la moda; pero en la vida práctica se muestra lúcida, concienzuda y perfeccionista. Nunca deja las cosas a medias. Simpática, irradia confianza y hace que sus consejos, generosamente ofrecidos, sean seguidos siempre. Sincera e impulsiva en el amor, corre el riesgo de sentirse casi siempre incomprendida. Alma es una altruista que cree en el amor universal, y por este ideal es capaz de sacrificar tiempo y dinero.

LA SUERTE

Número mágico: nueve; día afortunado: martes. Color: rojo vivo. Talismanes: una peonia o bien un colgante de hierro.

ÁLVARO

ETIMOLOGÍA E HISTORIA

Este es un nombre de origen antiguo y de derivación teutónica de *ala* (= todo) y *warja* (= defender), es decir, «el que defiende a todos», inmortalizado por la obra de Verdi, *La fuerza del destino*.
Fiesta: 11 de junio.

CARÁCTER Y DESTINO

Romántico, sentimental y filántropo, Álvaro atribuye gran importancia a la familia. Se enamora frecuente y locamente, y mitifica a menudo los afectos perdidos. Escasa ambición. Creatividad y amor por el arte.

LA SUERTE

El seis es su número de la suerte; el viernes, el día más feliz; el verde brillante, el color más adecuado. Una pulsera de cobre y un mechón de pelo de gato serán sus talismanes.

AMADEO

ETIMOLOGÍA E HISTORIA

Se trata de un apelativo nobiliario, compuesto por el verbo *amar* y por el término *dios*, muy común en la casa de Saboya a la que pertenecen también los dos condes homónimos (llamados para distinguirlos el Conde Rojo y el Conde Verde) y un santo, el beato Amadeo X de Aosta, patrón de los barberos, que se celebra el 30 de marzo. Otras festividades: 28 de enero, 12 de febrero y 31 de marzo.
Un famoso contemporáneo: A. Modigliani, el pintor de los largos cuellos. Variante: el literario *Amadís*.

CARÁCTER Y DESTINO

Sensato, prudente y solitario, Amadeo tiene el don de influir positivamente en el prójimo. Sólo tras una cuidadosa búsqueda de la compañera adecuada hallará serenidad en la familia y en la educación de los hijos. Amor por la vida campestre. Sobresale en el estudio y en el deporte.

LA SUERTE

El número de la suerte de Amadeo es el siete; el color, el blanco grisáceo combinado con el rojo y el verde. Día favorable, el lunes. Como amuleto, un ópalo, un berilo, o bien un muñequito en forma de gato. Y si el gato, en vez de ser de peluche, es de carne y hueso, aún mejor.

AMADO - AIMÓN

ETIMOLOGÍA E HISTORIA

Aimé o Amada era el nombre ritual de las vírgenes vestales en la antigua Roma.

En cambio, de origen completamente distinto es Aimón, muy difundido en la casa de Saboya, que proviene del germánico *Hamo* (= patria).

Fiesta: 13 de septiembre.

Variantes: *Hamon*.

Carácter y destino

Tanto Aimé como Aimón presentan una personalidad esquiva, sobria, ahorradora, capaz de dedicarse a fondo a la profesión. En el aspecto negativo se observan cierta rigidez mental, irritabilidad y picardía. Tendencia a la exageración en el amor.

La suerte

Para ambos: número favorable, uno; día afortunado, domingo; colores, amarillo y anaranjado. Entre los talismanes, un águila de oro, un topacio y un girasol.

AMALIA - AMELIA

Etimología e historia

Amalia, que fue un nombre muy común entre los ostrogodos —llamados por ello ámalos—, se relaciona con el germánico *amal-aml* (= diligente). Sin embargo, hay quienes lo consideran derivado de una voz griega de significado completamente opuesto; en efecto, *ameleo* significaría descuidado, negligente; o también, podría indicar «la que protege a los ámalos», como abreviatura de Amalberga.

Amelia es considerado por algunos una variante de Amalia, y por otros un diminutivo del etrusco *Amius*.

Fiestas: 2 de junio, 10 de julio y 12 de diciembre para Amalia; el 5 de enero y el 31 de mayo, para Amelia.

Variantes: *Malina, Amelita, Melina, Emmelina*.

Carácter y destino

Amalia y **Amelia**, metódicas y equilibradas, saben alcanzar con facilidad su meta ayudándose con la persuasiva elocuencia y el encanto que las distingue.

Ni la una ni la otra gustan de confiar sus afectos. Prudentes en el amor, se apegan a su pareja y al hogar. Dotadas de discreción, resultan unas excelentes empleadas, secretarias y estilistas. Un pecadillo que no confiesan fácilmente: una buena dosis de superficialidad.

La suerte

Los números de la fortuna son el uno para Amalia y el cinco para Amelia. La primera escogerá los colores cálidos, solares, y un objeto de oro o un girasol como talismán. La segunda preferirá el anaranjado y una cadena de platino. Días propicios: domingo y miércoles, respectivamente.

AMANDA

Etimología e historia

Del gerundio latino del verbo amar, corresponde a «aquella que debe ser amada».

Fiesta: 8 de mayo.

Carácter y destino

Sensata, prudente, melancólica, Amanda experimenta una profunda atracción por el misterio. Tímida pero afectuosa, cultiva no obstante pocas amistades. Generalmente incomprendida en amor, se consuela dedicando todas sus fuerzas a la investigación y al estudio.

No atribuye ninguna importancia al dinero, aunque es capaz de administrarlo prudentemente.

La suerte

Número de la suerte: siete; día preferido: lunes; colores: blanco y plata. El talismán más eficaz: un aguamarina o una perla.

ÁMBAR

Etimología e historia

El ámbar (del árabe *ambar*) es una resina fósil de tonos solares, utilizada desde la Antigüedad como material ornamental. Por ello, el nombre debería constituir un feliz augurio de hermosura y luminosidad para la recién nacida que lo reciba.

Carácter y destino

Nos hallamos ante un caso poco frecuente en el que al significado etimológico de clara impronta solar, se contrapone uno numerológico, saturnal, frío, y por tanto completamente opuesto. Ámbar es imaginativa, creativa, aparentemente extrovertida, fascinante, pero incuba en soledad una sutil melancolía. Buena resistencia a la fatiga. Eficiente y precisa en el trabajo siempre que no se sienta atrapada por la rutina.

La suerte

Número de la suerte: ocho; día propicio: sábado; colores: todos los tonos del amarillo y del marrón. Talismán: un collar de la resina del mismo nombre.

AMBROSIO

Etimología e historia

Del griego *ámbrotos* (= inmortal), es un nombre más común en Italia, en Lombardía, y en particular en Milán, donde fue obispo san Ambrosio, bautizado y elegido pocos días después de que, según se cuenta, un niño muy pequeño que apenas sabía hablar comenzase a gritar entre la multitud: «Sea Ambrosio nuestro obispo».

El 4 de abril se celebra el nacimiento del santo; el 7 de diciembre, su consagración. Es el patrón de Milán y de las industrias lombardas.

Carácter y destino

Ambrosio, metódico y frío, dotado de discreción y sentido común, tiende a frenar todo impulso emotivo. Apegado a sus propias ideas, puede modificarlas bruscamente, pero en la mayoría de ocasiones, y con la elocuencia que le caracteriza, sabe hacer que las cambien los demás.

A pesar del encanto que desprende, se muestra siempre prudente y honesto en el amor.

La suerte

Número de la suerte: ocho; día predilecto: sábado; colores propicios: gris oscuro y marrón. Amuleto aconsejado: una piña, la imagen de un búho o bien un diamante.

AMELIA (véase AMALIA)

ANA - ANA MARÍA

Etimología e historia

En hebreo *Hannah* (= Dios ha tenido misericordia); Ana era madre de Samuel y esposa de Tobías; sólo en los Evangelios apócrifos aparece también como nombre de la madre de la Virgen.

En el mundo latino corresponde a Ana Perenna, una divinidad propiciadora del nuevo año. Las mujeres célebres con este nombre fueron: Ana de Austria, madre de Luis XIV, y Ana Bolena, decapitada por orden de Enrique VIII. La festividad de santa Ana, patrona de la maternidad, se celebra el 26 de julio.

Otra fiesta: 26 de mayo.

Es un nombre muy extendido y ha producido toda una serie de compuestos y variantes, desde los comunes *Anabel* y *Anita* a las insólitas formas extranjeras *Anika, Ania, Anka, Anuska, Nanny, Nancy, Annouka, Annie.*

Carácter y destino

Ana, en apariencia toda gracia y dulzura, está dotada de una mente lúcida, realista. Memoria férrea, independencia; aptitud para las ciencias y las letras. Rodeada de muchos amigos, vive durante la juventud una serie de relaciones ocasionales, pero en cuanto halla al hombre de su vida se transforma en una esposa cariñosa y fiel. Provista de un excelente olfato para los negocios, resulta, no obstante, algo derrochadora. Suerte propicia.

Ana María une a los rasgos de Ana un gran sentido maternal. Muy sensible en el amor, logra realizar sus sueños sólo después de muchas peripecias. Le gusta ser apreciada y adulada.

La suerte

Tres es el número favorable para Ana. Día: el jueves. Color: azul marino. Amuleto: un zafiro oscuro y perfume de canela. Para Ana María: día, el martes; color, rojo sangre; talismán, una granada o un heliotropo.

ANASTASIA - ANASTASIO

Etimología e historia

Derivado del griego *Anastásios*, que a su vez proviene de *anástasis* (= resurrección), está muy difundido en los países del Este, pero actualmente es poco común en España, quizá porque Anastasia es el nombre satírico que se daba a la censura dentro del mundo literario, teatral y artístico.

El santoral recoge este nombre los días 5, 6 y 22 de enero, el 15 de abril, el 20 y el 28 de mayo, y el 29 de junio. Santa Anastasia, patrona de los joyeros, se invoca también contra los dolores renales.

Carácter y destino

Anastasia y **Anastasio** son en general personas difíciles, impulsivas, que rechazan todo lo que no saben comprender. Sinceros hasta la crueldad, tienden a sufrir mucho por amor. Sin embargo, siempre saben recuperarse de las desilusiones que inevitablemente experimentan.

La suerte

El número más favorable para Anastasio es el nueve, y el cuatro lo es para Anastasia. El rojo intenso como color y un jaspe como amuleto para él, y el amarillo vivo y un topacio para ella. Los días afortunados son respectivamente el martes y el domingo.

ANDRÉS - ANDREA

Etimología e historia

Originado por el griego *andréia* (= fuerza viril), es un apelativo muy difundido en toda Italia, probablemente por veneración a san Andrés, el pescador discípulo, mártir en Patras en una cruz en forma de X llamada precisamente *cruz de san Andrés*.

Es el patrón de los pescadores y se le invoca contra la injusticia, la esterilidad y muertes súbitas.

Fiestas: 14 de enero, 10 y 30 de noviembre. Entre los ilustres: A. Pisano, escultor; A. Verrocchio y A. Mantegna, pintores; A. Palladio, arquitecto; A. Chenier y A. Gide, respectivamente poeta y escritor.

Variantes: *Jedrus, Ondra, Andy, Dandy, Andor.* Obsérvese que en italiano *Andrea* es masculino.

Carácter y destino

Como el nombre sugiere, **Andrés** tiende a dominar a los demás. Bastante materialista, dotado de un desarrollado sentido de los negocios, es un individuo nervioso, excéntrico, disperso, testarudo y sujeto a repentinos ataques de ira. Matrimonio tardío, infidelidad.

Peligro de accidentes a causa de animales. Aptitud para el estudio de los idiomas.

En femenino, el nombre **Andrea** supone extravagancia pero también ambición y tenacidad. Amor por el lujo. Carácter cerrado y reservado.

La suerte

El siete es el número de la suerte para Andrés; el lunes, su día favorable; el blanco, su color. Para Andrea, el tres, el jueves y el azul intenso respectivamente. Una rana de plata es el amuleto para él; para ella, un pequeño elefante de marfil, un zafiro o una bellota.

ÁNGEL - ÁNGELA o ÁNGELES - ANGÉLICA

Etimología e historia

Ángel es uno de los nombres más difundidos en Italia. En griego, *ánghelos* significa mensajero, en el sentido de alado intermediario entre la divinidad y el hombre, del que puede ser consejero o guardián. Su festividad se celebra el 2 de agosto, el 12 de abril, el 5 de mayo, el 31 de mayo y el 22 de diciembre. El 2 de octubre es la fiesta del ángel custodio.

Hombres célebres: A. Poliziano, poeta del Renacimiento; A. Roncalli (es decir, el Papa Juan XXIII).

Variantes y diminutivos: *Angelita, Engelbert.*

Angélica puede considerarse un nombre en sí; su festividad se celebra el 6 de diciembre. Angélica es la reina de Oriente que, según Ariosto, suscitó la locura de Orlando.

A este nombre responden también un pintor del pasado, Fra Angélico, y uno contemporáneo, A. Kaufmann.

Por último, Doctor Angélico fue el diminutivo de santo Tomás de Aquino.

Carácter y destino

Ángel, emotivo y cambiante, oculta bajo su angélica y dulce apariencia cierta insensibilidad que en ocasiones alcanza la crueldad; lento al conmoverse y al calmarse, posee escaso autocontrol. Matrimonio precoz.

Ángela, en cambio, se muestra buena y disponible hacia el prójimo. Vivaz, optimista pero bastante solitaria, desea más que nada ser amada y apreciada. Interés por las cosas sencillas, los animales, la poesía. Tiende a casarse tarde, jugando el mayor tiempo posible a la «misteriosa». Sin embargo, una vez dado el paso muestra gran apego a los hijos y a la casa. Excelente capacidad para hacer fructificar los intereses familiares.

En la soñadora **Angélica** cabe destacar una profunda curiosidad hacia el misterio. Meditación, análisis, timidez. Probables incomprensiones en el campo afectivo.

La suerte

Los números: nueve, para Ángel; tres, para Ángela; siete, para Angélica. Los días son, respectivamente: martes, jueves y lunes. Colores: violeta, púrpura y blanco. Como amuleto: un pedacito de hierro para Ángel, estaño para Ángela y plata para Angélica.

ANSELMO

Etimología e historia

Del germánico *ansa* (= divino; los Ases eran los dioses escandinavos), y *helma* (= protección), significa «casco mágico», «protección sobrenatural». La festividad se celebra el 18 de marzo en recuerdo de san Anselmo, patrón de Mantua, y el 21 de abril, fiesta de san Anselmo de Aosta. *Jerusalén liberada* presenta la figura del valiente Anselmo, muerto de sed en Palestina debido a la imposibilidad de usar su casco agujereado como recipiente para coger agua.

Carácter y destino

Anselmo es bastante nervioso, activo, ávido de la aprobación ajena. Tiende a subrayar a toda costa los defectos de los demás, aumentando sus propios méritos. Serenidad en el matrimonio. Existencia llena de satisfacciones; buena suerte. Espíritu de ahorro en ocasiones excesivo.

La suerte

El siete es el número mágico de Anselmo. Su día favorable: lunes. Blanco y gris son los colores más adecuados. Como amuleto debe criar un gato o bien llevar siempre flores de malva. Piedra aconsejada: ópalo.

ANTONIO - ANTONIA

Etimología e historia

Nombre gentilicio, *Antonius* está vinculado con *Antenius, Antilius* y *Antulla*, de probable origen etrusco.

En el Renacimiento se hizo derivar, con poco fundamento, del griego *anteo* (= contra, frente a); o bien de *anthos* (= flor). Entre las personas célebres cabe citar a: Marco Antonio, el suicida triunviro amante de Cleopatra de Egipto, y toda una serie de emperadores romanos; Antonello de Messina, el difusor de la pintura al óleo, y María Antonieta de Francia. Dos santos de notable importancia: san Antonio Abad, celebrado el 17 de enero, anacoreta cuyas tentaciones en el desierto son proverbiales, patrón de panaderos, drogueros, tocineros, de la cocina, del fuego y de los animales domésticos, invocado contra la embriaguez; y san Antonio de Padua, taumaturgo protector de los reclutas, de los prisioneros, de los pobres y de los cristaleros, invocado por las mujeres estériles y por todos aquellos que han perdido algo el 13 de junio.

Otras fiestas: 2 de mayo, 4 de julio.

Del tercer nombre castellano por orden de difusión (después de José y Juan) derivan: *Antonino, Antolín, Antoñito, Antoniano, Antoñuelo, Antosha, Antoin, Tony*. En femenino Antonieta, *Antonina, Antonella, Antoñita*.

Carácter y destino

Antonio posee un carácter independiente y valiente. Sumamente pasional, pero susceptible y cerrado, guarda dentro de sí fuegos subterráneos que pueden explotar violentamente sin previo aviso. Tristeza, amor por el estudio. Atracción por el arte.

Antonia, a pesar de parecerse a Antonio, se distingue de él por ser más alegre, perseverante, obstinada y escasamente adaptable. Desea destacar en la profesión, en la que invierte muchas de sus esperanzas. Precoz en el amor y el matrimonio.

La suerte

El siete es el número para Antonio, y el dos, para Antonia. Los días más afortunados: el lunes para ambos. Colores: blanco y amarillo. Talismán: berilo.

ANUNCIACIÓN

Etimología e historia

Se trata de un nombre difundido sobre todo en el sur de la península, vinculado a la devoción hacia la Virgen y en particular a la Anunciación del arcángel Gabriel acerca de la futura maternidad de María. Fiesta: 25 de marzo.
Variantes: *Anunciada, Nuncia*.

Carácter y destino

Anunciación, dotada de un fuerte instinto maternal, tiende a un matrimonio precoz. Muy sensible y tierna, pero pesimista hasta el exceso. Espíritu de caridad. En el ambiente profesional a menudo es apreciada cuando no envidiada. Ponderación, reflexión. Aptitud para el ahorro.

La suerte

Número favorable, cuatro; día, domingo; color, amarillo oro. Talismanes: un pequeño cisne de oro, un topacio y un espejito. Si es posible conviene que Anunciación tenga en casa un canario.

AQUILES

Etimología e historia

Origen oscuro para Aquiles, héroe homérico de la *Ilíada*, quizá de *akilleis* (= pardo, oscuro) o de *achilykos* (= lobo terrible).

Aquiles fue el terrible guerrero, hijo de una diosa y de un hombre, asesino de Héctor y herido a su vez por el troyano Paris en el famoso talón, única parte de su cuerpo que permaneció vulnerable tras el baño en las aguas de la inmortalidad.

Aquiles, obispo de Tesalia, se celebra el 15 de mayo o el 8 de septiembre. El 12 de mayo se recuerda, en cambio, a Aquileo, mártir en la vía Ardeatina, cerca de Roma, durante el reinado de Domiciano.

Carácter y destino

Como el héroe Aquiles, se muestra fuerte, ambicioso y vengativo. Al no soportar las críticas, vivirá un destino de conflictos e incomprensiones. Posee una gran carga magnética y resulta un excelente amigo y un compañero bueno, afectuoso y comprensivo pero afectado por una inmoderada posesividad y por injustificadas explosiones de rabia. Dotado para las profesiones dinámicas y activas. Gran amor por el riesgo y la libertad.

La suerte

El cinco es el número de la suerte de Aquiles, y el miércoles es su día. Sus colores son el naranja y el rojo. Talismanes aconsejados: una piel de serpiente o una ramita de menta.

ARDUINO

Etimología e historia

Deriva del germánico *hardhu* (= valiente) y *win* (= amigo), con el significado de «amigo, compañero valeroso». Fiestas: 9 de junio, 25 de agosto.

Carácter y destino

Arduino, ambicioso y competitivo, se muestra un individuo original y valeroso, pero inclinado a tiranizar a los demás. Ama el dinero y el poder, pero desprecia las convenciones sociales. Independencia, intolerancia de los vínculos sentimentales. Altibajos financieros.

La suerte

Número de la suerte: uno; día propicio: domingo; colores: amarillo y oro. Como talismanes podrá adoptar una hoja de salvia, la imagen de un águila o de un cuervo y una prenda amarilla.

ARIADNA o ARIANA

Etimología e historia

Quien dice Ariadna dice hilo. Con un hilo fue como la bella hija de Minos logró salvar a su amante Teseo del cautiverio en el laberinto donde este había vencido al monstruo Minotauro. Es mejor pasar por alto el agradecimiento del héroe que, tras llevarse a la muchacha, la abandonó en una isla. Pero no hay mal que por bien no venga, dice el refrán, y la casta Ariadna (del griego *Ariadne* = casta, santa) se casó con el dios Dioniso, olvidó a Teseo y... vivieron felices y contentos.

Fiesta: 17 de octubre.

Carácter y destino

Ponderada, racional y ordenada, Ariadna resulta una excelente organizadora, una buena secretaria, profesora o una eficiente ama de casa. Escasa diplomacia, tendencia al ahorro. Notable suerte en la vida.

La suerte

El número de oro de Ariadna es el cuatro. Oro es también el color y el metal que más le conviene. Día propicio: domingo.

ARÍSTIDES

Etimología e historia

Es patronímico de Aristeo o «hijo del mejor» (en griego *aristos*). Entre los más célebres: el capitán ateniense protagonista de la batalla de Maratón. Fiesta: el día 31 de agosto.

Diminutivos y variantes: *Aris, Aristeo, Aristo*.

Carácter y destino

Equilibrado, metódico, Arístides ama el orden y respeta la tradición. Hombre de pocas palabras, tiende a frenar deseos y pasiones. Intransigente, discreto y racional, está capacitado para todas las profesiones que implican confianza y responsabilidad. Encanto y capacidad de persuadir a los demás.

La suerte

Número de la suerte: cuatro; día favorable: domingo. Colores: amarillo, anaranjado. Talismán: la imagen de un águila o bien un topacio.

ARMANDO

Etimología e historia

En alemán significa hombre de armas, soldado y, en efecto, el más famoso representante con este nombre fue el general Armando Díaz, recordado por la victoria italiana en el Piave en la Primera Guerra Mundial. Sin embargo, su difusión, especialmente durante el siglo pasado, debe imputarse a Armand Duval, el protagonista de *La dama de las camelias*.

Fiestas: 23 de enero, 6 de febrero, 20 y 23 de octubre, 23 de diciembre.

Carácter y destino

Como sugiere su nombre, Armando se presenta como un individuo generoso, impulsivo, apasionado, capaz de grandes sentimientos y cóleras desmesuradas. Tiende a atribuir una excesiva importancia a la opinión ajena. Buen compañero y buen padre, simpático y persuasivo, Armando hallará su equilibrio afectivo sólo tras una juventud llena de problemas y dificultades.

LA SUERTE

El número favorable para Armando es el tres. El día más afortunado, el jueves. Color: azul intenso. Amuleto: una turquesa o un pequeño elefante de madera.

ARMIDA

ETIMOLOGÍA E HISTORIA

En la «Jerusalén Libertada», Armida es la maga que por amor a Rinaldo renuncia al fin a las artes mágicas. El nombre parece tener orígenes germánicos, en el sentido de «mujer guerrera», o célticos (de *armis* = aquella que es apropiada).

CARÁCTER Y DESTINO

Carácter vivaz y despótico; orgullosa y descarada, no soporta críticas y contradicciones. Combativa e inconsciente, piensa más en el fin que en los medios y no teme el riesgo. El encanto y la influencia que la caracterizan le permiten vencer en todos los campos, incluso el amor.

LA SUERTE

Armida, que puede considerarse en todos los sentidos una número uno, recibe de esta cifra la influencia más benéfica. Día de la suerte: domingo. Color: amarillo vivo. Son muy propicios para ella el girasol y el romero. Talismán: un león o un águila de oro.

ARNALDO

ETIMOLOGÍA E HISTORIA

Deriva del alemán *arn* y *wald*, poderoso como un águila. San Arnaldo, cuya festividad se celebra el 10 de febrero, el 14 de marzo, el 18 de julio y el 1 de noviembre, se considera protector de barqueros y músicos.

El más conocido de los representantes de este nombre es el músico Schönberg.

Variantes: *Arnoldo*.

CARÁCTER Y DESTINO

Recto, taciturno, meditabundo, Arnaldo representa al clásico perfeccionista, amargado por cualquier menudencia. Triste y pesimista, halla refugio en los afectos familiares. Muy concienzudo en el ámbito profesional. Ahorrador, aunque difícilmente se enriquece.

LA SUERTE

Número propicio: el dos. Día favorable: lunes. Color: blanco. Amuleto: una pulsera de plata o un águila grabada en el mismo metal.

ARTURO

ETIMOLOGÍA E HISTORIA

La etimología de Arturo es bastante complicada, y se relaciona con el etrusco *Artorius*, de significado desconocido, o bien con el céltico *artva* (= nube o piedra), o con el irlandés *art* (= oso). En Arturo todo el mundo reconocerá al famoso rey, señor de la Bretaña medieval, que solía reunir periódicamente a su alrededor a los caballeros procedentes de los lugares más dispares para que relatasen sus fantásticas hazañas. Entre otros Arturos: el duque de Wellington, que derrotó a Napoleón; el filósofo A. Schopenhauer; el poeta A. Rimbaud, fundador de los «malditos», y el director de orquesta A. Toscanini.

Fiestas: 8 de agosto, 1 de septiembre, 15 de noviembre, 11 de diciembre.

CARÁCTER Y DESTINO

Personalidad triste, obstinada, a veces vengativa. Atracción por la música y lo oculto. Altruismo, valor. Sombrío, celoso y fiel; capaz de sentimientos profundos, odia a las personas superficiales. Podrá hallar felicidad sólo en las cosas sencillas.

LA SUERTE

Número de la suerte: tres; día: jueves, pero también, aunque algo menos, el sábado. Colores: azul marino y marrón. Talismán: una ramita de eucalipto o de pino y, entre las piedras, la amatista.

ASUNCIÓN o ASUNTA

ETIMOLOGÍA E HISTORIA

El nombre, vinculado a la devoción por la Virgen, pretende recordar precisamente la Asunción al cielo, en cuerpo y alma, de la Virgen.

Esta fiesta, la más antigua de las fiestas marianas y que se remonta al siglo IV, se celebra el 15 de agosto.

Santa Asunta (25 de agosto) es, en cambio, la patrona de los tintoreros y de los sederos.

CARÁCTER Y DESTINO

Personalidad tranquila, lenta, racional y ordenada. El constante deseo de protección lleva a Asunción a buscar un compañero fuerte, y a ser posible rico, en el que apoyarse. Sencilla, modesta y algo perezosa, sueña constantemente con una vida distinta de la suya, que considera siempre un poco amarga.

LA SUERTE

Número de la suerte: cinco. Día propicio: miércoles. Colores: irisados. La piedra más adecuada es el ópalo; entre los perfumes, la esencia de azahar.

ATILIO

ETIMOLOGÍA E HISTORIA

Del latín *attus, appius* (= antepasado, abuelo), se difundió en Italia gracias a un drama de Metastasio centrado en la figura de Atilio Régulo, el estadista romano muerto por los cartagineses.
Fiestas: 24 de marzo, 28 de junio.

CARÁCTER Y DESTINO

Atilio, bastante inconstante y variable, tiende con frecuencia a excederse. Es receloso e irascible pero muy hábil y adecuado para todas las profesiones que requieren precisión. Está muy apegado a la familia y no cae en deslices. Amor por los viajes. Teme la vejez y la soledad, motivo por el cual aspira a una descendencia numerosa.

LA SUERTE

Número propicio: cinco; día favorable: miércoles; color: anaranjado; talismán: la imagen de un zorro o un mono.

AUGUSTO (véase AGUSTÍN)

AURELIO

ETIMOLOGÍA E HISTORIA

Procedente del etrusco *Usils* o del sabino *Ausel* (= sol), o del latín *aurum* (= oro), es el nombre del célebre emperador, al principio perseguidor de los cristianos, que más tarde se convirtió al cristianismo, tras ser testigo de una legendaria lluvia que cayó por voluntad del cielo sobre una legión de soldados que se hallaban sedientos.

Fiestas: 16 de junio, 27 de julio, 25 de septiembre, 9 de noviembre.

Una variante: *Aureliano*.

CARÁCTER Y DESTINO

Aurelio se muestra tan necesitado de alabanzas y confirmaciones que en ocasiones, con tal de obtenerlas, está dispuesto a llevar a cabo acciones no del todo correctas, debido a la inseguridad que le atenaza, sustentada también por multitud de sueños inalcanzables. Ama la familia, los amigos y le gusta la compañía: se podría decir que estos son los únicos puntos firmes de su existencia. Posibles desilusiones afectivas.

LA SUERTE

Número favorable: nueve. Día propicio: martes. Colores: rojo y amarillo. Talismán: un anillo de hierro.

AURORA

ETIMOLOGÍA E HISTORIA

Es el alba, *Eos* para los griegos, *Usah* para los hindúes; la diosa venerada en la isla de Man. Una gran Aurora oculta bajo un seudónimo: la escritora George Sand.

Fiesta: 13 de agosto y 20 de septiembre.

CARÁCTER Y DESTINO

Naturaleza buena; fiel, apegada a la familia. Ama de casa precisa y eficiente, hospitalaria y tradicionalista, equilibrada en el amor. Pero ni siquiera la perfecta Aurora carece de defectos: es coqueta, pretende imponer sus ideas a los demás y tiene obsesión por la etiqueta.

LA SUERTE

Número favorable: el dos; día propicio: el lunes; color: gris perla. Los talismanes idóneos son la piedra lunar o selenita, el laurel y una mariposa nocturna.

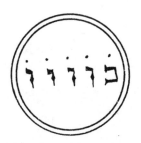 

Los dos lados de un amuleto hebraico

BALDO

Etimología e historia

Centrado en Toscana, es diminutivo de nombres compuestos que comienzan con *bald* (= audaz), de origen germánico (Baltasar, Balduino, Garibaldo, Archibaldo, Teobaldo, Ubaldo).

Carácter y destino

Individuo sensato, espiritual y analítico. Pocas relaciones humanas. Amor por los viajes con fines didácticos. Difícilmente hallará comprensión en el amor. Serio en el ámbito profesional, hábil en la administración del dinero.

La suerte

Número de la suerte: siete. Día favorable: lunes. Color: blanco. Talismanes: un colgante de plata o bien una hoja de laurel.

BALDUINO

Etimología e historia

Compuesto de origen germánico de *bald* (= osado) y *win* (= amigo), bastante común en Bélgica por ser nombre de varios reyes.

Fiestas: el 8 de enero, el 21 de agosto y el 16 de octubre.

Carácter y destino

Balduino, analítico y racional, es un individuo previsor, difícil de sorprender. Las dificultades no le detienen ni le desarman.

Misantropía, vanidad, decisión, encanto. Elige con cuidado sus escasas relaciones amorosas mostrándose siempre delicado y diplomático.

La suerte

Número propicio: cuatro; día favorable: domingo; color: amarillo sol; como amuleto, un objeto de cristal o ámbar, incienso, azafrán.

BÁRBARA

Etimología e historia

Del griego *bárbaros*, literalmente «tartamuda», designa en sentido metafórico a «la extranjera».

Santa Bárbara, torturada por su padre (que murió fulminado por un rayo tras la muerte de ella), es patrona de los mineros, de los bomberos, de los arquitectos y de los artilleros (los depósitos de municiones recibían el nombre de *santabárbara*). Es invocada contra los rayos.

Fiesta: 4 de diciembre.

Variantes: *Barbarella, Babette, Bonnie, Barbel, Babel, Varvara.*

Carácter y destino

Ardiente pero reservada; enigmática y misteriosa, a Bárbara le es muy difícil hallar un compañero capaz de comprenderla. Estudiosa y precisa, aspira a una profesión independiente. No aprecia el lujo ni el dinero. Trae mayor suerte a los demás que a sí misma.

La suerte

Número propicio: siete; día favorable: lunes. Color preferido: gris perla. Una perla también como amuleto.

BARTOLOMÉ

Etimología e historia

En hebreo, *bar Talmay* (es decir, hijo de Talmay, o sea, «el belicoso», pero según otros «el que detiene el agua») fue uno de los apóstoles de Jesús.

Miguel Ángel le representa desollado sosteniendo en las manos su propia piel; y quizás este detalle es el que le hace patrón de los carniceros, de los peleteros, de los sastres y milagroso sanador de las enfermedades cutáneas. Se celebra el día 24 de agosto, fatídica fecha de la matanza de los hugonotes recordada precisamente como «noche de san Bartolomé».

Otra celebración: 23 de octubre.

Diminutivo: *Bartolo.*

Carácter y destino

Sereno, tranquilo, capaz de un fuerte autocontrol, Bartolomé logra siempre realizar sus proyectos gracias en parte a la tenacidad con la que persigue su meta. Tradicionalista, aprecia la elegancia; también los juegos de azar le atraen, pero con escasa fortuna. Exigente, e incluso cruel en el amor, pretende una dedicación a la que no sabe corresponder. Frecuentes cambios de profesión.

La suerte

Número favorable: ocho; día propicio: sábado; color: negro. Amuleto: ónice, lignito, una hoja de hiedra.

BAUTISTA

Etimología e historia

Del griego *baptízein* (= sumergir en agua), es el epíteto de san Juan, precursor de Cristo, a quien impartió el sacramento a orillas del Jordán. Al parecer, la noche de san Juan, 24 de junio, está dotada de un aura mágica particular, y en la que la tradición prescribe el baño ritual en el rocío y la recogida de hierbas medicinales efectuada al alba. Una curiosidad: magos y brujas esperaban precisamente a esta fecha para procurarse la proverbial varita de avellano.

Carácter y destino

Inteligente, versátil, dotado de férrea memoria, Bautista puede destacar en las artes, en particular la música y pintura. Experimenta una fuerte atracción por el otro sexo con sentimientos tiernos e intensos, pero en ocasiones se muestra excesivamente celoso. Carece de sentido del deber; sin embargo, su innata pereza es suplantada por la actividad cuando lo que está en juego es de naturaleza afectiva.

La suerte

Número de la suerte: el dos; día propicio: el lunes; color: plata. Como talismanes, la piedra lunar o selenita, unos granos de arroz y un mechón de pelo de gato blanco (o, aún mejor, un simpático amigo, siempre blanco, que le espere en casa, ronroneando).

BEATRIZ

Etimología e historia

Es Beatriz, como Dante nunca se cansa de repetir, la mujer dispensadora de una extrema felicidad. Apelativo muy difundido, que fue también el nombre de la esposa de Barbarroja (el cual, para vengar el ultraje sufrido por ella, cuando fue paseada por la ciudad atada a un asno, ordenó la destrucción de Milán). Encontramos por último a la infeliz Beatriz Cenci, decapitada por haber sido acusada del asesinato de su padre y evocada en obras literarias.

Fiestas: 19 de enero, 29 de mayo y 20 de julio.

Las variantes: *Bice, Trixie, Bea*.

Carácter y destino

Beatriz es la perpetua insatisfecha en busca de una imposible perfección. Misteriosa, huidiza, resulta indescifrable al ser muy hábil en ocultar sus sentimientos. Exhibicionista, ávida de alabanzas y un poco superficial, sabe ser dulce y cruel, débil e imperiosa. Nunca deja de creer en su príncipe azul, un príncipe al que tiranizar y del que hacerse proteger. Nerviosismo. Tendencia al mando.

La suerte

Nueve es el número de la suerte para Beatriz; día feliz: martes; colores: rojo y rosa. Los talismanes: cornalina o rubí.

BELLA

Etimología e historia

Bella, de etimología evidente, es nombre afectivo y de buen augurio, común sobre todo entre los israelitas. Fiestas: 23 de enero y 8 de septiembre.

Carácter y destino

Dinámica, activa y curiosa, Bella se siente atraída por todos los grandes problemas que atenazan a la humanidad. En su reserva, así como en su presagiada gracia, reside gran parte de su encanto, del que se sirve para enlazar una profusión de relaciones, sin ligarse nunca de forma estable. Eclecticismo, gusto por la aventura, temor a la rutina y a las responsabilidades. Probable éxito en profesiones literarias y artísticas.

La suerte

El cinco, el número del voluble Mercurio, es el más acorde con las vibraciones de Bella. El miércoles es su día; su color preferido, el anaranjado. Talismanes: un objeto de platino, perfume de lavanda o bien la gema ojo de gato.

BENEDICTO - BENITO

Etimología e historia

Benedicto y Benito tienen su origen en el latín *benedictus*, es decir, «el que está bendito». Un nombre que huele a primavera y con ella coincide, el 23 de marzo. Otras festividades menos primaverales: 4 de enero, 11 de julio y 23 de agosto.

Además de Benito de Nursia, fundador de la orden benedictina en Montecasino (proverbial es su regla *ora et labora*), patrón de Europa, y de los agricultores, químicos, ingenieros y espeleólogos, responden a este apelativo quince papas, el crítico y filósofo B. Croce y el compositor B. Marcello.

Variantes: *Bennet, Bendix, Bernadette, Bent* y *Bettino*.

Carácter y destino

Cerrado, tímido, solitario, pesimista hasta el exceso, **Benedicto** se arriesga a sufrir bastantes desilusiones que le acarrearán no pocos pesares. Es un tenaz trabajador deseoso de la aprobación ajena. Éxito en las letras. Matrimonio precoz.

Igualmente sensible a las alabanzas, **Benito** es, no obstante, más egocéntrico, cerrado y ambicioso. Algo presuntuoso, tiende a sobrevalorarse. Desorden, superficialidad intelectual. Gusto por las apariencias y por las aventuras amorosas.

La suerte

Nueve es el número mágico para Benedicto, y para Benito, el dos; los días son respectivamente el martes y el lunes; los colores: rojo sangre, amarillo anaranjado y blanco leche. Benedicto escogerá como amuleto un jaspe rojo o unos granos de pimienta; Benito tendrá como talismán semillas de melón o un pequeño sapo de plata.

BENJAMÍN

Etimología e historia

Es el nombre del último hijo de Jacob, *Benyamin* (= hijo de la mano derecha), en el sentido amplio de afortunada, feliz, contrapuesta a la infausta izquierda y, en sentido metafórico, hijo predilecto, precisamente el benjamín. Entre los «predilectos» de la suerte, Franklin, el inventor del pararrayos, el tenor B. Gigli, B. Constant, filósofo, y B. Disraeli, estadista y escritor inglés de la época victoriana.

Fiesta: el 31 de marzo.
Un diminutivo: *Ben*.

Carácter y destino

Aunque se exponga a todo tipo de peligros, Benjamín pertenece a ese género de afortunados que «caen siempre de pie»; y ello gracias en parte a su buena estrella, y en parte también a una óptima capacidad de adaptación. Generoso, sociable, alegre, no soporta la soledad, que le envejece y deprime. Ternura hacia los hijos y la familia.

La suerte

La suerte de Benjamín va ligada al número uno. Día propicio: el domingo. Color: amarillo oro. Talismanes: un topacio, una varita de canela o bien la imagen de un cóndor.

BERNARDO

Etimología e historia

Bernardo (es decir, *berö, bern* = oso y *hart o hardu* = valiente, animoso) es, en sentido metafórico, el glorioso guerrero de tradición germánica. Nombre muy difundido en la Edad Media gracias a los santos que lo llevaron: san Bernardo de Claraval, llamado el Doctor Melifluo, reformador de la regla de los cistercienses y patrón de los apicultores; san Bernardo de Mentón, protector de la infantería de alta montaña. Pero la más célebre es santa María Bernarda, cuyo nombre secular era Bernadette Soubirou, la pastorcilla a la que en 1858 se apareció la Virgen, en una gruta de Lourdes, con un fenómeno paralelo a las actuales apariciones de Medjugorie.

Fiestas: 20 de agosto, 15 de junio, 4 de diciembre, 20 de mayo.

Variantes: *Benno, Bernadette, Berno, Bjorn*.

Carácter y destino

Como el oso divino del que toma su nombre, Bernardo se muestra a menudo autoritario, vigoroso, agresivo en ocasiones. Sensibilidad acorazada, temerosa de los sentimientos. Cerrado y deseoso de ser amado, sincero y fiel, aunque quizá peca de falta de diplomacia, cosa que le procura algunos problemas sentimentales. Acentuados intereses científico-botánicos.

La suerte

Cinco es el número de la suerte para Bernardo; para Bernarda, el nueve, y el cuatro para la más racional Bernadette. Días favorables: miércoles, martes y domingo, respectivamente. Colores: naranja, violeta y amarillo. Los amuletos: una botellita con mercurio o una pequeña abeja de platino, para Bernardo; un osito de peluche y la piedra hematites, para Bernarda, y una peonia o un poco de incienso, para Bernadette.

BERTA

Etimología e historia

Del germánico *behrt* (= claro, ilustre), Berta puede considerarse abreviación de compuestos que así comienzan o terminan, o bien apelativo en sí mismo. Berchta era el nombre de una divinidad germánica vinculada a la luna y a la hilandería. Berta, cuya fiesta se celebra el 24 de marzo, el 15 de mayo y el 4 de julio, es aún hoy patrona de las ya casi desaparecidas hilanderas.

Carácter y destino

Entusiasta, imaginativa y burlona, Berta se presenta como toda una precursora. Muy curiosa, nerviosa e impresionable, parece vivir siempre alerta. En el fondo es buena, afectuosa, una romanticona llena de sueños; tal vez algo coqueta, pero se lo puede permitir porque gusta a los hombres y lo sabe bien.

La suerte

Para Berta, el número de la suerte es el uno. Día favorable: domingo. Colores: solares. Amuletos: topacio y una ramita de salvia.

BIENVENIDO

Etimología e historia

Nombre de buen augurio difundido antiguamente y aún hoy presente en antiguas familias judías. Su más célebre representante fue B. Cellini, orfebre y escultor del siglo XVI.
Fiesta: 22 de marzo.

Carácter y destino

Bienvenido, dotado de tacto y de un gran sentido estético, podría aspirar a la notoriedad si no se dejase desalentar por el primer fracaso. Pasión por el arte y por el juego. Esteticismo incluso en el campo afectivo.

La suerte

El uno es el número que más se adapta a las vibraciones de Bienvenido; el domingo es su día feliz; el oro es su color y también su amuleto, sobre todo si está forjado en forma de halcón o de cítrico. También son propicios el cristal y el ámbar.

BLANCA

Etimología e historia

Nombre que ha sido llevado por muchas reinas y nobles de Castilla, Saboya y Francia, que se remonta a la voz germánica *blank* (= brillante).

Fiestas: 5 de agosto y 2 de diciembre, cuando se celebra la festividad de la Virgen de las Nieves.

Carácter y destino

Tras una apariencia excéntrica y original, Blanca oculta un ánimo nervioso pero capaz de resistencia y dueño de sus sentimientos. Fascinante y seductora, puede provocar en los hombres pasiones arrebatadoras que desembocan en relaciones tempestuosas, llenas de *pathos*. Ambición, amor por el lujo. Miedo del futuro y de los imprevistos.

La suerte

El tres es el número más adecuado para Blanca. Día feliz: el jueves. Colores: púrpura y azul marino, además del blanco. El mejor talismán es una pluma de pavo real o bien una turquesa.

BLAS

Etimología e historia

Tiene en sus raíces una etimología más bien adversa: en latín, *blaesus* (= tartamudo); en griego, *blaisós* (= cojo). San Blas, santificado el 3 de febrero, es protector de la garganta porque, según se cuenta, salvó a un niño que estaba a punto de ahogarse con un hueso. Se le invoca contra las enfermedades de los niños y de los animales. Su martirio, sufrido con peines de hierro, le ha convertido además en patrón de los cardadores y de los colchoneros, y las mujeres también acuden a él para encontrar marido.

Carácter y destino

Carácter cerrado, conservador, dotado para las ciencias exactas. Tenacidad, inflexibilidad, celos. Gusto acentuado por la buena mesa.

La suerte

Número de la suerte: el siete. Día favorable: el lunes. Color: gris. Los amuletos más adecuados: un pececillo de plata, una perla y un peine blanco.

BORIS

Etimología e historia

Quizá de *báris* (= fuerte, violento), o bien de *borislav* (= glorioso combatiente) procede el nombre de uno de los dos legendarios príncipes de Kíev, el zar B. Godunov, inmortalizado por Pushkin, y del escritor contemporáneo B. Pasternak. Boris es por homofonía protector de las ganancias.

Fiestas: 2 de mayo y 5 de diciembre.
Variante: *Bogoris*.

Carácter y destino

Boris, exageradamente idealista, vive en perenne acuerdo con los demás, erigiéndose en defensor de la causa justa. Orgulloso, melancólico y reservado, puede ser amado u odiado, pero no pasa desapercibido a ojos de nadie. Aunque es muy sensible a la relación de pareja, opta por el matrimonio sólo cuando tiene la certeza de haber hallado a su media naranja. Se realiza en profesiones humanitarias, tratando de enriquecerse en ocasiones con el único fin de ayudar a los demás.

La suerte

Número de la suerte: nueve. Día preferido: martes. Colores aconsejados: rojo, violeta. El amuleto: un clavo de hierro, un jaspe rojo, una vieja moneda oxidada.

BRÍGIDA

Etimología e historia

Del sajón *beraht-bert* (= espléndido) o del irlandés *brit* (= alto, excelso), Brígida se relaciona con el nombre de la diosa Brigantia, una especie de Minerva céltica, encargada de las ciencias y de las artes. Tres festividades para Brígida: el 1 de febrero, el 8 de octubre y el 23 de julio. Patrona de los caminantes y de los tartamudos, es invocada cuando los niños tardan en hablar. Es el nombre apropiado para la popular Brigit Nielsen.

Las variantes: *Birgitta, Britta, Brigitta y Biddy*.

Carácter y destino

Personalidad autoritaria, sombría y absolutista, Brígida no cede nunca, prefiriendo en todo caso hacer que los demás cedan a su voluntad. Amante de la libertad, de las alegres compañías y de la aventura, llena su existencia de decisiones precipitadas e imprevistos. Muy sentimental, comete con facilidad errores amorosos, renunciando a todo por un compañero inadecuado para ella. Incapacidad de conservar la suerte. Miedo a la introspección y a la soledad.

La suerte

Es el cinco el número de la suerte de Brígida. Día favorable: miércoles. Color: anaranjado. Talismanes: un ópalo, una vieja moneda, esencia de menta.

BRUNHILDA - BRUNILDA

Etimología e historia

Brunilda (de *brunechild* = muchacha deslumbrante, o bien, según otras fuentes, mujer que combate con coraza) es el nombre de la mujer de quien Gunther, rey de los nibelungos, quedó prendado. Rechazado, con la ayuda de Sigfrido y de un casco que le hizo invisible, logró casarse con ella, pero el pobre Sigfrido fue asesinado por la reina Brunilda en venganza.

Carácter y destino

Sensibles, sentimentales y femeninas, **Brunhilda** y **Brunilda** se muestran capaces, no obstante, de actuar en el momento propicio. Carácter voluble, difícil de contentar, caprichoso, siempre a la búsqueda de novedades. Pereza, romanticismo, poca sinceridad en el amor.

La suerte

El cinco es el amuleto de Brunhilda, y el cuatro es el de Brunilda. Los días favorables son, respectivamente, el miércoles y el domingo. Colores: celeste y oro. Como amuletos: ágata y lavanda, para la primera, y crisolita y mimosa, para la segunda.

BRUNO - BRUNA

Etimología e historia

De reciente formación en femenino, pero bastante antiguo en masculino, Bruno tiene sus raíces en el adjetivo *brun* (= oscuro), o en el sustantivo *brünne-brunja* (= coraza). La festividad de san Bruno, fundador de la orden de los cartujos, se celebra el 6 de octubre.

Variantes: *Brunello, Brunaldo, Brunero*.

Carácter y destino

Bruno es bueno, solícito pero obstinado; aunque entre sus defectos se puede contar con el orgullo y una buena dosis de presunción, no aspira a triunfar sobre los demás. Sincero, alegre y justo, se rodea de muchos amigos. Tierno y apegado en el amor. Desprecia el cálculo y las conveniencias.

Bruna, dulce y juiciosa, permanece fiel a un único amor, al que sabrá regalar un hogar relajante y sereno. Sin embargo, le falta paciencia con los hijos.

La suerte

Ambos marcados por influencia lunar, tienen como números de la suerte el siete y el dos. Colores: blanco, gris. Día favorable: lunes. Talismán: un berilo engarzado en plata. Su suerte se acentuará si crían un gato blanco o gris.

C

CALOGERO

Etimología e historia

Título reverencial dado a los monjes según el rito bizantino, con el significado de «hermoso viejo», «buen viejo» (del griego *kalós* y *gherós*). Este nombre abunda hoy en día en Sicilia y especialmente en Sciacca, donde continúa vigente el culto de un ermitaño del siglo VI, recordado el 18 de junio.

Carácter y destino

Personalidad prudente, racional, sedentaria y amante de las comodidades. Calogero se conforma con soñar a través de las novelas de aventuras. Aprecia el estudio, la meditación y la soledad. Terco, obtiene mucho pidiendo poco y es capaz de hallar felicidad en las pequeñas cosas. Excelente salud y, como en muchos casos sugiere el nombre, longevidad.

La suerte

Las saludables vibraciones solares le llegan a Calogero a través del número cuatro. Día más afortunado: domingo. Color: amarillo intenso. Los talismanes: un topacio y una ramita de romero.

CAMILO - CAMILA

Etimología e historia

Del hebreo *kadmel* (= mensajero de Dios), o del griego *kadmilos* (= nacido de justas bodas), Camilo designaba en la época romana al joven libre por nacimiento que asistía a los sacerdotes en las ceremonias religiosas. Son muchos los grandes de la historia y de la cultura que han contribuido a difundir el nombre: Marco Furio Camilo, el conquistador de Veyes; C. Benso, conde de Cavour; los pintores C. Pissaro y C. Corot; el compositor C. Saint-Saëns, etc. Pero quizás el éxito de este nombre se deba a san Camilo de Lelis, patrón de los hospitales, porque se ofreció él mismo como ayuda durante la peste. Se le invoca antes de someterse a una intervención quirúrgica.

Fiesta: 14 de julio.
Variantes: *Milo, Mila*.

Carácter y destino

Cerrado, equilibrado, bastante metódico y convencional, **Camilo**, presa de una perpetua inseguridad, teme mucho la opinión ajena. Controlado y enemigo de decisiones precipitadas, tiende a alcanzar su meta con calma y precisión. Muy apegado a sus opiniones, es persuasivo y elocuente cuando quiere, aunque generalmente prefiere callar y escuchar.

Encanto, reserva y diplomacia se reúnen en **Camila**, dotada para las letras y las profesiones que requieren la máxima confianza. Ama el orden y el lujo. Cierto éxito económico.

La suerte

Número dos, lunar, para él; seis, venusiano, para ella. Días favorables: lunes y viernes, respectivamente; colores más adecuados: blanco y rosa. Amuleto: un objeto de plata, para él, y una pulsera de cobre o jade, para ella. Perfume de muguete y ciclamino.

CÁNDIDA - CÁNDIDO

Etimología e historia

Una sola raíz (la voz latina *candére*) para Cándido, candela e incandescente; es decir, convertido en blanco luminoso por el calor y, en sentido metafórico, sereno y sincero. En la hagiografía, multitud de santos recordados el 21 y el 27 de enero, el 18 de marzo, el 29 de agosto, el 20 y el 22 de septiembre, y el 3 de octubre. Cabe recordar en literatura el *Cándido* de Voltaire, arquetipo del ingenuo.

Una variante: *Candy*.

Carácter y destino

Vivaz, optimista y autoritaria, Cándida se muestra combativa hasta la imprudencia y dotada de un agudo sentido de la realidad. Fuerte, orgullosa, resistente ante la desventura, no tolera contradicciones o contratiempos.

La suerte

Número propicio: nueve. Día favorable: martes. Color: rojo vivo. Los talismanes: un rubí, una genciana, unos granos de pimienta.

CARLA - CARLOS - CARLOTA - CAROLINA

Etimología e historia

A partir del germánico *karl* (= hombre libre), el nombre se difundió gracias a la dinastía carolingia en toda Europa: en francés e inglés *Charles* (femenino *Charlotte*), de donde procede Carlota; en latín *Carolus*, de ahí Carolina; en italiano *Carlo*; en polaco *Karol*. Es imposible recordar a todos los reyes que respondieron en épocas distintas al nombre de Carlos; son tan numerosos, que a menudo hubieron de ser distinguidos con un sobrenombre: el Bueno y el Calvo, el Gordo y el Bello; el Simple, el Cojo, el Temerario. Entre ellos destacan Carlos Martel, Carlos V (en cuyo imperio «nunca se ponía el sol») y Carlomagno, patrón de los estudiantes (28 de enero). El 4 de noviembre se celebra la festividad de san Carlos Borromeo, obispo de Milán, que se distinguió en el cuidado de los apestados, patrón de los libreros, de los encuadernadores y de los maestros. El 8 de julio se celebra la festividad de Carolina. Entre los grandes: C. Goldoni, C. Marx, C. Darwin. Entre las mujeres, la Carlota Corday, que mató a Marat en la bañera.

El nombre da vida a una serie de simpáticos diminutivos, todos ellos femeninos: *Lottie, Liselotte, Carry, Carilla, Sharleen, Cheryl, Sharyl, Caddye*.

Carácter y destino

Carlos es alegre y sociable, pero a la vez muy susceptible. Ama el trabajo, aunque de vez en cuando no desdeña abandonarse a la pereza. Fáciles ataques de ira, prudencia.

Carlota es decidida, poco sociable, víctima de un orgullo que no sabe disimular. Excelente ama de casa, tiende a inundar a su compañero de tanto afecto que resulta empalagosa. Leal, honrada, cordial y equilibrada.

Carolina manifiesta la misma prudencia, aunque es más frívola y susceptible; sufre grandes altibajos anímicos. Incurable soñadora, melancólica en soledad y desenvuelta en compañía, alterna, en el amor, pasión y frialdad.

La suerte

Números de la suerte: cuatro, para Carlos; nueve, para Carlota, y uno, para Carolina. Días favorables: domingo, para Carlos y Carolina; martes, para Carlota. Colores: amarillo, marrón y rojo, respectivamente. Los amuletos: una crisolita y un águila de oro o bien perfume de laurel y azahar, para Carlos y Carolina; un rubí, para Carlota, y para Carolina, un ópalo; para ambas, perfume de gardenia.

CARMELO - CARMELA - CARMEN

Etimología e historia

El Carmelo (en hebreo *karmel* = jardín de Dios) es el monte situado entre Galilea y Samaria, donde se establecieron algunos eremitas, cuyos continuadores son los carmelitas.

Allí, a uno de ellos, san Simón Stock, se le habría aparecido la Virgen; en memoria de este episodio, recordado el 16 de julio, el nombre se difundió ampliamente en la península ibérica y en Italia, pasando de María del Carmelo directamente a Carmelo y Carmela, y más tarde a Carmen, forma española célebre gracias a la ópera de Bizet.

Variantes y diminutivos: *Carmina, Carmelita, Carmencita* en femenino; *Carmen y Carmenio* en masculino.

Carácter y destino

Religiosa o supersticiosa, **Carmela** es mística, exaltada, intolerante. Muy tímida e impresionable, romántica y ardiente, halla sólo en el amor la clave de la verdadera satisfacción. Olvidando toda veleidad de independencia, se lanza entonces a los brazos de su pareja... y pobre del que trate de sacarla de allí.

Más alegres y vivaces, **Carmelo** y **Carmen** poseen una personalidad fascinante y desenvuelta. Aman las comodidades, los espectáculos y la compañía. Exclusivos e incapaces de fingir en el amor. Sus quejas nunca duran mucho; tienden a rendirse con facilidad.

La suerte

El número de la suerte, el día, el color y los amuletos son: para Carmelo, el cuatro, el domingo, el amarillo dorado y la esmeralda; para Carmela, el ocho, el sábado, el gris oscuro y un jaspe marrón o la estrella de Navidad; para Carmen, el nueve, el martes, el color rojo vivo y un granate o un rubí. También es propicio un caballito de metal como amuleto.

CATALINA

Etimología e historia

Tradicionalmente, la etimología popular relaciona erróneamente Catalina con el griego *katharós* (= puro). La forma griega Aicaterina y la rusa Iecaterina, en cambio, hacen suponer más bien un origen de Hèkate (el rostro infernal de la Luna) o de Hékatos, epíteto de Apolo, es decir, «aquel que asaetea».

Catalina es un nombre prácticamente universal; de Escandinavia a Estados Unidos existe toda una población de «saetas lunares» y todas celebran su santo el 18 de febrero, fiesta de santa Catalina de Siena, la patrona de Italia, que convenció a Gregorio XI para que restituyese a Roma la sede pontificia de Aviñón.

Otras festividades: 29 de abril, 19 de septiembre y 25 de noviembre, día de santa Catalina de Alejandría, patrona de las lavanderas, de los enfermeros y de los estudiosos, porque se narra que convirtió a unos filósofos paganos discutiendo con ellos.

Muchas son las princesas y reinas con este nombre: de Catalina de Médicis a Catalina de Aragón (primera esposa de Enrique VIII), pasando por Catalina II, la despótica zarina rusa.

Variantes: *Catera, Catina, Catarine, Katja, Katiuscia, Katinka, Kate, Ketty, Kitty, Cassy, Karen, Kathleen.*

Carácter y destino

Catalina es la mujer de las contradicciones ideológicas: positivismo e idealismo, sentido práctico y misticismo, conviven en ella. Egoísta, posesiva y aprensiva, manifiesta un considerable apego al trabajo y una franqueza que desorienta. Es muy intransigente y selectiva con las amistades. Incapaz de aprovechar plenamente sus propias posibilidades.

La suerte

Ocho es el número que vibra en consonancia con la personalidad de Catalina. El sábado es el mejor día. Marrón y negro son los colores más propicios. Talismanes: diamante o lignito. Entre las flores: el asfódelo.

CAYETANO

Etimología e historia

Es un nombre etrusco de obvio significado, es decir, habitante nativo de Gaeta, la ciudad italiana así llamada por Caieta, la nodriza de Eneas sepultada en ella.

El nombre, sostenido por el culto de san Cayetano de Thiene, se difundió sobre todo en Nápoles, donde el santo fundó numerosas congregaciones de beneficencia. Fiesta: 7 de agosto.

Carácter y destino

Carácter racional, tradicionalista y poco comunicativo. Bastante frío y paciente, detesta los imprevistos y las decisiones precipitadas, optando por una existencia tranquila y sin sobresaltos; se casa tarde y sólo tras reflexionarlo mucho. Ama los viajes bien organizados, los restaurantes refinados y las compañías poco ruidosas.

La suerte

Número propicio: nueve. Día de la suerte: martes. Color: rojo vivo. Como talismanes, Cayetano podrá escoger un minúsculo caballito, un jaspe rojo o una ramita de ciprés.

CAYO

Etimología e historia

Deriva del latín *gaius* (= arrendajo, urraca) o bien de *caius* (= señor, amo). Es curiosa la fórmula de la ceremonia nupcial romana «*ubi gaius, ego gaia*» (donde está Cayo estoy yo, Caya).

Fiestas: 10 de marzo, 21 de abril.

Carácter y destino

Espíritu vivo, hábil al persuadir pero al mismo tiempo perezoso, caprichoso, soñador y siempre muy influido por el ambiente. Capaz y paciente en el trabajo, sensible al encanto de lo prohibido. Gran amor por la familia; amistades numerosas, que cultiva con esmero.

La suerte

Número de la suerte: el uno. Día más favorable para las empresas: domingo. Colores: amarillo y anaranjado. Amuleto: la efigie de una garza, una hoja de limón o una nuez moscada.

CECILIA

Etimología e historia

Nombre romano, y según la tradición poco afortunado, deriva de *Caeculus*, el hijo de Vulcano nacido de las chispas que cayeron en el regazo de su madre, así llamado porque tenía los ojos muy pequeños. Santa Cecilia es, por tradición, patrona de la música y de los músicos; festividad: 22 de noviembre.

Carácter y destino

Cecilia, práctica y rápida, oculta una asombrosa energía y una voluntad de hierro bajo su aparente dulzura. Original pero rígida en su inconformismo, poco tolerante. Reservada, se abandona difícilmente a los sentimientos.

La suerte

Número propicio: seis. Día de la suerte: viernes. Colores: rosa, turquesa, verde. El talismán: el lapislázuli o la esmeralda. Perfume de lirio, muguete o jazmín.

CELESTE

Etimología e historia

De evidente derivación del latín *caelum, caelestis*. Celeste se utiliza tanto en masculino como en femenino. El diminutivo masculino, Celestino, es el nombre de cinco papas, uno de los cuales fue recordado por Dante. Festividades: 6 de abril, 19 de mayo y 14 de octubre.

Se diferencian en cambio las variantes *Celesta, Celina, Cela, Celia* reservadas al bello sexo y traducidas al masculino como *Celesto, Celestio, Celesio*.

Carácter y destino

Según puede deducirse del nombre, Celeste es un soñador atento al lado espiritual de las cosas. Crédulo, ingenuo, le falta sentido práctico y voluntad. También en amor tiende a idealizar, sufriendo continuas decepciones. Dotes de previsión.

La suerte

Número de la suerte: el seis. Día favorable: el viernes. Color: rosa y, naturalmente, el azul claro. Talismanes: un mechón de pelo de cabra o bien una pulsera de cobre o jade. Es favorable el perfume del incienso.

CELIA - CELINDA

Etimología e historia

Del germánico *segelinde* (= escudo de la victoria). Como todos los nombres que carecen de un santo que los represente, **Celinda** se celebra el día 1 de noviembre.

Carácter y destino

Celinda es vital, ágil y calculadora; dotada para las ciencias exactas y la economía. Difícilmente encuentra un compañero que lo sea verdaderamente para ella, pero cuando lo halla se apega a él como la hiedra, con seriedad, devoción y sentimientos muy intensos. El éxito le sonreirá sólo tras una larga lucha.

La suerte

Número de la suerte para Celinda: el ocho. El día de la suerte: el sábado. Entre los colores, el negro. Celinda escogerá como amuleto plomo, acebo y una tortuga.

CENÓN - CENAIDE

Etimología e historia

El divino Zeus, el Júpiter helénico, es la base de este nombre que corresponde a «aquel que pertenece a Júpiter, que está consagrado a Júpiter». Hay quien ve en este apelativo, en cambio, la voz griega *zen* (= vida, vivir).

La onomástica de Cenaide se celebra el 11 de octubre.

Entre las celebridades: el filósofo Zenón de Elea, discípulo de Parménides, y Zenón de Citio, contemporáneo de Epicuro.

Variantes: *Zenón*.

Carácter y destino

De un temperamento sutil y cerebral, **Cenón** oculta su espíritu decidido bajo una falsa dulzura. Nervioso e inquieto, a menudo sufre estrés y depresiones en los cuales los problemas afectivos tienen un papel determinante. Por ello es mejor que no se ate definitivamente antes de la madurez. Gusto por el arte y la aventura; escaso sentido de la responsabilidad.

No puede decirse lo mismo de **Cenaide**, creativa, ambiciosa y firme en sus decisiones. Cenaide tiende a crearse una existencia independiente porque no soporta las obligaciones y detesta la rutina; orgullosa, difícilmente reconoce sus errores. Exclusivista y tiránica en el amor pero igualmente generosa. Situación financiera caracterizada por continuos altibajos.

La suerte

Cenón, influido por Venus, hallará en el seis el número que mejor se adapta a su personalidad. Día favorable: viernes. Colores: verde y azul turquesa. Entre los talismanes, prefiere una pulsera de cobre, una hoja de saúco, azafrán y mirto. Cenaide escogerá la esmeralda, el granado y, entre los perfumes, el de azahar. Para ambos, además, el zafiro oscuro y el estaño, ligados al planeta-dios Júpiter, que tanto espacio tiene en su nombre.

CÉSAR - CESARINA - CESIRA

Etimología e historia

Apellido de la *gens Iulia* en Roma, derivado quizá de *caeso matris*, es decir, «nacido de un corte de la madre», o bien de *caesaries* (= cabellera; en sánscrito, *kesara* significa, entre otras cosas, melena). Las conquistas de Julio César y el imperio de Octaviano César Augusto han hecho de este nombre el término común que designa en algunos países al emperador (káiser, zar). Quizá menos universales, pero ciertamente famosos son los escritores C. Beccaria y C. Pavese; el compositor C. Franck, el psiquiatra C. Lombroso y el historiador C. Cantú.

César y Cesarina celebran su festividad el 12 de enero, el 15 de marzo, el 15 de abril, el 27 de octubre y el 9 de diciembre. Cesira, sin embargo, es un enigma: si se considera una variante de César, se celebra los mismos días, pero si se ve como derivación de Caesius (de ojos celestes), se conmemora el 21 de julio.

Variantes: *Cesario, Cesáreo, Cesárea, Cesarita*.

Carácter y destino

César, orgulloso, dominante e irreflexivo, sabe mostrar en el momento oportuno una calma sorprendente. Gran ambición, variabilidad, incapacidad de disfrutar de los propios éxitos. En amor se transforma mostrándose romántico, sumamente necesitado de dar y recibir afecto.

Personalidad compleja la de **Cesarina**, siempre inhibida por el peso de la opinión ajena. Conservadora y tradicionalista, busca una tranquilidad que no sabe disfrutar tanto en la profesión como en el amor. Muy orgullosa de su pareja y de sus hijos, aprecia las comodidades y la gastronomía refinada.

Cesira, aparentemente superficial, es en realidad dulce, generosa y simpática. Muy leal, valiente, desinteresada y adaptable, es una excelente compañera. Desprecia los caminos más trillados.

LA SUERTE

Número de la suerte: seis, para César; siete, para Cesarina, y uno, para Cesira. Días favorables: viernes, lunes y domingo, respectivamente. Colores: verde, blanco y amarillo. Los talismanes: un berilo y una pluma de paloma, para él; cuarzo y concha, para Cesarina; un diamante o una pequeña abeja de oro, para Cesira.

CHANTAL

ETIMOLOGÍA E HISTORIA

Nombre francés difundido por moda y por el culto a santa Juana Francisca Fremiot, baronesa de Chantal, fundadora de la Orden de la Visitación de santa María. Fiesta: 21 de agosto.

CARÁCTER Y DESTINO

Dinámica, activa y reservada, Chantal puede lograr un buen éxito en el campo de la enseñanza y del espectáculo.

Atraída por el juego y por la competición, también en el amor tiende a vivir día a día, evitando obligaciones y responsabilidades.

Muchas conquistas amorosas; fáciles ganancias que, no obstante, administra con poca prudencia.

LA SUERTE

Es el cinco, número mercuriano, la cifra de la suerte de Chantal. Día favorable: miércoles. Colores: gris azulado, amarillo limón. Talismanes: ágata, calcedonia, esencia de menta o lavanda.

CINTIA

ETIMOLOGÍA E HISTORIA

Se trata de una recuperación mitológica y literaria del epíteto de Apolo y Diana (en griego *kinzos*), es decir, nacidos en el monte Cinto, de la isla de Delos, donde Latona, perseguida, se oculta para dar a luz. El nombre existía incluso en la época romana y así se llama la mujer cantada por el poeta Propercio en sus elegías.

Fiestas: 18 de febrero, 23 de mayo.
Variante: *Cindy*.

CARÁCTER Y DESTINO

Personalidad muy creativa, obstinada y decidida. Escasa diplomacia, impulsividad, egocentrismo. Cintia oculta los afectos tras una máscara áspera; pero si es comprendida, vive amores muy intensos. Rígida e intransigente, persigue todo lo que le parece curioso y original. Amor por el riesgo. Gran éxito en todos los campos.

LA SUERTE

Número favorable: el ocho, situado bajo la égida del planeta Saturno. Día propicio: sábado. Colores: negro, gris humo. Talismanes: diamante, jaspe marrón, magnetita. Helecho y pino entre los perfumes. Cintia se verá beneficiada teniendo a su lado una tortuga.

CIRÍACO - CIRILO - CIRO

Etimología e historia

Vinculado al persa *kurush*, el epíteto del sol, es nombre tradicional de la dinastía de los aqueménidas, a la que pertenecieron Ciro el grande y Ciro el joven. San Ciro, cuya festividad se celebra el 31 de enero, es patrón de médicos y cirujanos. Otras fiestas: 24 de enero, 14 de julio.

Variantes: *Ciríaco* (= dedicado al señor, con fiestas el 24 de mayo, el 18 de junio, el 15 de julio y el 23 de agosto) y *Cirilo* (= del señor), el santo de quien los eslavos recibieron su alfabeto, cuya festividad se celebra el 28 de enero, el 9 de marzo, el 5 de julio y el 28 de octubre. Es patrón de los maestros.

Carácter y destino

Ciríaco posee el gusto por el dominio. Entusiasta, ambicioso, mundano, se complace en las poses aristocráticas y en los refinamientos del amor.

Muy distinto es **Cirilo**, sugestionable y siempre afectado por lo extraordinario. Variable, imaginativo, protector en el amor. Teme la soledad.

Ciro se muestra orgulloso, valiente, amante de la lucha y desdeñoso del dolor físico. Egoísta, despótico y polémico, tiende a dominar las pasiones, aunque en el fondo de su ánimo cultiva ideales de caballero medieval. Escasa fantasía, aptitud para la mecánica.

La suerte

Los números de la suerte son: cuatro, el de Ciríaco; seis, el de Cirilo, y nueve, el de Ciro. Sus días favorables son, respectivamente, el viernes, el domingo y el martes. Colores: verde pálido y rosa, amarillo oro, rojo ferroso. El amuleto es: un águila de oro o una nuez moscada, para Ciríaco; una turquesa o una pulsera de cobre, para Cirilo, y la imagen de un tigre o el hematites, para Ciro.

CLARA

Etimología e historia

De etimología evidente, el latín *Clarus-Clara* (= ilustre, claro), el nombre se afirmó en Italia en el siglo XVIII por el culto tributado a santa Clara de Asís, discípula y luego hermana espiritual de san Francisco, fundadora de la orden de las clarisas. Patrona de la televisión, de las lavanderas y de las bordadoras, es invocada contra los trastornos oculares.

Fiestas: 10 de febrero, 11 de agosto y 4 de noviembre.

Clara ha dado vida a algunas variantes: *Clarisa, Clarita*.

Carácter y destino

Idealista, perspicaz y curiosa, Clara, dotada de una imaginación viva y de escasa reflexión, es presa fácil de las decisiones precipitadas. Franqueza, espontaneidad, independencia. Nerviosa, sensible y apasionada, sabe organizarse y forja por sí misma su destino. Todo ello hasta que se enamora, porque entonces tiende a ser dominada por su marido y a olvidar sueños y proyectos.

La suerte

El ocho es el número adecuado para Clara. Día propicio: sábado. Color: marrón. El amuleto: un búho o un oso de peluche y perfume de pino.

CLAUDIO - CLAUDIA

Etimología e historia

Se trata de un nombre muy común de origen romano, de significado algo adverso: *claudio* significa cojo, renqueante. A pesar de ello, ninguno de los que han pasado a la historia se hizo célebre por este motivo; fueron en todo caso las famosas alcantarillas las que legaron a la posteridad el nombre de Apio Claudio, y la feroz crueldad y las proverbiales orgías, el de Claudio Tiberio Nerón. Sin olvidar a C. Monet, C. Monterverdi y C. Debussy, todos ellos perfectamente estables sobre las piernas.

La festividad de san Claudio, patrón de escultores, músicos y torneros, se celebra el 23 de agosto. Otras fiestas: 15 y 18 de febrero, 7 de junio y 9 de septiembre.

Variantes: *Clodio* y *Claudino*. En femenino: *Claudina*.

Carácter y destino

Claudio, rebuscado, con gusto por lo estético, persigue un éxito fácil. Inescrutable e introvertido, no sabe abrirse ni siquiera con la mujer que ama y a la que, no obstante, colma de delicadezas y atenciones. Entusiasmo, atracción por los juegos de azar.

Claudia se muestra más superficial y fatua. Poco estudiosa pero imaginativa, puede destacar en el sector de la moda. Inconstante y poco fiel en el amor, difícilmente experimenta sentimientos profundos. Se siente atraída por hombres fuertes y maduros, en los que confía.

La suerte

Para Claudio, el dos es el número de la suerte, su día favorable es el lunes, los colores son el blanco y el plata, y el amuleto es la plata (pulsera o cadena). Para Claudia, el número es el seis; el día, el viernes; el color, el rosa o el azul turquesa, y los amuletos, un zafiro o coral. Perfume de rosa, jazmín o violeta.

CLELIA

Etimología e historia

Clelia, del latín *cluere* (= tener fama, renombre, y por tanto ser famosa) o bien del fenicio («perfecta»), es un nombre romano recuperado en el Renacimiento. A partir de la leyenda de Clelia, la muchacha que entregada como rehén a Porsenna logró escapar a nado y poner a salvo a sus compañeras, el nombre se convirtió en estandarte del valor y de la libertad.

Fiestas: 9 de julio y 3 de septiembre.

Carácter y destino

Clelia, de fácil éxito e insólito destino, es una mujer simpática, tolerante y comprensiva. Ambiciosa y elocuente, presta mayor atención al fin que a los medios. Dotada para el estudio, destacará en profesiones masculinas. Difícilmente acepta los consejos ajenos.

La suerte

Número de la suerte: seis. Día favorable: viernes. Color: azul turquesa. Talismán: una turquesa o un objeto de cobre.

CLEMENTE - CLEMENTINA

Etimología e historia

Del latín *clemens*, significa manso, capaz de perdón. Clemente, cuya festividad se celebra, con todas sus variantes, los días 21 de octubre, 23 de noviembre y 4 de diciembre, es patrón de marineros y niños enfermos. A este apelativo responden algunos papas.

Variantes: *Clemencio, Clemencina, Clementino.*

Carácter y destino

Carácter tranquilo, soñador, inclinado al perdón. Posee escasa voluntad y muy poca combatividad. Sin embargo, **Clemente** está dotado de un corazón de oro. Enemigo del lujo y de las poses. Amor por la sencillez.

Clementina es alegre, adaptable e instintiva, pero gracias a su encanto, irremisiblemente seductora.

La suerte

Los números de la suerte son el cinco, para Clemente, y el seis, para Clementina. Los días más afortunados son, respectivamente, miércoles y viernes. Colores: anaranjado y rosa. El amuleto para él: un frasquito con mercurio y una ramita de avellano; para ella: coral rosa, pelo de conejo, perfume de violeta. Clemente podrá beneficiarse también de un fragmento de alambre, que incrementará su escaso espíritu combativo.

CLOTILDE

Etimología e historia

Compuesto de dos voces germánicas (*hloda* = célebre, e *hild* = batalla), tiene el significado de «afamada en el combate». Es el nombre de la esposa de Clodoveo, que contribuyó a la conversión de los francos, y desde el siglo XVIII, con María Clotilde, esposa de Víctor Manuel IV, pasó a la casa de Saboya.

Santa Clotilde, cuya festividad se celebra el 3 de junio, se ha invocado para la curación de los niños enfermos.

Carácter y destino

Clotilde, muy racional e inteligente, tiende a frenar siempre sus sentimientos. Generosidad, equilibrio, desarrollado espíritu volitivo. Eficiencia y precisión en la profesión. Éxito fácil pero peligro de soledad afectiva.

La suerte

El ocho es el número propicio, porque concuerda con las vibraciones de Clotilde. Día de la suerte para Clotilde: sábado. Color: negro y gris humo. El talismán más adecuado: ónice, obsidiana, un escarabajo.

CONCEPCIÓN

Etimología e historia

El nombre se remonta al dogma de Pío IX, según el cual María fue concebida sin mácula de pecado original. Concepción, en todas sus variantes, se considera la patrona de España y de los fabricantes de medias de seda.

Fiesta: 8 de diciembre.

Variantes: *Concha, Conchita.*

Carácter y destino

Concepción, buena, servil, toda dedicación, se muestra a veces, no obstante, inmadura, fatalista y enfática. Muestra un gran interés por el estudio y las colecciones; gusto también por las frases hechas. Escasa alegría; existencia gris, a menudo apática.

La suerte

Número de la suerte: el nueve. Día feliz: el martes. Color: violeta. Los talismanes: un rubí, una hoja de ortiga o de lúpulo. Perfume de sándalo.

CONRADO

Etimología e historia

Del germánico *kuoni-kuhn* (= osado, audaz), y *rat* (= consejo), es decir, audaz en el consejo, o bien que da consejos audaces, es el nombre de varios reyes: Conrado I de Franconia, Conrado *el Sálico*, Conrado V de Hohenstaufen. Su difusión se debe también el culto de san Conrado, que se celebra el 26 de noviembre. Otras festividades: 9 de abril, 30 de septiembre.

La tradición atribuye óptima fortuna a este nombre en todas sus formas: *Kunz, Kurt, Conny* en masculino y *Connie* en femenino.

Carácter y destino

Sociable, simpático, adaptable, Conrado obtiene el éxito y la ayuda ajena incluso sin perseguirlos. Las múltiples experiencias vividas en la juventud le llevan a un equilibrio y a una madurez precoces. Excelente padre y marido, ama la vida cómoda y confortable. Posee un ligero complejo de superioridad, se aprovecha de los demás.

La suerte

El dos es el número más adecuado para las vibraciones de Conrado. Mejor día: lunes. Color: blanco. Como amuleto puede adoptar un objeto o una moneda de plata, un pedazo de cuarzo o una concha.

CONSTANCIO - CONSTANCIA - CONSTANTINO

Etimología e historia

Constans en latín significa estable, firme, resuelto. Constantino es el nombre de un emperador romano recordado el día 11 de marzo. San Constancio se celebra el 29 de enero, el 17 de febrero y el 19 de septiembre.
Variante: *Constante*.

Carácter y destino

Siguiendo los dictados de su nombre, **Constancio, Constancia** y **Constantino** manifiestan una firmeza y testarudez poco comunes.

Decididos, inflexibles, perseverantes, alardean con cierto exhibicionismo de su excepcional sentido del deber. Ternura y protección hacia los débiles. No saben apreciar el lado humorístico de la vida y a menudo se estresan.

La suerte

Cinco es el número de la suerte adecuado para Constancio; para Constancia y Constantino, el nueve y el cuatro respectivamente. Días favorables: miércoles, martes y domingo. Colores: rojo sangre, anaranjado y amarillo. Talismanes: respectivamente un anillo de hierro, una pequeña joya de platino o una cadena de oro.

CONSUELO

Etimología e historia

Su fiesta se celebra el 15 de junio.
Variantes: *Consuela, Consolación*.

Carácter y destino

Consuelo es una mujer independiente, ambiciosa, competitiva, nunca mediocre, que siempre logra mantener su sangre fría. Una fuerte voluntad la conduce a menudo a la meta. Dispuesta a darlo todo en el amor, pretende a cambio una absoluta dedicación. Éxito en las profesiones de carácter artístico.

La suerte

El número mágico para Consuelo es el uno, de influencia solar. Día favorable: domingo. Color: amarillo vivo. Amuletos: ámbar, topacio, un objeto de oro. Entre las flores, el girasol y la celidonia.

CORA - CORINA

Etimología e historia

Del griego *kóre* (= muchacha) es, en la mitología, el nombre de Proserpina, hija de Demetra, raptada por Plutón y obligada a pasar seis meses al año en ultratumba con su marido, y los otros seis en la tierra con su madre. Divinidad vinculada, por tanto, a la tierra, a la vegetación, al ciclo de las estaciones.

Corina fue una poetisa griega contemporánea de Píndaro.

Fiestas: 14 de mayo, 25 de junio.

Carácter y destino

Cora, concreta y práctica, sabe realizar sus sueños tanto en el trabajo como en el amor. Posibilidad de vivir una única e intensa historia de amor en la que lo dará todo de sí misma. Celos acentuados. Altibajos financieros.

Corina, femenina, soñadora e idealista, es engañada fácilmente por el prójimo. Espíritu religioso y crédulo. Romántica, se mantiene independiente hasta que encuentra al compañero al que abandonarse. Emprende mil proyectos que difícilmente lleva a cabo.

La suerte

Los números de la suerte son: el uno (número solar), para Cora, y el dos (lunar), para Corina. Días propicios: el domingo y el lunes, respectivamente.

Colores: oro y plata. El talismán: un topacio o un diamante para Cora, perlas y pendientes de plata para Corina. Entre los perfumes, el mirto.

CORNELIA

Etimología e historia

Apellido de una *gens* romana derivada de *cornus* (= cuerno), símbolo mágico de abundancia y protección del mal de ojo o bien de la ciudad de Corne. Se recuerda con este nombre a Cornelia de los Gracos, la proverbial madre que presentó a sus hijos como joyas propias. Su festividad se celebra los días 2 de febrero, 31 de marzo y 16 de septiembre.

Carácter y destino

Es cierto que Cornelia, siguiendo el ejemplo de su antepasada romana, ama la casa y los hijos. Pero, imaginativa y curiosa, también se siente atraída por los viajes y por las novedades. Bastante indecisa y poco sincera en el amor, tiende a enfadarse y guarda rencor durante mucho tiempo. Metódica y ordenada en el trabajo. Ambiciosa.

La suerte

El mercuriano número cinco es el de la fortuna para Cornelia. Día propicio: miércoles. Color: anaranjado. Piedras más indicadas: el ágata y el ojo de gato. Entre las flores, la margarita; entre los animales, el loro y el mono.

COSETTE

Etimología e historia

Es el nombre de la protagonista de *Los miserables*, de V. Hugo, tal vez forma abreviada de Nicolasa o Cosma.

Carácter y destino

Cosette tiende a ocultar su fuego interior tras un aparente autocontrol. Sensibilidad dirigida a los problemas ajenos. Necesidad de armonía, miedo a la soledad. Es reservada y dependiente en amor, capaz de mantener firme incluso una unión con problemas, aunque con frecuencia puede verse dominada por su pareja. Buena ahorradora, aunque no se enriquece.

La suerte

El dos, número lunar, es la vibración más acorde con Cosette. El día afortunado: lunes. Colores: gris perla y blanco. El talismán: una perla o un ópalo, la flor de dondiego de noche.

COSME

Etimología e historia

Cosme es un derivado del griego *kósmion* (= ornamento), o de *kósmos* (= orden).

Cosme es, con Damián, patrón de los médicos, farmacéuticos, dentistas y barberos, y su festividad se celebra el 26 de septiembre. Destacan: Cosme de Médicis, mecenas de Florencia; Cosme de Praga, historiador bohemio; Cosme Rosselli, pintor florentino, y Cosmé Tura, precursor de la escuela pictórica de Ferrara.

Carácter y destino

Valiente, irreflexivo, sabe aprovechar las situaciones en beneficio propio. Personalidad decidida, autoritaria pero generosa, aprecia el dinero y le gusta gastarlo. Equilibrado pero emotivo y apasionado en el amor, representa al tipo de compañero perfecto, capaz de mantener sólida una unión durante mucho tiempo. Interés por las profesiones sociales de carácter humanitario.

La suerte

El número de la suerte para Cosme es el dos. Día favorable: el lunes. Color: blanco. Los talismanes: una pulsera de plata y un mechón de pelo de gato.

CRISTIÁN - CRISTIANA - CRISTINA

Etimología e historia

Todos los nombres de este grupo tienen su origen en una única fuente: Cristo (*Christós* en griego, es decir, el ungido, el elegido), nombre aún frecuente en la iglesia oriental ortodoxa.

Cristián se transformó de atributo en nombre propio tras el edicto de Constantino. La versión de Christian o Kristian está muy difundida en la península escandinava, donde fue nombre de diez reyes.

San Cristián, patrón de las parturientas, se recuerda el 24 de mayo y el 20 de diciembre. Cristina significa dedicada, consagrada a Cristo, y así Christina, Christa, Kristel, Chrissie, Carsten y Kitty. El nombre se apoya en el culto de santa Cristina, mártir durante el reinado de Diocleciano, pintada por Rafael como la autora del milagro de la hostia que exuda sangre, patrona de los molineros y celebrada el 24 de julio.

Son numerosísimas y diversas las variantes: *Kristian, Kristel, Chrissie, Carsten* y *Kitty*.

Carácter y destino

Cristián se muestra decidido, inflexible, de pocas palabras pero óptimo y ágil realizador de proyectos. Melancolía, sensibilidad, religiosidad. Frialdad y desapego en el amor.

Mucho más abierta resulta, en cambio, **Cristiana**, altruista e influenciable en exceso. Gran capacidad de salir adelante en todas las ocasiones. Le encanta gastar.

También **Cristina** es práctica, hábil, muy receptiva e inteligente, hasta el punto de parecer culta cuando no lo es. Inconstante en el amor y en la profesión, posee escasa imaginación pero está dotada de diplomacia.

La suerte

Nueve es el número de la fortuna para Cristiano, y para Cristiana y Cristina el cuatro y el tres, respectivamente. Los días favorables: martes, domingo y jueves. Colores: rojo, amarillo y azul marino. Los talismanes: un colgante de hierro y una bolsita de tabaco para Cristiano; un collar de ámbar y una varita de canela para Cristiana; un zafiro oscuro y una avellana para Cristina.

CRISTÓBAL

Etimología e historia

Narra una leyenda, surgida probablemente como explicación del nombre, que Cristóbal fue aquel gigante transbordador que llevó al Niño Jesús sobre sus hombros para atravesar un río. En efecto, en griego *kristospheros* significa «portador de Cristo».

Por ello, a san Cristóbal (10 de julio) se le considera patrón de los automovilistas, de los peones, de los ferroviarios, mensajeros, tranviarios y peregrinos. Un Cristóbal muy conocido: Cristóbal Colón, el explorador que descubrió América.

Carácter y destino

Carácter imperioso, intolerante pero en el fondo sensible y soñador. Religiosidad, proselitismo en ocasiones excesivo, atracción por lo maravilloso. Ninguna aptitud para los negocios, pero mucha, en cambio, para las letras y también para las profesiones liberales. Posibles decisiones precipitadas, amores fáciles, pasiones violentas y sinceras.

La suerte

Tres es su número de la suerte. Día propicio: el jueves. Colores: púrpura y azul oscuro. Talismanes: una amatista, un pedacito de estaño, la imagen de un ciervo o de un delfín.

CURCIO

Etimología e historia

Antiguo gentilicio romano procedente del latín *curtius* (= truncado, sin ningún miembro). Cabe recordar con este nombre al escritor contemporáneo italiano C. Malaparte.

Carácter y destino

Curcio, sensible y pasional bajo su aparente autocontrol, tiende a sufrir por los problemas ajenos y por la falta de armonía que encuentra en su camino. Es dependiente y condescendiente en las relaciones afectivas, y se muestra un compañero sólido y equilibrado, aunque en ocasiones dominado. A pesar del esfuerzo profesional le falta espíritu combativo. Enriquecerá difícilmente.

La suerte

Número de la suerte: dos; día favorable: lunes; colores: blanco y gris perla. Entre los talismanes: malva, semillas de calabaza, la imagen de una rana.

DAMIÁN

Etimología e historia

Relacionado con el término griego *damazo* (= someter), o bien con Damos, dórico para *demos* (pueblo), o también con Damia (divinidad romana de la fertilidad). Damián ha conocido un discreto favor por el culto de los santos Cosme y Damián, recordados el 26 de septiembre.

San Damián es protector de médicos, farmacéuticos, dentistas y barberos.

Fiestas: 23 de febrero, 16 de marzo, 27 de noviembre.

Variantes: *Damiana*, en femenino; *Domicio, Domiciano, Dámaso*, en masculino.

Carácter y destino

Personalidad decidida, afectuosa, jovial, pasional. Aguda sensibilidad, amor por el prójimo. Éxito en las profesiones artísticas o de carácter humanitario. Prodigalidad. Son numerosas las aventuras amorosas en la juventud.

La suerte

El número propicio para Damián es el tres, bajo la influencia de Júpiter. El jueves es el día más afortunado; entre los colores escogerá preferentemente el púrpura; entre los talismanes, un pedacito de estaño y una pluma de faisán.

DANIEL - DANIELA - DANILO - DANILA

Etimología e historia

Es uno de los cuatro profetas mayores; aquel que, con las sibilinas palabras «Manes-Teciel-Fares» pronunció a Baltasar la sentencia de condena; el mismo que, arrojado a la fosa de los leones, salió de ella ileso. Significa en hebreo «Dios ha juzgado» (*dan*) o bien «Dios es mi juez» (*dayan*).

Fiestas: 3 de enero, 21 de julio y 11 de diciembre.

Son muchas las variantes y algunas son verdaderamente bellas: *Dana, Dania, Danita*.

Carácter y destino

Serio, sensato y naturalmente obsesionado por la justicia, **Daniel** tiende a confiar sólo en sí mismo. Muy activo, inteligente y astuto, se siente atraído por las profesiones nuevas y modernas. En amor se muestra bastante frío y escéptico; difícilmente hallará una compañera que le satisfaga desde todos los puntos de vista.

Daniela, tranquila, inteligente pero bastante cerrada y reservada, hallará en cambio en el matrimonio y en sus hijos la razón de la existencia. Pereza, tendencia exagerada a soñar.

La suerte

Los números de la suerte son el cinco, para Daniel, y el nueve, para Daniela. Los días favorables son, respectivamente, el miércoles y el martes. Los colores: gris azulado y violeta. Los talismanes: un objeto de ágata o bien la imagen de una mariposa para él, y un rubí para ella.

DANTE

Etimología e historia

Universal gracias al poeta Dante, en realidad no es más que la abreviación de Durante (latín *durans*) en el significado de «duradero, firme, resistente». Es interesante la antigua y paralela versión provenzal *Durand*, de la que procede nuestra forma Durán.

Fiestas: 23 de enero, 11 de febrero, 18 de noviembre.

Cabe recordar, además de al inolvidable D. Alighieri, al pintor italiano D. Gabriele Rossetti.

Carácter y destino

Amante del orden y de la armonía, bastante sociable, tradicionalista, dotado de mucho sentido común, frecuentemente tiende a abusar de él inmiscuyéndose, con la excusa de aconsejar, en los problemas ajenos

Dulce, pacífico pero celoso e inquieto en el amor. Posibles rebeliones y crisis de independencia juveniles. Gusto por el arte y también por los manjares refinados.

La suerte

Número mágico: ocho. Día favorable: sábado. Colores: todos los tonos del tierra y del gris. Amuletos: acebo, saúco, ciprés, un pedacito de plomo.

DARÍO - DARÍA

Etimología e historia

Dareios en griego, *darayava-hush* en persa, significa «aquel que posee los bienes» o bien «que mantiene el bien». Es nombre de tres reyes persas, el más conocido de los cuales, Darío I, fue derrotado por los griegos en Maratón. San Darío es recordado el 19 de diciembre. Daría se celebra el 20 de junio y el 25 de octubre.

Carácter y destino

Positivo, práctico, sociable, elocuente, Darío apunta a la meta sólo tras una juventud incierta y algo esquiva. Amante de la compañía y de la vida cómoda, no tolera complicaciones y dificultades. Desea ser siempre protegido por el amor de su compañera, en quien busca equilibrio, fidelidad y serenidad. Vanidad. Escasa diplomacia. Tendencia a las enfermedades psicosomáticas.

El mismo carácter se presenta en Daría, aunque esta se muestra más agresiva y malhumorada.

La suerte

El dos es el número de Darío, y el seis el de Daría. Sus días favorables son, respectivamente, el lunes y el viernes. Colores: blanco, rosa. Como amuleto, Darío podrá utilizar un objeto de plata o bien un gatito; Daría, por su parte, una esmeralda, coral o aguamarina; perfume de violeta.

DAVID

Etimología e historia

Derivado del hebreo *Davidh* (= amado), puede interpretarse como «niño mimado, amor» o bien como teofórico, en el sentido de «Dios ha amado». Nombre procedente del Antiguo Testamento, recuerda la figura del segundo rey de Israel, profeta guerrero y hábil tañedor del arpa, el mismo que, siendo aún niño, venció al gigante Goliat. La festividad de David, patrón de los cantantes, músicos y poetas, se celebra el 29 de diciembre y el 1 de marzo.

Entre los famosos: D. Hume, filósofo inglés.

Carácter y destino

Personalidad doble, ocultamente despótico y de sentimientos superficiales. Capacidad de adaptarse a una existencia mediocre pero con un fondo de rencor. Orgullo, dignidad, melancolía. Carácter reservado que puede ser amado u odiado, pero nunca pasa desapercibido. David teme al público y odia el comercio.

La suerte

Número: el nueve. Día propicio: el martes. Color: rojo óxido. Los talismanes: una llave de hierro, un rubí, una ramita de ajenjo.

DÉBORA

Etimología e historia

Débora, que literalmente significa *abeja* o bien *locuaz*, es la profetisa bíblica que hizo de jueza entre los israelitas y los condujo a la victoria contra los cananeos.

Carácter y destino

Marcada por el número nueve —número de perfección y altruismo—, posee un desarrollado sentido de la amistad. Sensible, tranquila, desapegada de la materia, sabe comprender perfectamente los problemas ajenos. Siente mucho la relación de pareja y no soporta la traición; por ello, tiende a casarse sólo cuando está segura de los sentimientos del otro. Dotada para las profesiones de carácter humanitario.

La suerte

Número de la suerte: nueve. Día favorable: martes. Color: rojo vivo. Talismanes: un granate o un rubí; un broche en forma de caballito o gallo.

DELFÍN - DELFINA

Etimología e historia

Del griego *delphys* (= útero), o bien derivado étnico de la ciudad de Delfos, sede del famoso oráculo apolíneo. En efecto, el delfín es el cetáceo sagrado para Apolo, apreciado también por el simbolismo cristiano. Este nombre se atribuía como título honorífico al primogénito de los reyes de Francia.

Fiestas: 27 de septiembre, 24 de diciembre.

Carácter y destino

Personalidad modesta, resignada, paciente. Ambos, profundos observadores, se sienten atraídos por el estudio y por las artes. Dotados de fantasía, se abandonan a los sueños. Escasa sociabilidad. Amor por la familia y los niños.

La suerte

Números de la suerte: el dos para Delfín, y el seis para Delfina. Días favorables: lunes y viernes, respectivamente. Colores: blanco y rosa. Los talismanes más adecuados son: un pececillo de plata, una perla o una hoja de lunaria, para él, y coral, jade o perfume de jazmín, para ella. Resulta favorable para ambos, naturalmente, una imagen que represente un delfín.

DELIA

Etimología e historia

Nombre bastante extendido, de origen clásico-literario, Delia es el epíteto de Diana, en la acepción de nacida en Delos, la isla que hizo surgir en el Egeo el dios marino Neptuno para que Latona pudiese dar a luz en ella. También la mujer cantada por Tibulo en sus elegías se llamaba Delia (quizá de *delos* = claro).

Carácter y destino

Delia, racional y ordenada, tiende a ponderarlo y organizarlo todo convirtiéndose a menudo en esclava de la rutina. Reservada discreción pero escasa diplomacia que la convierte, si está irritada, en provocativa y agresiva.

La suerte

Número de la suerte: cuatro. Día: domingo. Color: amarillo intenso. Los talismanes: ámbar, diamante o bien una ramita de salvia.

DEMETRIO

Etimología e historia

Significa dedicado a Demetria o Ceres (*dê* = *ghê* = tierra, y *meter* = madre, es decir, «madre tierra» en griego), la divinidad vinculada a la fertilidad de los campos y de los animales, hija de Saturno y de Rea, y madre de Proserpina. El nombre ha sido difundido también, por moda literaria, en la forma rusa *Dimitri*.

La festividad de Demetrio se celebra el 9 de abril, el 26 de octubre, el 21 de noviembre y el 22 de diciembre.

Carácter y destino

Espíritu práctico, dotado de autocontrol y voluntad y sentido común. Púdico en los sentimientos pero romántico, se muestra seriamente apegado a la familia y a los hijos. Codicioso, glotón, ahorrador. Ama la tranquilidad. Buen administrador, está muy dotado para los negocios.

La suerte

Número propicio: ocho. Día favorable: sábado. Colores: negro y marrón. Talismanes: ágata, calcedonia y un pedacito de plomo.

DENIS (véase DIONISIO)

DIAMANTE

Etimología e historia

Nombre afectivo de buen augurio, procedente del griego *adamas* (= indomable), que designaba la preciosa y durísima gema considerada invencible incluso por el hierro y por el fuego.

Carácter y destino

Temperamento ordenado, racional, ponderado. Reserva, escasa diplomacia, fantasía limitada. Posibles explosiones de cólera. Aptitud para los estudios científicos y también para la administración de las finanzas.

La suerte

Número de la suerte: cuatro. Día propicio: domingo. Color preferido: amarillo. Amuleto: diamante, pendientes de oro, flores de manzanilla y una prenda amarilla.

DIANA

Etimología e historia

La correspondencia latina de Artemisa, diosa de la caza y de la luna, deriva probablemente de *Diviana*, que a su vez procede de *dius* o del sánscrito *divyah* (= celeste, luminoso). También es curioso el paralelo con el rumano *zand* y con el albanés *zane* (= hada), o con el etrusco *tiv-tivr* (= luna). El nombre se emplea como apelativo desde la Edad Media. Fiesta: 10 de junio.

Carácter y destino

La mitología reconoce en Diana, que transformó a Acteón en ciervo sólo porque se había atrevido a admirarla desnuda mientras se bañaba, un símbolo de castidad. En analogía con las características de la diosa, Diana es pura, una esteta enamorada de la pura belleza. Poco locuaz, prudente, pero inteligente e internamente fuerte, cultiva las tradiciones con una impronta nueva y personal. Su gran sensibilidad hace de ella una excelente amiga y confidente. Fantasía, ambición, actividad, excelente memoria. Sentimiento de superioridad frente al hombre.

La suerte

El dos, número lunar, es su número de la suerte. Día favorable: lunes. Colores: blanco, amarillo suave. Talismanes: helecho, nenúfar, un pececillo o un cangrejo de plata o, aún mejor, el tradicional motivo de una media luna.

DIEGO

Etimología e historia

Empleado en Italia desde el siglo XVII con la dominación española pero floreciente sobre todo en la época romántica, Diego constituye una evolución de Diago-Diaco, del griego *didaché* (= doctrina, instrucción). San Diego se celebra el 13 de noviembre. Otras festividades: 5 de abril, 16 de diciembre. Un personaje famoso: el pintor D. Velázquez.

Carácter y destino

Carácter cerrado, inquieto, autoritario; le devora una constante fiebre de conocimiento, un impulso continuo de elevarse. Psicología, dotes paranormales. Bastante desconfiado en el amor, salvo cuando se enamora de verdad. Gusto por la compañía y la buena mesa.

La suerte

Número de la suerte: cuatro. Día favorable: domingo. Color: amarillo oro. Los talismanes: jacinto, esmeralda, una ramita de salvia o la efigie de una cebra.

DINA - DINO

Etimología e historia

Aunque en la mayoría de los casos Dino representa sólo un diminutivo de nombres de sabor teutónico como Aldino, Conradino, Bernardino, Ricardino, etc., especialmente en femenino está atestado como nombre en sí mismo. Dina (sin hache) es la hija de Evandro y amante de Hércules; por su parte, Dinah (con hache final) es la bíblica hija de Jacob y Lía, raptada por el rey de Siquem y luego vengada por sus hermanos Simeón y Leví, quienes saquearon la ciudad y mataron a todos sus habitantes: el nombre procede, en este caso, del hebreo *din* (= juzgar), o sea, juzgada (inocente).

CARÁCTER Y DESTINO

Dina es una mujer simpática, vital, independiente, ampliamente dotada de encanto y de sentido del humor; se mantiene juvenil incluso en la madurez. Siempre rodeada de amigos, se muestra fiel y apegada a su pareja, aunque sin ser esclava de sus afectos.

Dino, más romántico y sentimental, posee deseos y pasiones ocultas. Se enamora con frecuencia y tiende a mitificar los afectos perdidos. Hipersensibilidad, filantropía, estética. Dotado para profesiones de carácter artístico o humanitario.

LA SUERTE

Números de la suerte son el uno, para Dina, y el seis, para Dino. Los días más favorables son el domingo y el viernes, respectivamente. Los colores, amarillo y verde o rosa. El amuleto es un collar de ámbar, para ella, y una pulsera de cobre o una violeta, para él.

DIONISIO - DIONISIA

ETIMOLOGÍA E HISTORIA

Derivado de dos voces griegas (*Dion* = Zeus, y *nys* = hijo), Dionisio significa consagrado a Dioniso, la divinidad griega de la embriaguez que enseñó a los hombres a beber vino. San Dionisio es patrón de los jueces.

La festividad de Dionisio se celebra el 9 de octubre. Otras festividades: 8 de abril, 17 de noviembre, 26 de diciembre. Entre los personajes famosos, los dos tiranos de Siracusa (llamados el Viejo y el Joven); Dionisio de Halicarnaso, historiador del siglo I, y D. Diderot, el padre de la *Enciclopedia*.

Variantes: *Dioni, Denis*.

CARÁCTER Y DESTINO

Dionisio está dotado de una aguda inteligencia, orgullo y amor propio. Es tierno, afectuoso, pero poco adaptable. Sólo siguiendo a la razón tendrá suerte.

Muy similar es la personalidad de **Dionisia**, de carácter bueno, generoso, en constante búsqueda de la armonía. Muy adaptable, dulce, en ocasiones un poco masoquista, se realiza en la relación de pareja, que sabe mantener sólida en el tiempo. Gran dedicación a las profesiones sociales.

LA SUERTE

Números de la suerte: cuatro, para Dioniso, y dos, para Dionisa. Los días propicios: domingo y lunes. Los colores: amarillo y blanco. Los talismanes: un topacio o una cadena de oro para él, y cuarzo blanco y una concha para ella.

DOLORES

ETIMOLOGÍA E HISTORIA

Dolores es nombre devocional de significado poco feliz; en efecto, quiere recordar los siete dolores vividos por la Virgen al ver la pasión de su hijo. Fiesta: el viernes anterior al domingo de Ramos o bien el 15 de septiembre.

Resultan más alegres los diminutivos: *Dolly, Lola, Lolita*.

CARÁCTER Y DESTINO

Personalidad vibrante, muy sensible, impresionable. Dolores, sentimental y altruista, siente un vivo deseo de proteger y ser protegida. Puede ocultar bajo una aparente delicadeza un carácter apasionado, poco prudente. Muchos caprichos en amor, celos, exclusividad. Predisposición a la música y al teatro.

La suerte

Siete es el número de la suerte para Dolores. Día propicio: el lunes. Colores: blanco y gris. Como talismanes, se aconsejan la perla y el ópalo, o laurel.

DOMINGO

Etimología e historia

Del latín *dominicus*, es nombre teofórico que significa «consagrado al Señor», difundido desde el siglo IV d. de C. También en la acepción de «nacido en domingo».

Se celebran santo Domingo de Silos (20 de diciembre), protector de los pastores, y santo Domingo de Sales, patrón de las parturientas y de los prisioneros, e invocado contra las serpientes.

Otra festividad: 7 de agosto.

Domingo, que se convierte en Domenico en Italia, y en Dominic-Domenique en Francia, nos ha regalado personajes como los músicos D. Cimarosa y D. Scarlatti, y el pintor francés D. Ingres y los italianos D. Ghirlandaio y D. Veneziano.

Carácter y destino

Tradicional, sociable y jovial, Domingo tiene en gran consideración la hospitalidad y la manifestación de cierto decoro.

Bastante ordenado y preciso, a pesar de su aspecto tímido y vulnerable, tiende a querer imponer sus puntos de vista, inmiscuyéndose a veces en los asuntos de los demás. En amor, dulce, pacífico y sensual, suele casarse con una persona más mayor. Algunos problemas profesionales. Interés por títulos y honores así como por la buena cocina.

La suerte

Seis es el número favorable para Domingo. Día propicio: viernes. Colores: rosa, verde. Talismanes: un zafiro claro o un narciso.

DONATO - DONATA

Etimología e historia

Donato, que significa implícitamente Dios, es nombre de origen cristiano paralelo al griego *Teodoro* y atribuido generalmente a un hijo muy deseado, o sea, regalado por el Cielo. En cuanto a la onomástica, sólo tenemos el problema de elegir: san Donato, patrón de Arezzo, se celebra el 4 de agosto y el 22 de octubre. Otras festividades: 4, 17 y 25 de febrero, 1 de marzo, 7 y 30 de abril, 21 de mayo, 12 de junio, 7 de agosto y, por último, el 29 de octubre.

Entre los personajes célebres: el escultor D. de Bardi, más conocido como Donatello, y Donato Bramante, pintor y arquitecto italiano del siglo XV.

Carácter y destino

Donato y **Donata** son en general personas dulces, altruistas e impresionables. Alegres y sencillos, tienden a endurecerse ante la hostilidad ajena. Tímidos y desconfiados, actúan con escasa diplomacia. Sensatez en el amor. Mientras que en la mujer estos rasgos resultan suaves y gentiles, en el hombre están recubiertos de una corteza más áspera. Aman las grandes familias, los hijos, la música, las letras y la medicina, campos en los que destacan.

La suerte

Números de la suerte: seis, para Donato, y uno, para Donata. Días favorables: viernes y domingo, respectivamente. Colores: verde y amarillo. Los talismanes: para Donato, una esmeralda o bien pelo de conejo; para Donata, diamante, rubí y perfume de azahar.

DORA - DORINA

Etimología e historia

Dora deriva del griego *doron* (= regalo), o bien es abreviación de nombres que comienzan o terminan por *-doro, -dora* (Isidora, Teodoro, Diodora, Dorotea).
  Fiestas: 4 de abril, 15 de mayo.
  Un diminutivo: *Dorita*.

Carácter y destino

Activas, románticas, efervescentes, **Dora** y **Dorina** saben expresarse bien seduciendo al adversario con las palabras. Bastante belicosas e irritables, no soportan artificios ni fingimientos. Les gusta planificar sus acciones. Variables, inconstantes en el amor, poseen, no obstante, instinto maternal para dar y vender. Por ello, podrán resultar excelentes puericultoras o maestras.

La suerte

El número propicio para Dora es el dos, y para Dorina, el siete. Día favorable: lunes. Color: blanco. Como amuleto, una hoja de lunaria o una perla.

DORIAN - DORIANA

Etimología e historia

Dorian se deriva de Doria, que corresponde a un apelativo de buen augurio apreciado en la Edad Media, en el sentido de bella, preciosa como el oro. Dorian es el célebre personaje del retrato de Óscar Wilde.
  Variantes: *Dorinda, Dolinda*.

Carácter y destino

Individuo solar, racional, ordenado, **Dorian** pondera y analiza todo elemento de su existencia. Siempre reservado y pensativo, carece, no obstante, de diplomacia y acaba transformándose si se le provoca en un ser cáustico y agresivo. Conservador, obstinado, hábil en el ahorro. No transige consigo mismo ni tampoco con los demás.
  La misma intolerancia está presente en **Doriana**, más decidida, magnética e impulsiva, pero también sombría y autoritaria. Creatividad, originalidad, amor por el riesgo. Si es comprendida puede vivir amores muy intensos y satisfactorios. Eficiencia en el ámbito profesional.

La suerte

El cuatro es el número de la suerte para Dorian, y para Doriana, el ocho. Domingo y sábado son, respectivamente, los días favorables. Colores: todos los tonos del amarillo (para él) y del marrón (para ella).
  Para Dorian, un excelente talismán es el oro y el azafrán. Propicio a Doriana, en cambio, es el ónice; entre los animales, el mochuelo, la serpiente y la tortuga, con cuyas imágenes podrá decorar broches y otros adornos. Para ambos, el perfume del incienso.

DORIS

Etimología e historia

Doris es el nombre de una ninfa griega, hija de Océano y de Tetis; mujer de Nereo. Doris es también un apelativo étnico en el sentido de procedente de la Dórida, región de la antigua Grecia. Así se llamaba, por ejemplo, la mujer de Dionisio, tirano de Siracusa.

Carácter y destino

Cálida y pasional bajo una apariencia de control, Doris resulta buena, generosa, altruista, fácil de amar. Sometida a una intensa emoción, puede manifestar bruscos cambios de humor o bien ser dominada por los demás, en particular por su pareja. Interés por las profesiones sociales, en las que se esfuerza mucho a pesar de carecer de un espíritu combativo. Tendencia al ahorro.

La suerte

Es el lunar número dos el más favorable a Doris. Día propicio: lunes. Color: gris perla. Hallará su mejor amuleto en un objeto de plata o en un gato blanco.

DOROTEA

Etimología e historia

Del griego *doron-theos* significa, como Teodoro, «regalo de Dios». Es el nombre de una mártir en Cesarea celebrada el 6 de febrero. San Doroteo murió martirizado bajo el reinado de Diocleciano, y se conmemora el 28 de marzo.
Variantes: *Dorrit, Dolly*.

Carácter y destino

Dorotea es caprichosa, sutil y persuasiva. Testaruda, desprecia el peligro y opone una resistencia encarnizada al adversario, pero nunca olvida las ofensas recibidas. Para ella el perdón no existe.
Hábil y refinada en el trabajo, se muestra dotada para las profesiones artísticas. En el amor, además de esposa y amante, sabe ser amiga y confidente.

La suerte

Número: el seis. Día: el viernes. Colores: azul turquesa y rosa. Talismanes: coral y jade, o bien un perfume de lirio, rosa y jazmín.

DUILIO

Etimología e historia

Nombre difundido en el periodo de la unidad italiana, recuperado de la tradición latina en recuerdo del primer triunfo naval romano sobre los cartagineses por obra de Cayo Duilio. El latín *Duilius* tiene una etimología oscura relacionada por los romanos con la forma arcaica *duellum* de *bellum* y, por lo tanto, interpretado como hábil y valeroso guerrero.

Carácter y destino

Duilio, sensato y espiritual, se siente atraído por los estudios, la meditación y el inquietante mundo de lo paranormal. Aunque es un excelente psicólogo, capaz de análisis e introspección, carece de sentido práctico. Reserva, melancolía y perfeccionismo. Es paciente y leal con los amigos, pero tendrá poca suerte en el amor porque difícilmente podrá encontrar a una compañera que le sepa comprender. Atribuye poca importancia al dinero, que a pesar de ello sabe administrar con prudencia y previsión.

La suerte

Número favorable: siete. Día propicio: lunes. Color: blanco o gris perla. Amuletos: Duilio tendrá como amuletos el nácar, una hoja de laurel o bien la imagen de una rana.

EDA

Etimología e historia

Difundido a comienzos del siglo XX gracias a la literatura y en concreto al drama de Ibsen, *Hedda Gabler* (diminutivo de Eduvigis). Podría existir otra fuente, mucho más razonable, pero desconocida para la mayoría: el *Edda*, en irlandés Ava o Sibilla, antiguo manual nórdico del arte poético.

Fiesta: se conmemora en una sola fecha, el 4 de julio.

Carácter y destino

Naturaleza dinámica, afortunada; atraída, aunque sólo de forma superficial, por los problemas de la humanidad. Encanto, reserva, gusto por el riesgo y el juego. A pesar de que suele tener numerosas aventuras amorosas, al final difícilmente se ata con nadie.

La suerte

El cinco es el número capaz de influir en la suerte de Eda; su día, el miércoles. Color: anaranjado. El amuleto más adecuado para ella: una ramita de lavanda, una mariposa, la piedra ojo de gato.

EDGAR

Etimología e historia

Del sajón Edgard (*ead* = rico, poderoso, y *garger* = lanza) significa poderoso con la lanza.

El 8 de julio se celebra la festividad de san Edgar, el pacífico rey de Inglaterra. Otros hombres famosos: los escritores E. Wallace, E. A. Poe, rey de los relatos de terror, y el pintor E. Degas. Otras formas extranjeras interesantes: *Otker, Augier.*

Carácter y destino

Serio, muy reservado y caprichoso, Edgar obtiene de estas cualidades su magnético encanto. Profundo sentido de la familia y de la economía. Atracción por el misterio. A causa de su exagerado concepto del honor puede abandonarse a fugaces decisiones precipitadas que le traerán problemas.

La suerte

Es el nueve, marcado por Marte, el número que mejor armoniza con la personalidad de Edgar. Día afortunado: el martes. Colores: rojo, óxido. Los talismanes: una peonia, un rubí, un caballito de acero.

EDITA o EDIT

Etimología e historia

Llegado a España por la vía literaria, Edita (del sajón *ead* = riqueza, propiedad, y *gyadh* = combate) significa «aquella que lucha por la riqueza». Más que al culto de santa Edita Covel —mártir inglesa fusilada por los alemanes, muy sentido en las islas británicas (16 de septiembre)—, el nombre, en España, debe su difusión a la famosa y excelente cantante francesa E. Piaf.

Carácter y destino

Ambiciosa y competitiva, Edita nunca se deja someter por nadie. Valiente y dotada de sangre fría, ama el dinero y la gloria. Independiente, detesta las ataduras y la rutina. Difícilmente admite sus errores. Gran éxito en la profesión.

La suerte

El uno es su número mágico, y siempre trata de alcanzar el primer puesto. Día favorable: domingo. Color: amarillo intenso. Talismanes: un pequeño león de oro, un collar de ámbar, una flor de diente de león.

EDMUNDO - EDMEA

Etimología e historia

Del sajón *ead* (= propiedad, riqueza) y *mund* (= defensa), significa literalmente «defensa del patrimonio». No lo difundió tanto el culto del rey de los anglos, mártir cristiano, celebrado el 20 de noviembre, como una moda literaria: el Edmundo protagonista de *El conde de Montecristo*, el Edmundo de *El rey Lear* y el italiano Edmondo De Amicis, autor de la famosa novela *Corazón*. Y también Edmund Spenser y Rostand. En femenino, Edmundo se transforma en el poco difundido Edmea.

Carácter y destino

Generalmente rubio, tímido, dulce pero obstinado, Edmundo oculta tras un aspecto gentil y reflexivo una buena dosis de egoísmo y susceptibilidad. En femenino, el nombre Edmea concede encanto, volubilidad y coquetería.

La suerte

Números: el siete para Edmundo, y el uno para Edmea. Días propicios, respectivamente, lunes y domingo. Colores: blanco y amarillo. Los talismanes: una perla y un pececillo de plata para él; un topacio y la imagen de una cebra para ella.

EDUARDO

Etimología e historia

Eduardo puede relacionarse con el sajón *eadward* (= guardián de la riqueza), o también con el germánico *Had ward* (= defensor en guerra). Nombre tradicional de la dinastía inglesa, cuenta entre sus filas con muchas celebridades: de Eduardo I *el Viejo*, a Eduardo Plantagenet, pasando por Eduardo III *el Confesor*, patrón de los pobres, cuya festividad se celebra el 13 de octubre, y Eduardo VII, que abdicó en los años treinta por amor. Entre los grandes: el pintor E. Manet y el músico noruego E. Grieg.

Carácter y destino

Práctico, lógico y realista, Eduardo se lanza a la existencia con valor y voluntad, pero por desgracia con poca fortuna. En amor es cerrado, difícil, poco pasional y parsimonioso. Tradicionalista hasta el exceso, tenderá a sentirse decepcionado por sus hijos, por fuerza siempre más progresistas que los padres. Dotado para las profesiones que requieren mucho esfuerzo. Se arrepiente fácilmente de las decisiones tomadas.

La suerte

El saturnal número ocho es el que más armoniza con Eduardo. Día afortunado: sábado. Colores: toda la gama de los marrones. Los talismanes: ónice, magnetita, un osito o un búho de peluche. Perfume de pino y ciprés.

EDUVIGIS

Etimología e historia

Eduvigis, del alemán Hedwig, es un nombre que aparece en España en la época romántica en la acepción de «batalla sagrada» (*hathu wiha*), o simplemente de batalla (por asimilación de *wiha* con *wig* = batalla).
La festividad de Eduvigis se celebra el 16 de octubre.

Carácter y destino

Amante de la justicia y de la paz, Eduvigis se muestra devota, altruista y equilibrada. Bastante metódica y ordenada pero muy femenina, es una mujer sensible y vulnerable, motivo por el cual en sus relaciones con los demás se mantiene a menudo a la defensiva. Ama con todo su ser y una sola vez. Deseo de protección.

La suerte

Número favorable: siete. Día: lunes. Color: blanco y gris. Talismanes: un anillo de plata, nácar o, por otra parte, una hoja de mirto.

EGIDIO o GIL

Etimología e historia

Egidio representa una evolución del griego *aighidion* (= cabrito) o *aighides* (= olas), en el sentido de hijo del Egeo, nacido junto al mar.
San Egidio, patrón de leprosos y de tejedores, es recordado el 22 de abril y el 10 de enero. Una fama ciertamente menos santa rodea a Gilles de Raiz, el famoso mago negro en la fábula de *Barbazul*, y al Egidio de Manzoni, seductor de la monja de Monza.

Carácter y destino

Muy dotado para los negocios, amante de la familia y de la compañía, Egidio prefiere vivir un poco al día más que planificar la existencia. Cerrado, tímido y cohibido, si se ve respaldado puede volverse despótico y es un hábil cortejador.

La suerte

El número favorable para Egidio es el cuatro; el domingo es su día propicio. Color preferido: amarillo. Amuletos: una varita de canela, la imagen de un águila o de una cabra.

EGLE

Etimología e historia

Egle es en la mitología clásica una hija de Helios, transformada en sauce por el dolor que le causa la pérdida de su hermano Fetonte.
Al mismo nombre respondía también una ninfa burlona y una de las tres Gracias, Aglae, la más bella. En efecto, Egle tiene el significado de «brillante, resplandeciente».

CARÁCTER Y DESTINO

Alegre, despreocupada y optimista, Egle demuestra desde niña una excelente voluntad. Muy sensible y sentimental, aporta a la relación de pareja calor y serenidad. Amor por el campo, la música y las flores.

LA SUERTE

Es el dos, número lunar, el que marca la personalidad de Egle. El día favorable es el lunes; el color, el blanco. Como talismán, podrá escoger una media luna de plata o una bolita de alcanfor.

ELDA

ETIMOLOGÍA E HISTORIA

Variante de Hilda (de *hilt* = batalla), Elda —cuya festividad se celebra el 18 de agosto— es, según la leyenda, una doncella de santa Elena. Otra festividad: 5 de marzo.

CARÁCTER Y DESTINO

Personalidad racional, ordenada y organizadora, pero a menudo esclava de la rutina. Conservadora y obstinada, Elda aspira a la seguridad económica y a la estabilidad sentimental llegando a la planificación razonada incluso en el amor. Inclinación al ahorro.

LA SUERTE

Número de la suerte: cuatro. Día propicio: domingo. Color favorable: amarillo sol. Talismanes: una cadena de oro, un topacio, un poco de incienso.

ELECTRA

ETIMOLOGÍA E HISTORIA

Nombre de origen mitológico vinculado a las figuras de Electra, una hija de Atlas y Plerone «rubia como el ámbar», y de la hermana de Orestes, a quien ayudó en el matricidio llevado a cabo para vengar a su padre, Agamenón.

CARÁCTER Y DESTINO

Dinámica, vibrante y apasionada, Electra ama con la misma intensidad el estudio, el deporte y la vida al aire libre. Decidida y sociable, desprecia el peligro. Selectiva en cuanto a las amistades, imaginativa y nunca totalmente comprendida en amor.

LA SUERTE

Es el nueve, de influencia marciana, el que marca la suerte de Electra. El martes es su día favorable. Color: rojo vivo. Como talismán es aconsejable un collar de ámbar, una ramita de ajenjo o la imagen de un pájaro carpintero.

ELENA (véase HELENA)

ELIANO (véase HELIO)

ELÍAS

ETIMOLOGÍA E HISTORIA

Derivado del hebreo *eli-ayyau* (= el verdadero Dios es Yahvé), es el nombre de uno de los profetas mayores, llamado al cielo aún en vida en espera del juicio universal. Fiestas: 16 y 20 de febrero, 20 de julio, 19 de septiembre. En femenino: *Elina*.

CARÁCTER Y DESTINO

Solitario y de carácter poco comunicativo, Elías revela una sorprendente aptitud para los estudios religiosos. Poco realista, soñador, pero fiel y sincero, tiende a ocultar sus sentimientos.

La suerte

Número favorable: nueve; día propicio: martes; colores: rojo y violeta. Elías podrá mejorar su suerte recurriendo a un caballito de acero, una bolsita de tabaco y un jaspe rojo como talismanes.

ELISABET o ISABEL

Etimología e historia

Elisabet puede significar «dios es juramento», del hebreo *elisheba*, o bien «dios es perfección», plenitud, porque *sheba* (= siete) es el número que indica el cumplimiento. Mujer de Aarón y madre de Juan Bautista en la Biblia y hermana de Dido en la mitología, Isabel hace su aparición en la historia conquistando el favor de las familias reinantes en Inglaterra, Hungría y Portugal. Santa Isabel es la patrona de los panaderos y su festividad se celebra el 4 de julio. Otras fiestas: 15 y 19 de noviembre.

Elisabet o Isabel nos ha regalado una profusión de variantes y diminutivos, de los comunes (como *Lisa, Elisa, Isa*) a los insólitos (como *Elisia, Lisena, Lisinda, Lisana*) y las formas extranjeras (*Lisetta, Betsy, Libby, Lilibeth, Liza, Lissy, Betty, Liselore*).

Carácter y destino

Muy sensible, sentimental y altruista, Elisabet es capaz como ninguna otra de incitar, consolar y perdonar. Ama la profesión elegida y, a pesar de ello, no se siente completa hasta que llega al matrimonio. Buena madre, severa y voluntariosa, pero demasiado preocupada por las apariencias. Sabe apreciar la soledad.

La suerte

Número favorable: cuatro. Día propicio: domingo. Color: amarillo vivo. Talismanes: un broche en forma de abeja, un girasol y una cadena de oro.

ELOY

Etimología e historia

Del latín medieval *eligere* (= elegir, en el sentido cristiano de «elegido de Dios») o bien del germánico *adalwis* («noble guía»); o también de *éllicio* (atributo de Zeus, es decir, «luminoso, resplandeciente»). La festividad de san Eloy, patrón de los joyeros, se celebra el 1 de diciembre. Otra festividad: 25 de junio.

Carácter y destino

Activo e independiente pero disperso, Eloy puede definirse como un individuo que en la vida nunca alcanzará grandes resultados. Con esta actitud sufrirá muchas decepciones amorosas, sobre todo por parte de mujeres deseosas de estabilidad y protección.

La suerte

Número propicio: tres. Día favorable: jueves. Colores: azul medio, azul marino. Entre los amuletos Eloy escogerá un zafiro oscuro, una avellana y, si le es posible, un perro como fiel amigo.

ELSA

Etimología e historia

Variante de Elisabet o bien de Ilse, el nombre de un espíritu acuático; o también derivado de kelsa (= mango), Elsa es la heroína wagneriana del *Lohengrin*.

Se celebra el 4 de enero como la primera santa americana.

Carácter y destino

Indecisa y dubitativa, Elsa tiende a dejar escapar las buenas ocasiones que le ofrece la vida. Desconfiada, celosa, somete al ser amado a continuos controles. Romántica pero a veces artificiosa, se siente atraída por la moda, los perfumes y la poesía.

La suerte

Elsa está marcada por el número uno, de influencia solar. Día favorable: domingo. Color: amarillo oro. Talismanes: un objeto de oro; la flor del árnica; esmeralda o diamante.

ELVIO

Etimología e historia

Elvio procede del gentilicio latino *Helvius* (femenino Helvia, la esposa del filósofo Séneca), que significa «amarillo rojizo».

Fiestas: 4 y 27 de octubre.

Las variantes más comunes: *Elviano, Elvidio*, el danés Elwin.

Carácter y destino

Elvio se caracteriza por una insólita tenacidad. Testarudo, gruñón, pedante, este «oso» de apariencia huraña oculta, no obstante, un corazón altruista y jovial, capaz de verdaderos sentimientos. Excelente colaborador siempre que pueda desarrollar una profesión racional, metódica y de carácter sedentario.

La suerte

Nueve es el número de la suerte para Elvio. Día propicio: martes. Color: el rojo. Los talismanes: una llave de hierro y una bolsita de tabaco.

ELVIRA

Etimología e historia

Se trata de un nombre español de origen visigodo, en su origen Geloyra o Gelvira (de *gails* = lanza o de *gail* = alegre y *wers* = amigo, amistoso), en la acepción de amiga de la lanza, o bien alegre y amistosa. Fiestas: 25 de enero y 5 de marzo.

Carácter y destino

Elvira es una soñadora proyectada fuera del tiempo. Melodramática y coqueta, sabe sin embargo comportarse afectuosamente y de forma desinteresada. Puede llegar a ser una excelente profesora. Probable fortuna fuera de su país de origen.

La suerte

Número de la suerte: cuatro. Día favorable: domingo. Colores: amarillo intenso y oro. De oro o dorado será también el talismán, preferentemente una cadena o un broche en forma de abeja. También es propicio el azafrán.

EMILIO - EMILIA - EMILIANO - EMILIANA

Etimología e historia

Es un antiguo gentilicio romano derivado según la etimología popular de *aemulus-aemulor* (= emular), pero más probablemente está relacionado con el nombre etrusco *aemus*. Apoyado por el culto de numerosos santos, el nombre se difundió ampliamente. Emilio es recordado el 5 de enero, el 1 de febrero, el

28 de mayo y el 6 de octubre; Emilia, el 5 de abril; por su parte, Emiliano, patrón de los farmacéuticos, se conmemora el día 6 de diciembre.

Entre aquellos que llevaron este nombre no pasan desapercibidos el cónsul Emilio Lépido, que hizo construir la vía Emilia; el escritor E. Zola, y el revolucionario mexicano Emiliano Zapata. En la literatura es famoso el *Emilio*, de Rousseau, el escolar educado según los preceptos del Iluminismo.

Variantes: *Milka, Amy* en femenino.

Carácter y destino

Charlatán e inteligente, **Emilio** es, como **Emiliano**, muy hábil para evitar los problemas que se le presentan. Sometido a ataques de cólera y a largos rencores, pero capaz de exquisitas cortesías, resulta simpático y desenvuelto. En el fondo es un tradicionalista, muy fiel, casi mojigato y amante de la tranquilidad. Aptitud para las profesiones que requieren atención y paciencia.

En femenino, ambos nombres suman a todas estas características que hemos visto aquí una buena dosis de emotividad y nerviosismo.

Muy sensual y coqueta, **Emilia** adora recibir muchos cumplidos.

La suerte

Nueve es el número propicio para Emilio, y el seis para Emiliano; los días son, respectivamente, martes y viernes; los colores: rojo y verde; los talismanes: una flor de cardo y una cadena de acero (para Emilio); cobre, jade y pétalos de rosa (para Emiliano).

Para Emilia y Emiliana, los números, días, colores y amuletos serán, respectivamente: el cuatro y el uno, el domingo, el amarillo intenso y un collar de ámbar o, a ser posible, un canario.

EMMA

Etimología e historia

Diminutivo del nombre alemán *imma* (= trabajadora, diligente), o bien derivado de *Irmin* (grande, potente), sobrenombre del dios Odín; de *imm* (lobo) o de *amme* (nodriza). Emma es la protagonista de una famosa novela, *Madame Bovary*, de Gustave Flaubert.

Su festividad se celebra el 31 de enero, el 29 de febrero, el 19 de abril, el 13 de mayo y el 26 de junio.

Carácter y destino

Enérgica, autoritaria, segura de sí misma, Emma nunca tiene problemas cuando se trata de imponer su voluntad. Su naturaleza práctica y racional le proporciona una gran habilidad para hacer negocios. Ama la alegría y la discusión, pero tiende a menudo a salirse de sus casillas. En la relación de pareja mantiene actitudes maternales y protectoras. Destino probablemente afortunado.

La suerte

Número propicio: cinco; día favorable: miércoles. Color: celeste. Talismanes: una mariposa, un lirio, ágata o calcedonia.

ENEAS

Etimología e historia

En la base de Eneas, nombre del mítico héroe troyano cantado por Virgilio, existe una voz pregriega de oscuro significado; tal vez nombre de una divinidad, *Aina*. Aunque la etimología popular pretende derivarlo del griego *ainós* en el sentido de «aquel que inspira temor», o de *ainé* (= alabado, glorioso). Eneas se celebra el 20 de enero y el 9 de febrero.

Cabe señalar que en Dalmacia el nombre es femenino.

CARÁCTER Y DESTINO

Eneas suele sufrir durante su vida una notable transformación de la personalidad: voluble y apasionado en su juventud, con el tiempo se vuelve rutinario, apegado a la familia, impresionado por el lujo y las apariencias. Pasión por el coleccionismo.

LA SUERTE

El número que más vibra en sintonía con Eneas es el siete. Día favorable: lunes. Color: gris perla. También es una perla el talismán, o bien un fragmento de cuarzo o una hoja de laurel.

ENGRACIA (véase GRACIA)

ENIO

ETIMOLOGÍA E HISTORIA

Se trata de una recuperación clásica del gentilicio y luego nombre latino *Ennius*, célebre gracias al gran poeta épico y trágico.

CARÁCTER Y DESTINO

Naturaleza excitable e impulsiva, pero amante del orden y el ritmo. Curiosidad enciclopédica, inteligencia rápida, capaz de captar al vuelo las situaciones. Ligera pereza. Idealista, voluble e indeciso en el amor; pero cuando se decide, como la hiedra, ya no se separa, cultivando un auténtico culto por la familia y los hijos.

LA SUERTE

Número de la suerte: tres. Día: jueves. Color: púrpura. Los talismanes: turquesa, zafiro oscuro, un fragmento de cuerno de ciervo.

ENRIQUE - ENRIQUETA

ETIMOLOGÍA E HISTORIA

Enrique deriva del germánico *haimirich* (= poderoso en la patria). Son muchos los personajes diseminados por el mundo desde hace al menos un milenio: un buen puñado de reyes, entre ellos el célebre Enrique VIII, que suscitó el cisma anglicano por el rechazo de su petición de divorcio por parte del papa, y un nutrido grupo de artistas, especialmente literatos y filósofos: H. Von Kleist, H. Heine, H. Beyle, H. Stendhal, H. Ibsen, H. Bergson. La onomástica se celebra el 15 de abril y el 13 de julio.

Variantes: *Quique, Errico, Arrigo, Amerigo, Endrigo, Emerico, Hal, Hank y Hetty* (en femenino).

CARÁCTER Y DESTINO

Personalidad tranquila, reflexiva, trabajadora. Muy confiado y leal, **Enrique** apunta con decisión a la meta tratando de destacar de la masa. Celoso en el amor, tiende a guardar rencor durante mucho tiempo, pero cuando se enamora se muestra devoto y fiel. Cultiva con cuidado sus amistades, pero ¡pobre de quien le ofenda! Luchará hasta el fondo por sus principios incluso a costa de mostrarse sarcástico y violento. Vida cómoda, probablemente en la profesión médica. Nerviosismo y leves trastornos de salud.

Enriqueta presenta una naturaleza tranquila, perseverante y positiva. Alegría y discreción son sus cualidades. Pero ni siquiera ella carece de defectos. En efecto, conociéndola se descubre que es celosa y muy, muy envidiosa.

La suerte

Para él, el número de la suerte es el uno; día favorable: domingo; color: amarillo sol; amuleto: una cadena de oro o una hoja de palma.

Para ella, el número es el cinco; día: miércoles; color: celeste; talismanes: una esmeralda, una margarita, cinco bayas de enebro.

ENZO

Etimología e historia

Procedente del diminutivo alemán de Enrique, es el nombre del hijo de Federico II de Suabia, poeta y defensor del imperio. No tiene nada que ver con Lorenzo.

Carácter y destino

Carácter dulce, afable y romántico. Amor por la música y el arte. Gran sensibilidad, encanto; múltiples aventuras galantes. Destino en general afortunado.

La suerte

Es el seis el número que mejor armoniza con la personalidad de Enzo. Día propicio: viernes. Color: verde hierba. Los talismanes: lapislázuli, jaspe verde, flor de saúco o una pluma de ruiseñor.

ERASMO

Etimología e historia

En griego, *Érasmos* es un derivado del verbo *éromai* (= amar, desear, que con frecuencia hace referencia al hijo muy esperado y por fin obtenido).

Pescadores y marineros lo han tomado como protector, hasta el punto de que esos fenómenos luminosos que aparecen en torno a los mástiles de las embarcaciones, causados en realidad por la electricidad atmosférica, son llamados en algunos países «fuego de san Erasmo». Cabe recordar, por encima de todos, al filósofo E. de Rotterdam, autor del *Elogio de la locura*.

Fiesta: 2 de junio.

Es interesante la serie de variantes, entre ellas: *Eramo, Ermo, Elmo* en masculino, *Thelma* en femenino.

Carácter y destino

Obstinado, decidido y dotado de carisma, Erasmo tiene todos los números para llegar a ser un líder. Egocéntrico, autoritario, oculta tras una máscara huraña sentimientos sinceros y muy personales. Sufre súbitos entusiasmos alternados con crisis de melancolía. Carácter dinámico, combativo pero cerrado, aislado. Gran concentración mental.

La suerte

Número favorable: el saturnal ocho; día propicio: sábado; color: gris plomo. Plomo también como amuleto, o bien un objeto de ónice o de obsidiana.

ERIKA

Etimología e historia

Del germánico *ein rich* (= única ama), o bien *erich* (= ama); o también de la antigua forma escandinava *Eirikr-Erik*, tradicional en la casa reinante sueca.

Fiesta: 18 de mayo.

Carácter y destino

Carácter decidido, fascinante pero reservado. Erika ama el riesgo y la novedad; y precisamente gracias a su originalidad y a su espíritu emprendedor, alcanzará muy probablemente el éxito. Muy admirada y cortejada. Capaz de invertir sin miedo el dinero en empresas arriesgadas pero generalmente afortunadas.

La suerte

Número propicio: ocho. Día favorable: sábado. Color: todos los tonos del rosa y del marrón, del mostaza al marrón oscuro. Talismanes: brezo, musgo y helecho entre las plantas; ónice y obsidiana entre las piedras.

ERNESTO - ERNESTINA

Etimología e historia

Derivado del antiguo alemán *arni* (= severo), o de *arn* (= águila). Ernesto y Ernestina celebran su onomástica el 7 de noviembre o el 12 de enero. Cabe recordar a Ernesto *Che* Guevara.

Carácter y destino

Ernesto se presenta como un individuo sencillo, robusto y simpático. Logra fácilmente el éxito siempre que las empresas que se plantee no persigan la excepcionalidad. A pesar de su frecuente mal humor, puede considerarse, globalmente, un buen compañero. Vivaz inteligencia, espíritu combativo, intenciones serias.

Alegre y realista, **Ernestina** representa el tipo de mujer capaz de salir siempre indemne de las adversidades. Dotada para los negocios y las ganancias. Humor caprichoso.

La suerte

Número de la suerte: para él, el seis; para ella, el uno. Días propicios, respectivamente, el viernes y el domingo. Colores: verde y amarillo. Los talismanes: una pulsera de cobre y una hoja de higuera para Ernesto; oro, ámbar e incienso para Ernestina.

ESCARLATA

Etimología e historia

Nombre ya esporádicamente presente en la Edad Media, derivado de *rosso* o bien de *rosula* (= madroño). No obstante, la razón de su actual popularidad debe buscarse en la famosa novela de M. Mitchell, *Lo que el viento se llevó*, de la que se han efectuado numerosas versiones cinematográficas.

Fiesta: 14 de septiembre.

Carácter y destino

Personalidad inquieta, caprichosa, alertada por la soledad. Escarlata es una criatura fascinante, independiente, fácil de amar, pero a menudo también de odiar. Ahorra con empeño, aunque difícilmente logra enriquecerse.

La suerte

Número favorable: dos. Día propicio: lunes. Colores: gris perla, verde pálido. Amuletos: un ópalo, una perla, un objeto de cristal. Perfume de mirto y laurel.

ESMERALDA

Etimología e historia

Esmeralda es un nombre afectivo de buen augurio procedente del griego *smaragdos*, que designaba la bella gema verde.

Fiesta: 8 de agosto.

Carácter y destino

La imaginación, la fantasía desenfrenada, regalan a la activa, dinámica y despótica Esmeralda una sutil melancolía de fondo que nunca la abandona. Amor propio, orgullo, excesivas pretensiones;

relaciones amorosas profundas y muy intensas.

La suerte

Número de la suerte: uno; día favorable: domingo. Los colores preferidos: amarillo y oro. Como amuletos: una esmeralda, una hoja de laurel, perfume de azahar.

ESPARTACO

Etimología e historia

Es un reciente nombre ideológico de impronta libertaria, tomado de las aventuras del gladiador que, habiendo huido de la escuela de gladiadores de Capua, hizo frente durante dos años, junto con algunos esclavos compañeros suyos, a los ejércitos consulares de Roma. Derrotado y muerto, se convirtió en símbolo de la justa rebelión contra la tiranía.

Espartaco deriva del griego *sparton* (= cuerda), con el significado de «fabricante de sogas».
Fiesta: 22 de diciembre.

Carácter y destino

Orgullo, ambición y pasionalidad distinguen al altivo Espartaco, sensible a las alabanzas y al estímulo de los demás. Creativo y original, pero igualmente dotado de sentido práctico. Todo entusiasmo, optimismo y alegría, Espartaco aprecia la compañía, las comodidades y el bienestar. Es derrochador, aunque equilibra sus frecuentes y enormes gastos con ganancias igualmente fáciles.

La suerte

Número favorable: tres; día afortunado: jueves. Colores: azul oscuro, púrpura. Entre los amuletos, Espartaco escogerá, además del fragmento de cuerda que sugiere su nombre, un zafiro, una turquesa, una hoja de tilo o abedul. El perro resultará el más adecuado de los animales domésticos para hacerle compañía.

ESPERANZA

Etimología e historia

Nombre devocional y de buen augurio que se afirmó con referencia a una de las tres virtudes teologales y al culto hacia la virgen de la Esperanza.
Fiestas: 28 de marzo, 1 de agosto y 1 de diciembre.

Carácter y destino

Esperanza, fina y cerebral, oculta tras una aparente dulzura una voluntad de hierro. Innata femineidad, pasión por lo insólito. Personalidad vencedora, en todos los ámbitos, tanto en la profesión como en el amor.

La suerte

Número favorable: uno; día propicio: domingo; colores: amarillo vivo, anaranjado. Como talismanes: un collar de ámbar, una hoja de salvia, una abeja o un pequeño león de oro. Perfume de azahar o incienso.

ESTANISLAO

Etimología e historia

Se trata de un nombre polaco procedente de *stani* (= en pie) o bien *stan* (= estado) y *slawa* (= gloria), con el significado de «fama duradera», o bien de «gloria del estado».

No llegó hasta nosotros hasta finales de la Edad Media, en la forma docta

Stanislaus, apoyado en el culto de san Estanislao, obispo de Cracovia y celebrado el 11 de abril y de san Estanislao de Kostka, jesuita polaco recordado el 15 de agosto y el 13 de noviembre. San Estanislao es patrón de los jóvenes, de los novicios religiosos y de los moribundos, así como de Polonia.

Carácter y destino

La inteligencia, la originalidad y la capacidad de llevar varios asuntos a la vez caracterizan a Estanislao, haciendo de él un tipo fuera de lo común y con un carácter lleno de sorpresas. Es curioso, audaz y romántico; sueña con aventuras e intrigas amorosas y las transforma en realidad.

Escasas posibilidades de riqueza; muchas, en cambio, de éxito.

La suerte

Número de la suerte: dos; día favorable, lunes; colores: blanco y plata; amuleto: un objeto de cristal, un ópalo, las pinzas de un cangrejo y un puñado de semillas de calabaza.

ESTEBAN - ESTEFANÍA

Etimología e historia

Esteban, el santo cuya festividad se celebra el día después de Navidad, tiene una triste historia que aclara también el origen de su nombre. Elegido diácono de los Apóstoles pero acusado por los jueces de blasfemia, *Kelilan* (este era su nombre) reprochó a sus acusadores la crucifixión de Cristo y fue lapidado en Jerusalén siete meses después de la resurrección. Kelilan (en arameo «corona», traducido al griego como *Stephanos*) se convirtió así en el primer mártir cristiano y la corona comenzó a constituir el símbolo del martirio.

Además, del día siguiente al de Navidad, Esteban y Estefanía celebran su onomástica el 8 de febrero, el 2 de agosto, el 2, 7 y 18 de septiembre y el 20 de noviembre.

Una celebridad: el poeta «maldito» S. Mallarmé.

Las variantes: *Stepan, Steffen, Steff* y *Fanny*.

Carácter y destino

Esteban y **Estefanía** se presentan por lo general como individuos introvertidos, cerrados y vengativos. Muy independientes pero poco sinceros, tienden, de niños, a dar preocupaciones a sus familiares. No obstante, gracias a la voluntad y decisión que les caracterizan, hallarán, aunque bastante tarde, el camino hacia el éxito. Exclusivistas en las relaciones afectivas, cultivan pocas amistades y, en número aún menor, historias sentimentales, ya que no les faltan desilusiones. Escasa inclinación al matrimonio y atracción por los niños.

La suerte

El número ocho, para Esteban, y, para la más flexible y optimista Estefanía, el tres. Días favorables: sábado y jueves, respectivamente. Colores: negro, para él, y azul oscuro, para ella. Como talismán, Esteban adoptará el helecho, el pino y el jaspe marrón, aunque también la amatista (marcada por Júpiter) puede resultar útil al hacerle un poco más sociable. La misma gema es adecuada para Estefanía, junto a una pluma de pavo real o faisán, un jazmín y un clavo de olor.

ESTER

Etimología e historia

Es la bella esposa de Asuero, rey de Babilonia, autora de uno de los libros que componen el Antiguo Testamento, llamado precisamente el libro de Ester. El nombre es más persa que hebreo; en efecto, en persa *istareh* significa «estrella». Sin embargo, Ester puede relacionarse con el nombre de una diosa de la fecundidad, Istar, más tarde asimilada a Venus. Fiestas: 8 de diciembre, 24 de mayo, 21 de junio y 1 de julio. Entre las variantes: *Esterina y Erina*.

CARÁCTER Y DESTINO

Orgullosa, decidida, autoritaria en el mundo, Ester se muestra dentro de la relación de pareja tierna y protectora, pero sobre todo dispuesta a compartir con su compañero alegrías y dolores. Interés por la moda, las chucherías y las flores. Excelente educadora de los hijos.

LA SUERTE

Es el cuatro, número solar, el que influye en la suerte de Ester y hace que su día más propicio sea el domingo. Color preferido: amarillo. Los talismanes: pendientes de oro en forma de estrella, un topacio, una ramita de mimosa o de retama.

ESTRELLA

ETIMOLOGÍA E HISTORIA

Estrella, en parte nombre afectivo atribuido a la recién nacida para desearle la luminosidad de los astros, refleja, por otra parte, el culto tributado a María santísima de la Estrella y al epíteto de la Virgen *Stella Maris*, que se remonta a la errónea interpretación del hebreo *maryam* como «estrella de mar» en lugar de «gota de mar».

Fiestas: se celebran el 11 de mayo y el 15 de agosto.

CARÁCTER Y DESTINO

Estrella, de naturaleza sumamente romántica y soñadora, dedica toda su existencia al amor, obteniendo en conjunto algunas desilusiones, algunas crisis pero también mucha felicidad afectiva. Menos brillante aparece su situación económica, porque para resultar agradable y elegante tiende a despilfarrar en joyas, perfumes, chucherías caras, cuadros y flores. En suma, es una mujer que gusta de rodearse de cosas bellas, refinadas y siempre del mejor gusto. Tendrá éxito en las profesiones artísticas.

LA SUERTE

Número favorable: seis, influido por Venus; día afortunado: viernes; colores: rosa, verde menta. Como talismanes, un zafiro estrellado, un objeto de jade, la flor llamada aster. Perfume de rosa, muguete y mirto.

EUGENIO - EUGENIA

ETIMOLOGÍA E HISTORIA

Derivado del griego *eughenés* (= bien nacido, de noble estirpe), fue adoptado desde la época de los griegos y de los romanos. Eugenio, apoyado por el culto de numerosos santos, ha seguido hallando éxito en la época moderna. Cabe recordar a: Eugenio de Saboya, que derrotó a los turcos en Lepanto, al pintor E. Delacroix y al novelista E. Sue.

Fiestas: 24 de enero, 2 de junio, 11 de septiembre y 30 de diciembre.

CARÁCTER Y DESTINO

Carácter equilibrado pero a veces presuntuoso y poco sociable. Tradicionalista, posesivo, difícilmente manifiesta sus sentimientos aunque experimenta un profundo cariño por su cónyuge e hijos. Muestra una gran aptitud para las ciencias exactas.

La suerte

Para Eugenio, el número de la suerte es el cuatro; día favorable: domingo; color preferido: amarillo claro; una pequeña joya o una moneda de oro son su talismán adecuado. Para Eugenia, en cambio, el número es el ocho; día: sábado; color: marrón; amuleto: un jaspe marrón o una plomada.

EVA

Etimología e historia

Del hebreo *hayan* (= vivir) o de *hayye* (= culebra), Eva puede interpretarse como «madre de los vivos» o como «serpiente».

Fiestas: 2 de abril, 6 de septiembre, 6 y 19 de diciembre.

Entre las variantes: *Evi, Evita, Evia*.

Carácter y destino

Sagaz, inteligente, muy solícita; Eva sabe salir siempre a flote en todas las circunstancias. Naturalmente femenina, maliciosa y coqueta, posee no obstante una alegría y una ternura que se hacen perdonar cualquier pecadillo. Muy fecunda y maternal, se muestra apegada a la casa y muy comprensiva con sus hijos.

La suerte

Número propicio: uno. Día favorable: domingo. Color: naranja claro. Puede utilizar como amuletos: un anillo de oro en forma de serpiente, un topacio, un canario o un broche que recuerde la famosa manzana.

EVELINA

Etimología e historia

Evelina, de una novela de Fanny Burney, no es, como parece, diminutivo de Eva. Más bien derivaría de la voz *ewa* (= ley, justicia), o bien del antiguo nombre, Avelin, es decir, «ardiente deseo».

Fiesta: 6 de diciembre.

Aunque está desprovisto de una base sólida y cierta, el nombre Evelina ha dado vida a numerosas variantes, entre las cuales hay algunas que resultan bastante interesantes, como por ejemplo: Avelina, Evelia, Avelia, Avelline.

Carácter y destino

De temperamento viajero, aventurero y alegre, Evelina representa el modelo de mujer eternamente joven, siempre dispuesta a bromear. Curiosa, ama el estudio, los viajes, el movimiento. En el plano sentimental prefiere jugar el mayor tiempo posible, retrasando de año en año el momento de comprometerse en serio.

La suerte

Número de la suerte: cinco. Día: miércoles. Colores: celeste y amarillo limón. Talismán: una pequeña joya de platino o una nuez moscada.

EZIO

Etimología e historia

Popularizado por el *Attila*, de G. Verdi, es el nombre del general romano vencedor de los hunos. En el nombre convergen dos etimologías griegas: *aitia* (= causa) y *aetos* (= águila).

Se festeja el 6 de marzo, el 4 de abril y el 14 de agosto.

Carácter y destino

Iniciativa, lucidez, adaptabilidad y amor por la justicia son sus rasgos destacables. A veces soberbio, no tolera las decisiones inesperadas ni los consejos. Resulta un buen marido, pero tiende a subestimar a las mujeres, y es tan avaro de ternura como de dinero.

La suerte

Número de la suerte: uno. Día más propicio: domingo. Color: amarillo. Como talismán, adoptará con bastante provecho una pequeña águila de oro, como prescribe la etimología de su nombre, o bien una ramita de canela perfumada o un crisólito.

Amuleto hebraico

FABIO

Etimología e historia

Nombre gentilicio romano que procede del término latino *faba* (= haba). Así se llamaron: el célebre adversario de Aníbal, Quinto Fabio Máximo *el Temporalizador*, y Quinto Fabio Vibuliano, que sobrevivió a la matanza de una familia de trescientos miembros.

Fiestas: 20 de enero, 17 de mayo y 1 de julio.

Variantes: *Fabián, Fabia, Fabiola*, recordada el 27 de diciembre.

Carácter y destino

Como su célebre predecesor, el vencedor de Aníbal, Fabio intenta siempre ganar tiempo, mostrándose indeciso, inseguro y rezagado incluso en el amor. Rústico, cohibido, pero sensible y romántico, ama la vida al aire libre, el campo y las plantas, y de estas podrá obtener su fortuna. Frugalidad, melancolía. Lo mismo puede decirse para los nombres derivados.

La suerte

Los números favorables, días propicios, colores y talismanes son, respectivamente: para Fabio, el seis, el viernes, el verde y, como amuletos, un berilo, una mariposa, una ramita de mirto o un haba; para Fabián, el tres, el viernes, el violeta y un pedacito de estaño, una amatista y un clavo de olor como talismanes; para Fabia, el siete, el lunes, el blanco y, como amuletos, una perla y una hoja de malva. Por último, para Fabiola, el uno, el domingo, el amarillo y una peonia o un topacio.

FABRICIO - FABRICIA

Etimología e historia

Nombre de origen clásico, histórico y literario, recuperado del latín *Fabricius*, que los antiguos derivaban de *faber* (= artífice).

Fabricio es recordado el 9 de julio.

Carácter y destino

Laborioso y tenaz, como le impone la etimología; agitado, dinámico y realizador, **Fabricio** se muestra práctico también en el amor. Sin embargo, en el fondo es sumiso y siente un gran deseo de sentirse protegido.

Más decidida y diligente, **Fabricia** está dotada para las posiciones directivas, tanto en el ámbito profesional como conyugal.

SUERTE

El cinco es el número favorable para Fabricio, y el nueve para Fabricia. Los días propicios son respectivamente el miércoles y el martes. Colores: naranja y rojo vivo. Son talismanes, para él, la piedra ojo de gato y un monito (vivo o de peluche). Para ella, los amuletos son una llave de hierro, un rubí o un granate; perfume de sándalo.

FÁTIMA

ETIMOLOGÍA E HISTORIA

Fátima es un nombre bastante reciente surgido con el culto de la virgen de Fátima, centro portugués sede de un célebre santuario. Fátima significa en árabe «aquella que desteta a los niños». Así se llamó la hija de Mahoma, una de las cuatro mujeres perfectas, y así se llama aún hoy el amuleto denominado precisamente «mano de Fátima». Es también una heroína de *Las mil y una noches*.

CARÁCTER Y DESTINO

Celosa, refinada y apasionada, Fátima es la clásica devoradora de hombres, toda encanto y fabulosa sugestión. Perezosa, sensible y soñadora, ama la música y los colores cálidos, vivaces. Bastante pasiva y fatalista, exige continuamente caricias y protección, aunque corresponde a todas las atenciones con unos celos tan desenfrenados como injustificados.

LA SUERTE

Cinco es el número de la suerte para Fátima. Día favorable: miércoles. Color: naranja vivo. El talismán: marcasita, esmeralda; perfume de cedro y canela.

FAUSTO - FAUSTINO - FAUSTINA

ETIMOLOGÍA E HISTORIA

De evidente significado (del latín *favére* = favorecer, propiciar) era antiguamente nombre de buen augurio impuesto sobre todo a los primogénitos para que proporcionasen fortuna y felicidad a la familia. A difundir el nombre contribuyó el goethiano taumaturgo del siglo XVI que vendió su alma al diablo a condición de que todos sus deseos se cumpliesen. Pero en este caso, la voz es germánica y corresponde a «puño». San Faustino es junto con Jovita el patrón de Brescia, la ciudad en que el nombre resulta más frecuente, y su festividad se celebra el 15 de febrero.

Otras fiestas: 18 de enero, 24 de junio, 20 de septiembre, 13 de octubre, 19 de diciembre para Fausta.

CARÁCTER Y DESTINO

Fausto, Fausta, Faustino y **Faustina** no podrían mostrarse más exigentes y materialistas. Incansables en el estudio y en el trabajo, les gusta buscar y acumular conocimiento. Son alegres, optimistas, invulnerables a los golpes del destino. Inconstantes y desconfiados en amor, se vuelven románticos si son comprendidos y secundados. Actividades sociales. Posibilidad de descendencia numerosa.

LA SUERTE

El uno es el número mágico para Fausto, y el cinco lo es para Fausta. Los días propicios son el domingo y el miércoles. Colores: amarillo y naranja. Amuletos para él: una abeja de oro, un crisólito y un girasol. Talismanes para ella: una cornalina o una pluma de loro, menta, lavanda.

FEDERICO - FEDERICA

Etimología e historia

Del alemán *frithu, fridu* (= protección, paz), y *rich* (= señor), Federico significa «señor de la paz» o bien «aquel que domina con la paz». Se trata de un nombre muy difundido y utilizado en las familias reinantes de Dinamarca, Sajonia, Prusia, Sicilia y Aragón: ¿quién no recuerda por ejemplo a Federico *el Grande* o al terrible Barbarroja? Entre los grandes: F. Nietzsche, F. Hegel, F. Chopin, F. Smetana, F. Hölderlin, F. Mistral.

Fiesta: 27 de mayo y 18 de julio.

Entre las variantes: *Federigo, Fritz.*

Carácter y destino

Federico es tenaz y reflexivo, pero colérico, susceptible y, desde cierto punto de vista, algo fatuo. Aparentemente frío y analítico, vive no obstante una vida sentimental satisfactoria, positiva; está rodeado de amigos y obtiene el consenso en el ámbito profesional.

Federica añade a estos rasgos una extrema sensibilidad y la focalización de sus intereses en el polo emotivo-afectivo de la existencia.

La suerte

Para Federico: número de la suerte, el dos; día, lunes; color, gris perla; talismán, un trozo de cuarzo.

Para Federica: número de la suerte, seis; día, viernes; color: verde brillante; talismanes: jade y coral.

FELIPE

Etimología e historia

Del griego *philippos* (= que ama los caballos), es el nombre de uno de los apóstoles recordado el 3 de mayo, y del celebrado san Felipe Neri, patrón de los educadores, que se festeja el 26 de mayo. Es el nombre de Brunelleschi, arquitecto florentino autor de la bellísima santa María del Fiore, y de aquel famoso rey de Francia, Felipe el *Hermoso*, que ordenó la matanza de los templarios y murió pocos meses más tarde, tal vez gracias a la maldición de uno de ellos.

Variantes: el femenino Felipa, nombre poco extendido entre nosotros, pero muy utilizado en cambio en los países anglosajones.

Carácter y destino

Dotado de encanto y dulzura, pero de escasa voluntad, Felipe logra en todas partes éxitos con las mujeres, aunque se muestra bastante prudente y poco dado a expansiones. Buen compañero (en ocasiones sometido a su esposa) y padre cariñoso, aunque nunca se dedica completamente a la familia. Sentido práctico, interés por las profesiones modernas ligadas al futuro y por las actividades sociales.

La suerte

Número de la suerte: dos. Día propicio: lunes. Color: blanco. Talismanes: un caballito de plata, un helecho.

FÉLIX - FELISA - FELÍCITAS

Etimología e historia

Se trata de un nombre de buen augurio, transformación de un apellido latino muy difundido, al principio con el significado de «fructífero» y «fértil», y más tarde de «favorecido por los dioses» (la diosa de la abundancia, precisamente) y por último de contento, feliz.

San Félix, patrón de Zurich, cuya festividad se celebra el 14 y el 16 de enero, el 21 de mayo, el 29 de julio y el 11 de septiembre, fue un sacerdote liberado, según la leyenda, por un ángel durante la persecución de Diocleciano. La festividad de santa Felícitas mártir se celebra el 7 de marzo y el 10 de julio.

Un personaje famoso: el compositor F. Mendelssohn.

Variantes: *Felicia, Felicidad, Feliciano.*

Carácter y destino

Marcados ambos por un número solar, **Félix y Felisa** resultan, sin embargo, diferentes. Tradicional, sistemático y burocrático, él; más creativa y flexible pero también más pendenciera, ella. En ambos se observa un profundo afecto por la familia, una inclinación hacia la compañía y la alegría.

Más meditativa, equilibrada e introvertida resulta, en cambio, **Felícitas**; amable, sensible y temerosa de la soledad. Es la esposa perfecta, serena y armoniosa, pero demasiado sumisa. Trabajadora fiable.

La suerte

El uno y el cuatro son los números mágicos para Félix y Felisa, ambos de influencia solar. Día propicio: domingo. Color: amarillo vivo. El amuleto: crisólito, topacio, perfume de incienso.

La lunar Felícitas, marcada por el número dos, se verá más favorecida el lunes, preferirá colores tenues y apagados, y podrá escoger como talismanes una hoja de lunaria, la piedra llamada selenita o un colgante de plata.

FERMÍN

Etimología e historia

Nombre derivado del latín *firmus* (es decir, sólido, duradero). San Fermín es el patrón de Pamplona, donde se celebra su fiesta el 7 de julio.

Carácter y destino

Perseverante y tenaz, como sugiere su nombre, Fermín está dotado de un carácter combativo, orgulloso. Obtendrá, si se le estimula, cierto éxito en las letras y en las artes porque es creativo y original. Alegría, optimismo, suerte. Sensibilidad a las alabanzas, prodigalidad.

La suerte

Número de la suerte: tres; día favorable: jueves. Colores: azul eléctrico, violeta. Los talismanes: una hoja de haya, una pluma de perdiz y un zafiro oscuro.

FERNANDO - FERNANDA

Etimología e historia

Derivados del germánico *frithu* (= paz) y *nanths* (= valiente), significaría «osado en la paz». En cambio, hay quien lo considera derivado de fers (= dueño) y *nand* (= libre). El nombre, que se remonta a la ocupación visigoda de España, se ha afirmado en varias familias dinásticas, especialmente entre los reyes y nobles de Austria, España, Portugal y Nápoles.

Fiesta: 30 de mayo.

Cabe recordar a Hernán Cortés que, habiendo conquistado México, destruyó la espléndida y antigua civilización.

Entre las variantes hallamos: *Hernán, Fernán, Hernando* y, según algunos, también Ferrán y Herrán, derivados presumiblemente del antiguo nombre del pelaje gris-hierro de los caballos.

Carácter y destino

Fernando es un hombre muy inteligente pero voluble, superficial, atraído por las apariencias y fácil de seducir. Oculta en el fondo, junto con cierta delicadeza y una gran dulzura, una tendencia a la mentira. Genialidad en los negocios. Más severa y enérgica resulta la anticuada **Fernanda**, bastante egoísta, orgullosa y susceptible.

La suerte

Para Fernando, el mercuriano número cinco es el número de la suerte; para Fernanda, en cambio, es el nueve. Días propicios: miércoles y martes, respectivamente. Colores: naranja y rojo sangre. Talismanes: para él, una ramita de lavanda y una calcedonia; para ella, un objeto de hierro y una pluma de gallo.

FERRUCIO

Etimología e historia

Recuperando el antiguo *Ferrutium*, nombre de un mártir que se recuerda el día 28 de octubre y el 16 de junio, se puede hacer derivar Ferrucio del término *hierro*, que constituyó antiguamente también un nombre independiente.

Carácter y destino

Decisión, audacia y diplomacia parecen los rasgos destacados de la personalidad de Ferrucio, no exento, sin embargo, en el amor, de decisiones inesperadas e intensas emociones. Es sentimentalmente enfático y pomposo, si bien revela un trasfondo de susceptibilidad exacerbada. Excepcional tenacidad.

La suerte

Número favorable: ocho. Día propicio: sábado. Colores: marrón y negro. Amuletos: una hoja de hiedra o de ruda, un pedacito de plomo o de hierro.

FIAMMETTA

Etimología e historia

De un antiguo sobrenombre y luego nombre medieval en la acepción de «resplandeciente como llama». Madonna Fiammetta es la mujer amada por G. Boccaccio, que le dedicó sus elegías.

Carácter y destino

Sensatez, prudencia y una profunda afectuosidad oculta bajo un aspecto tímido y melancólico son sus dotes. Es paciente y legal, aunque generalmente es muy poco comprendida en el amor; se suele casar muy joven y, si no lo hace, ya no se casa jamás. Seria y concienzuda en el estudio y el trabajo. Posibles dotes paranormales.

La suerte

Número propicio: siete. Día favorable: lunes. Colores: gris perla y blanco. Los talismanes: un pececillo de plata, un diamante, una perla.

FIDEL - FE

Etimología e historia

Del latín *fides* (= fe), una de las tres virtudes teologales, se desarrolló una multitud de nombres, todos ellos de impronta cristiana y muchos aún difundidos. Los más comunes son Fidel y Fe, con la variante *Fidelio* (título de una ópera de Beethoven). Tenemos también *Fides* (antiguamente diosa romana de la palabra dada), *Fidencio* y *Fidencia*, como participio del verbo latino *fidere* (= tener fe, confiarse). San Fidel es conmemorado el 23 de marzo, el 24 de abril y el 28 de octubre.

Un personaje: Fidel Castro, presidente de Cuba.

CARÁCTER Y DESTINO

Conservador, poco comunicativo y muy apegado a la familia y a las tradiciones, Fidel, generalmente, desconfía de las novedades.

Suele mostrarse bastante inseguro en el amor, aunque si se enamora lo hace en serio.

Carácter sombrío, ahorrador y muy moderado.

LA SUERTE

El número mágico para Fidel es el uno. Día propicio: domingo. Color: amarillo intenso. Como amuleto podrá escoger entre un topacio, un objeto de oro (a ser posible en forma de león o cocodrilo), o bien una hoja de limonero.

FILIBERTO

ETIMOLOGÍA E HISTORIA

Nombre común en la familia Saboya, deriva del germánico *filuviel* (= mucho) y *bertha* (= ilustre); significa «célebre, muy famoso».

Fiestas: se celebra el 6 de junio, y el 20 y el 22 de agosto.

CARÁCTER Y DESTINO

Intranquilo, aventurero e incansable, Filiberto muestra un carácter inquieto y odia la vida sedentaria. Reacio a los sentimientos y muy reservado, aunque ama tiernamente a sus hijos y nietos. Interés por las enciclopedias.

LA SUERTE

Número de la suerte: seis. Día propicio: viernes. Colores: verde y rosa. Los talismanes: un objeto de cobre, un muguet, una pluma de paloma.

FILOMENA

ETIMOLOGÍA E HISTORIA

Nombre derivado de las voces griegas *philo* (= amigo) y *ménein* (= permanecer), tendría el significado de «la que permanece amiga»; pero cruzándose con otro término griego, *Filomela*, nombre de una desventurada princesa ultrajada por su cuñado y convertida por los dioses en ruiseñor, este nombre se suele interpretar en general como «amiga del bel canto».

La festividad de santa Filomena se celebra el 5 de julio, el 10 de agosto y el 29 de noviembre.

CARÁCTER Y DESTINO

Intelectualmente refinada, Filomena manifiesta desde niña una gran pasión por el arte. Taciturna, soñadora, se abate fácilmente. Su total falta de energía reactiva y de espíritu de iniciativa la hacen constantemente necesitada de un compañero que la guíe y la proteja.

LA SUERTE

Número de la suerte: tres. Día favorable: jueves. Colores: azul eléctrico, púrpura. Los talismanes: una amatista, un zafiro, un broche en forma de ruiseñor o de cisne.

FIÓDOR - FEDORA

ETIMOLOGÍA E HISTORIA

Es la correspondencia rusa de Teodoro (= regalo de Dios), que se puso de moda a finales del siglo pasado por el drama de V. Sardou y aún más por la obra lírica de U. Giordano. También es el nombre del célebre escritor ruso Dostoievski.

CARÁCTER Y DESTINO

Fiódor es inquieto, desordenado y muy vivaz. Sumamente sensible y romántico, llega a adoptar actitudes melodramáticas. En el amor es desconfiado y celoso, tiende a sufrir por nada. Independencia, atracción por el arte y una viva imaginación.

Más cuadrada, práctica y mucho menos imaginativa, **Fedora** se muestra buena organizadora del hogar. Intransigencia, aptitud para el ahorro.

LA SUERTE

El cinco es el número de la suerte para Fiódor, y el cuatro, para Fedora. Los días más afortunados son, respectivamente, el miércoles y el domingo. Colores: gris azulado y oro. Los talismanes, para él, son el romero, la verónica o un canario; para ella, los amuletos serán una pequeña joya de platino, un mechón de pelo de zorro, una prímula.

FLAMINIO - FLAMINIA

ETIMOLOGÍA E HISTORIA

Los Flámines, de los que deriva el nombre, eran sacerdotes romanos así denominados por la borla (*filamen*) que adornaba su sombrero, o bien por el término sánscrito para oficiante (*brahman*). La vía romana que une las regiones italianas de Lacio y Marcas nos recuerda aún al más famoso Flaminio de la historia, el cónsul que la construyó, muerto por Aníbal en el lago Trasimeno. San Flaminio, recordado el 2 de mayo, es invocado para tener buena vista.

CARÁCTER Y DESTINO

Sensato, estudioso y meditativo, **Flaminio** ama profundamente el estudio pero carece por completo de sentido práctico y de decisión. No obstante, será un excelente pintor, escultor, orfebre, marino o escritor. No da importancia al dinero pero lo sabe administrar con habilidad.

En femenino, el nombre otorga sensibilidad, gran altruismo, miedo de la soledad. **Flaminia** es una excelente madre y una esposa discreta y tranquila.

LA SUERTE

Flaminio y Flaminia, ambos influidos por la mutable luna, tienen como número de la suerte respectivamente el siete y el dos. Día propicio: lunes. Colores: gris y blanco. Los talismanes: una cadena de plata y una concha o bien un poco de lana gris perla.

FLAVIO - FLAVIA

ETIMOLOGÍA E HISTORIA

Recuperado del gentilicio latino *Flavius*, de *flavus* (= rubio, amarillo), es nombre propio de varios emperadores romanos; entre ellos Vespasiano, Tito y Domiciano. Un célebre personaje: F. Gioia, el inventor de la brújula. San Flavio es recordado el 18 de febrero, el 24 de marzo, el 4 de mayo, el 5 de octubre y el 22 de diciembre.

Una variante a tener en cuenta: *Flaviano* y *Flaviana*.

CARÁCTER Y DESTINO

Refinados, con un acentuado complejo de superioridad, **Flavio** y **Flavia** detestan la vulgaridad y la pérdida de tiempo. Plácidos, tranquilos, viven, no obstante, una existencia interesante. Sentimentalmente afortunados, hallan tras una larga búsqueda una pareja que proteger y con la que envejecer serenamente. Éxito en los estudios.

La suerte

El número de la suerte para el lunar Flavio es el dos; para Flavia, marcada por Venus, el seis. Días propicios: lunes y viernes. Colores: blanco y rosa. El talismán para él: una perla o un objeto de plata; para ella, una pulsera de cobre o un collar de coral.

FLORA - FLORIÁN - FROILÁN - FLORIANA - FLORINDA

Etimología e historia

Flora, Florián, Froilán, Floriana y Florinda son una serie de apelativos derivados del bello nombre de la diosa de las flores de aire gentil (latín = *flos, floris*) y esposa de Céfiro, casi todos tradicionalmente impuestos a los niños nacidos en primavera.

La festividad de Flora se celebra el 11 de junio y el 24 de noviembre. La de Florián, Froilán y Floriana respectivamente el 4 de mayo, el 31 de octubre y el 2 de junio. La de Florinda, generalmente la heroína en las comedias de C. Goldoni —relacionada probablemente con una voz provenzal que significa «transparente»— el 3 de enero, el 27 de julio y el 1 de diciembre.

Son numerosas las variantes: *Floria, Florisa, Florita, Florana, Floridea, Florida, Florentina* en femenino; *Florio, Flores, Florindo, Florentino, Florentín* en masculino.

Carácter y destino

Sensible y delicada, **Flora** suele cansarse con facilidad. Muy emotiva e instintiva, es una mujer verdaderamente capaz de amar. Posibles dotes paranormales. Más voluntariosos, prácticos y racionales se muestran **Florián**, **Froilán** y **Floriana**, mientras que **Florinda**, bastante perezosa, es una fatua e inconstante coleccionista de diversiones y corazones rotos. Elevada susceptibilidad y escasa inclinación al perdón.

La suerte

También en este caso se aconsejan talismanes florales para todos. Flora y Florinda, marcadas ambas por la influencia lunar del siete, tendrán más suerte el lunes y escogerán entre los colores el blanco, y entre las flores el nenúfar y el dondiego de noche. Floriana, más racional, preferirá el número cuatro, el domingo, el amarillo, el ranúnculo y la celidonia. Florián y Froilán, en armonía con el planeta Marte y con el número nueve, el martes, el rojo vivo, la peonia y la fucsia.

FLORENCIO - FLORENCIA

Etimología e historia

Florencio deriva de *florens* (= floreciente) y del verbo latino *florere*.

Fiestas: 14 de febrero, 23 de mayo, 22 de septiembre y 1 de diciembre.

Las variantes más comunes: *Florentino, Florentina*; resulta simpática la forma anglosajona *Flossie* en femenino.

Carácter y destino

Florencio y **Florencia** suelen ser personas alegres, optimistas, progresistas y dotadas de una charla desenvuelta y de muy buena voluntad. Énfasis y pasión en los sentimientos. Interés y gusto por la gastronomía. Total ineptitud para el ahorro.

La suerte

El número más armónico para Florencio es el nueve, y el cuatro lo es para Florencia. Días favorables: martes y domingo, respectivamente. Colores: rojo y amarillo. El amuleto: para él, una peonia y un rubí; para ella, un girasol y un topacio.

FOLCO

Etimología e historia

Ya considerado aristocrático en la Edad Media, Folco deriva del longobardo fulca (el actual término alemán *Volk*), que significa «pueblo» (en armas), unido a *haria* (= señor) o a *gaina* (= lanza), con el significado de «señor» o «lanza del pueblo». Común en la casa de los Este y de los príncipes Ruffo de Calabria, se recuerda como nombre del padre de la Beatriz de Dante, Folco Portinari.

Fiestas: 22 de junio, 11 de octubre.
Las variantes: *Fulco, Fulcieri, Fulgo*.

Carácter y destino

Este nombre confiere a quien lo lleva un temperamento dinámico, inquieto y basado en la justicia. Folco, bastante elocuente pero soberbio e indiscreto, se muestra pródigo. Le gusta brillar en sociedad y no soporta las ataduras.

La suerte

Número de la suerte: seis. Día propicio: viernes. Color: verde o rosa. Los talismanes: un berilo, un narciso, una pluma de gorrión.

FRANCISCO - FRANCISCA - FRANCINA

Etimología e historia

Francisco es un nombre cuyo significado ha evolucionado en el tiempo. Mientras antiguamente *frankisk* designaba a un miembro del pueblo germánico de los francos y, en efecto, los escudos llevados por los generales se denominaban *securae franciscae*, más tarde significó «habitante de Francia» o, en cualquier caso, individuo en relación con la misma. A partir del siglo XIV, el nombre se transformó de laico en religioso gracias a la creciente difusión del culto de san Francisco de Asís, bautizado Juan pero luego llamado Francisco en honor del país con el que comerciaba su padre, mercader de telas.

Además del santo de Asís, patrón de Italia y patrón de los comerciantes, los floricultores y los ciegos (porque él mismo quedó ciego tras recibir los estigmas), cuya festividad se celebra el 4 de octubre, la Iglesia recuerda a san Francisco de Sales, patrón de escritores y periodistas, celebrado el 29 de enero; a san Francisco de Paula, conmemorado el 2 de abril; a san Francisco de Borja, cuya festividad se celebra el 10 de octubre, y a santa Francisca Romana, honrada el 9 de marzo. La festividad de Francina se celebra, en cambio, el 25 de abril.

Abundan las variantes y los diminutivos: *Quico, Francis, Paco, Pancho, Frasco, Ferencz* en masculino; *Franny, Paquita, Pancha, Frasquita* en femenino.

Carácter y destino

Reflexivo, ponderado, observador, **Francisco** está dotado de un sano realismo y espíritu práctico. Muy sincero, en ocasiones sarcástico, es capaz de un apego profundo a su pareja a pesar de que su gran sensualidad le tienta hacia aventuras siempre nuevas. Suele ser un poco autoritario, metódico, celoso, y experimenta profundos rencores y repentinos ataques de cólera. Lealtad y franqueza capaces de herir. Amor por la comodidad. Desde muy joven, **Francisca** se revela como una perfecta ama de casa, limpia, ahorradora, ordenada, dotada de coraje y lealtad. Por otra parte, sus mayores defectos son: una gran susceptibilidad y una excesiva admiración por las personas que tienen mucho éxito.

Intuitiva e imaginativa, **Francina**, a pesar de mostrar seguridad en sí misma y actitudes de superioridad, tiende en el fondo a ser dominada en el amor. Suele presentar gustos artísticos y profundos intereses culturales.

La suerte

El número de la suerte para Francisco es el tres; el siete, en cambio, lo es para Francisca. Día favorable para él, el jueves; para ella, el lunes. Colores preferidos respectivamente: azul eléctrico y blanco.

El talismán más adecuado para Francisco: un pedacito de estaño, un zafiro oscuro y una hoja de tilo o abedul. Para Francisca, los amuletos de la suerte serán: perla y diamante, un anillo de plata o una bolita de alcanfor.

FROILÁN (véase FLORIÁN)

FULVIO

Etimología e historia

Procedente del latín *fulvus* (= rubio rojizo), es un gentilicio romano que ha sido recuperado a través de la literatura por el humanismo.

En efecto, así se llamaba el partidario de los gracos, Fulvio Flaco, muerto por orden del senado; y la esposa de Catón, la acérrima enemiga de Cicerón, al que, después de hacerle decapitar, traspasó la cabeza con unos alfileres.

Fiesta: 4 de mayo.

Variantes: *Fulvo, Fulviano*.

Carácter y destino

Hábil, astuto y egocéntrico, Fulvio tiende a rehuir las responsabilidades. Es celoso, inconstante, ávido y bastante aprovechado pero, a pesar de ello, los amigos le rodean y nunca le abandonan. Inconstancia y posesividad en el amor; racionalidad y capacidad organizativa en el trabajo.

Alcanzará fácilmente una excelente posición económica.

La suerte

Cuatro es el número solar que influye en Fulvio proporcionándole mayor éxito el domingo y llevándole a preferir tonos cálidos, dorados. Amuletos: un topacio o una pluma de canario.

Para Fulvia, en cambio, el número de la suerte es el ocho y se decanta por los colores más oscuros. Día favorable: sábado. Talismanes: una cajita de ónice o un anillo forjado que tenga forma de serpiente.

FURIO

Etimología e historia

Furio, difundido sobre todo en Toscana, es la recuperación clásica de un antiguo gentilicio latino, *Furius*, de oscuro significado, probablemente enfurecer, puesto de moda por Furio Camilo, vencedor de los galos.

Carácter y destino

Personalidad romántica y, a pesar del nombre, afable y filántropa. Bastante ingenuo e hipersensible, Furio se arriesga al estrés y a la depresión a menos que, como le ocurre en ocasiones, explote en furibundas y liberadoras crisis de cólera. Tiende a enamorarse loca y frecuentemente, sin preocuparse nunca de cómo acabará el asunto y colocando luego a los amores perdidos sobre un pedestal. Atracción por la profesión médica o el arte. No le gustan las empresas financieras arriesgadas y aventuradas.

La suerte

Número favorable: seis. Día propicio: viernes. Colores: verde y turquesa. Los talismanes: una turquesa, un pequeño objeto de cobre o una ramita de mirto.

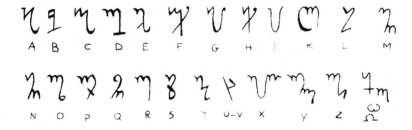

Alfabeto cabalístico para escribir nombres en amuletos y talismanes

GABRIEL - GABRIELA

ETIMOLOGÍA E HISTORIA

Gabriel es el ángel políglota que se apareció al profeta Daniel, el mismo que anunció el nacimiento de Juan Bautista y de Jesús y que reveló a Mahoma los versos del Corán. El nombre puede estar relacionado con el hebreo *gheber* (= varón, con el significado de «varón de Dios») o bien con el asirio *gabar* (= fortaleza, es decir, «Dios es fuerte»).

La festividad de Gabriel se celebra el 27 de febrero, el 24 de marzo y el 29 de septiembre. Es patrón de los mensajeros, de los carteros, de los periodistas y de las radiocomunicaciones en general. Entre los hombres famosos cabe recordar al poeta G. D'Annunzio.

Variantes: *Gabrio, Gavril, Gabor* en masculino; *Gabria, Gaby* en femenino.

CARÁCTER Y DESTINO

Inteligencia, imaginación y voluntad caracterizan al mercuriano y nervioso **Gabriel**. Valiente y hábil, en ocasiones susceptible, corre el riesgo de caer presa de profundas crisis de pesimismo. Posibles desilusiones juveniles. Tendencia al matrimonio precoz.

Gabriela, que como Gabriel ama el arte, la arquitectura y la poesía, muestra un temperamento más sólido y práctico, y una mayor dosis de optimismo.

LA SUERTE

Cinco es el número propicio para Gabriel, y para Gabriela, el cuatro. Días favorables: miércoles y domingo, respectivamente; colores: celeste y amarillo anaranjado. El talismán, para él, es una piedra ojo de gato y una ramita de menta; para ella, un girasol y un collar de ámbar.

GAIA

ETIMOLOGÍA E HISTORIA

Es un nombre romano de origen y significado incierto.
Fiesta: 10 de abril.

CARÁCTER Y DESTINO

Naturaleza orgullosa, idealista y melancólica. Dotada de una excelente intuición y suficientemente objetiva, Gaia puede ser una óptima confidente. Profundamente implicada en la relación de pareja, por la cual está dispuesta a dar mucho: cariñosa, altruista, fiel, no concibe traiciones ni sentimentalismos. En cuanto a la profesión, podría ser asistente social o psicóloga.

La suerte

Número de la suerte: nueve. Día propicio: martes. Color: violeta. Los talismanes: un rubí, una peonia, un broche en forma de gallo o de tigre.

GALEAZZO

Etimología e historia

Del latín *galea* (= yelmo) o del celta *gail* (= regocijo), se afirmó desde el siglo XV como nombre aristocrático por ser tradicional de los Visconti y de los Sforza de Milán.

Carácter y destino

Orgullo, ambición y constante necesidad de la aprobación de los demás son los rasgos destacados de la personalidad de Galeazzo. Se muestra creativo y sereno, y representa el clásico tipo sociable, siempre rodeado de amigos y admiradoras. Gran entusiasmo, optimismo y generosidad.

La suerte

Número de la suerte: tres. Día favorable: jueves. Colores: púrpura y azul marino. Como talismanes, un zafiro oscuro y una avellana; un perro representará el mejor amigo para Galeazzo.

GASPAR

Etimología e historia

Procede del iraní *gathaspar* (= resplandeciente), o bien del sánscrito *gathaspic* (= aquel que inspecciona). El nombre refleja la devoción por los reyes magos llegados de Oriente para llevar regalos al niño Jesús.

Fiestas: 6 de enero, 4 de julio y 11 de septiembre.

Las variantes: *Gasparre, Gaspero y Jasp*.

Carácter y destino

Gaspar es un epicúreo, un deportista tenaz y seguro de sí mismo. Dominante tanto en la vida como en el amor, pretende tener siempre razón. Bastante confuso en su juventud, tiende a hallar la vida más acorde con su personalidad sólo al final de esta. Carrera brillante, especialmente en los sectores del periodismo y de la abogacía. Padre y compañero afectuoso, tierno, pero también aprensivo.

La suerte

Número de la suerte: cuatro; día afortunado: domingo; colores: amarillo y naranja; entre los amuletos: oro, incienso, un girasol.

GASTÓN

Etimología e historia

Deriva del germánico *gast, gastiz* (= forastero), o del nombre del monje Vaast (santo flamenco). También puede considerarse una variante de *gascon* (= oriundo de Gascuña).

Fiestas: 6 de febrero y 2 de abril.

Carácter y destino

Sencillo, desenvuelto, fascinante, Gastón es un buen trabajador y un excelente marido capaz de ocultar, bajo una aparente frialdad, un corazón generoso, impulsivo y una voluntad poco común.

Ambicioso, burlón, dotado de espíritu de iniciativa, se orienta en el amor hacia una mujer tranquila, como él profundamente ligada a la familia. Aptitud para el teatro, las letras y la fotografía, así como para todo lo que sea creativo.

La suerte

El número nueve es el número de la suerte para Gastón. Día favorable: martes. Color: rojo sangre. Talismanes: alambre y flor del cardo.

GEMA

Etimología e historia

Brote de la vid y luego piedra preciosa, Gema es un nombre latino de buen augurio llevado, entre otras, por la esposa de Dante. Su difusión se apoya en el culto de santa Gema Galgani, que murió muy joven después de tener unas visiones extraordinarias.

Fiestas: 4, 11 y 20 de abril, 12 de mayo.

Una curiosidad: Gema, en japonés, es el nombre de una divinidad infernal, una especie de versión femenina de Belcebú.

Carácter y destino

Púdica y autocontrolada, Gema ama el arte, el movimiento y la compañía. En amor, aunque quiere parecer insensible, en realidad es posesiva y egocéntrica. Busca la realización en el matrimonio, y si no la encuentra corre el riesgo de transformarse en una criatura apática y triste.

La suerte

Es el tres su número de la suerte. Día propicio: jueves. Colores: azul y púrpura. Los amuletos más adecuados para ella, que sin duda le darán mucha suerte, son: un zafiro, una violeta o una hoja de geranio.

GENOVEVA

Etimología e historia

Genoveva, del germánico «mujer de noble estirpe» o del céltico «tejedora de coronas hechizadas» (o bien «habitadora de los bosques» o, también, «mujer de hermosas mejillas»), adquiere, en la versión francesa (Geneviève) una inflexión más armoniosa. Santa Genoveva es la patrona de París porque, al prometer a los habitantes la salvación a cambio de un largo ayuno, libró efectivamente la ciudad de la destrucción de Atila.

Invocada contra las inundaciones y el mal tiempo, es protectora de los pastores y de los tapiceros.

Fiesta: 3 de enero.

Carácter y destino

De aspecto frágil y agraciado, se muestra, no obstante, dotada de una férrea fuerza de voluntad y de un coraje poco común. Genoveva es paciente, tierna y comprensiva hasta excederse en indulgencia con su marido y con sus hijos. No es raro que opte por la vía del convento.

La suerte

Número propicio: nueve. Día preferido: martes. Color: rojo vivo. Los amuletos: un rubí, una genciana, un broche en forma de pájaro carpintero.

GERARDO

Etimología e historia

Del germánico *ger* y *hardhu* (= fuerte, valerosa lanza). La festividad de san Gerardo, protector de los niños y de las mujeres embarazadas, se celebra el día 23 de abril, el 24 de septiembre, el 16 de octubre y el 7 de diciembre.

Entre las variantes: *Gherardo, Geraldo* en masculino; *Geraldine* en femenino.

Carácter y destino

Racional, determinado y muy valiente, Gerardo afronta la realidad: con gesto decidido, sin ideas caprichosas. Poco expansivo pero generoso y justo. Disputado por las mujeres, aunque prefiere no comprometerse demasiado pronto.

La suerte

Número favorable: cinco; día: miércoles; colores: celeste y amarillo limón. Los amuletos: jade, cornalina, un objeto de plata; perfume de lavanda.

GERMÁN - GERMANA

Etimología e historia

Puede significar germánico o bien hermano, nacido de la misma madre, y precisamente por este sentido de la hermandad cristiana el nombre se difundió ampliamente en los primeros siglos del cristianismo.

San Germán es recordado el 28 de mayo, el 31 de julio, el 3 y 11 de octubre y el 13 de noviembre. Más conocida como Mme. de Stäel, fue Germana Necker.

Carácter y destino

El nombre en masculino otorga un carácter firme, sólido, sincero. Inteligencia, iniciativa, espíritu combativo. **Germán** es frugal y algo rústico pero muy bueno.

La misma fuerza de carácter se encuentra en **Germana**, simpática, sincera y apegada a la familia. A pesar de su aspecto soñador, en realidad es práctica y combativa. Decisión y solidez en los afectos.

La suerte

Número, día afortunado, color y amuletos para él: el uno, domingo, amarillo vivo, y un topacio, un girasol y perfume de incienso. Para ella: el cinco, miércoles, azul, una ramita de menta y la imagen de un mono o de un ibis.

GERTRUDIS

Etimología e historia

De sonido duro, es el nombre de una valquiria (del germánico *ger* = lanza, espada, y *trut* = fiel). Santa Gertrudis, cuya festividad se celebra el 17 de marzo y el 16 de noviembre, se considera patrona de los caminantes y de quienes combaten por una causa justa.

Diminutivos: *Trudi, Gerda, Gerta*.

Carácter y destino

Sensible y simpática, Gertrudis tiende a conmoverse por cualquier cosa. En amor manifiesta una completa dedicación a su pareja y gran cariño por sus hijos.

La suerte

El número mágico de Gertrudis es el dos. Preferirá, por la influencia de la luna, el lunes, el blanco y, como talismanes, una perla y una hoja de mirto.

GIGLIOLA

Etimología e historia

Gigliola surge en parte como derivación de *Gilio, Gilles* (Egidio), pero más comúnmente como nombre afectivo de buen augurio procedente de *Lilius*, la flor del candor y la inocencia apreciada además por la tradición cristiana.

Entre las variantes: *Giglio, Giliana, Giliante.*

CARÁCTER Y DESTINO

Gigliola, sólo aparentemente dulce y sumisa, es en realidad autoritaria y decidida. Aunque deja bastante que desear en los estudios, tiende a compensar ciertas lagunas con una sofisticada elegancia y modales de verdadera señora refinada. Su meta: las altas esferas sociales. En cualquier caso, tiene todos los números para lograr integrarse en ellas.

LA SUERTE

Número propicio: nueve. Día favorable: martes. Colores: blanco y rojo intenso. Como talismán, además de la flor, un granate o un rubí.

GILBERTO

ETIMOLOGÍA E HISTORIA

Deriva del germánico *gisal behrt* (= aquel que ofrece una brillante garantía) o de *ghil behrt* (= ilustre amigo o rehén).

San Gilberto se celebra el 4 de febrero.

CARÁCTER Y DESTINO

Gilberto pertenece a ese tipo de personas siempre dispuestas a ser útiles. Inteligente, simpático, abierto, vibrante en el amor, roza varias veces el éxito pero difícilmente logra aferrarlo plenamente. Frecuentes crisis de pesimismo.

LA SUERTE

Número de la suerte: siete; día favorable: lunes; color: gris perla; amuleto: cuarzo, plata, un gato de porcelana o de carne y hueso.

GILDA

ETIMOLOGÍA E HISTORIA

Procedente del alemán *gild* (= válido, valiente), es el nombre de un personaje de Verdi, y el que Rita Hayworth inmortalizó en una película (1946). Gilda es patrona de los fundidores, y se celebra el 29 de enero y el 13 de febrero.

CARÁCTER Y DESTINO

Muy afortunada en la vida familiar y sentimental, la bella Gilda es una mujer sentimental, pasional, altruista. Atraída por la moda y por la belleza, tiende a dilapidar su fortuna en ropa y perfumes. Miedo a la soledad; pereza, mitificación del amor.

LA SUERTE

Número de la suerte: seis; día más favorable: viernes; colores: verde y rosa. Como amuleto, Gilda podrá escoger entre un collar de coral, un muguet y una pluma de paloma.

GINEBRA

ETIMOLOGÍA E HISTORIA

Ginebra es en las canciones caballerescas la amante de Lanzarote y esposa del rey Arturo. Se trata de un nombre céltico, *Gwenhwyfar*, con un significado similar a «la blanca entre los Elfos».

Fiesta: 2 de abril.

CARÁCTER Y DESTINO

Afectuosa, tierna, Ginebra hace de su existencia un larguísimo sueño de amor.

Maternal y protectora, ama con dulzura a su pareja, a los niños, los animales y las flores en la misma medida en que odia los viajes, los imprevistos y las decisiones precipitadas. Tendencia a las artes y a una carrera liberal.

La suerte

El cuatro, número solar, es el número de la suerte para Ginebra; su día: el domingo; prefiere los colores cálidos, y sus amuletos son el oro, el ámbar y el topacio.

GISELA

Etimología e historia

Puede derivar de *gisal* (= rehén, prenda), o bien de *gisil* (= flecha) o de *gisl* (= vara, bastón). Es el nombre de la hermana y de la hija de Carlomagno.
Fiesta: 21 de mayo.
Una variante: *Giselda*.

Carácter y destino

Caprichosa, frívola y fascinante, Gisela vive rodeada y adulada por sus numerosos admiradores. Bajo su aparente coquetería se muestra, no obstante, una mujer equilibrada, fiel y apegada a su pareja, a la que pide sobre todo protección y atenciones cariñosas.

La suerte

Número mágico: dos; día propicio: lunes; color predilecto: blanco. Los amuletos: una flecha de plata, una perla, flor de trébol.

GLAUCO

Etimología e historia

Del griego *glaucos* (= verde azulado), es el nombre de un pescador que habiéndose alimentado de una hierba encantada, cayó al agua y se transformó en una divinidad protectora de los náufragos y de los marineros.

Carácter y destino

Personalidad curiosa, variable, amante del riesgo y de la aventura. Gran valor pero con un matiz de infantil inconsciencia.
Pasión por los viajes y por el juego, incluso en el amor.

La suerte

Número favorable: cinco. Día: miércoles. Color: celeste y verde azulado. Los talismanes: un caballito de mar, una turquesa; algas y flor de lavanda entre las plantas.

GLORIA

Etimología e historia

Gloria deriva de la voz latina *gloria*, tanto en el significado sacro de «hosanna» como en el profano de «fama, honor». Se celebra el 25 de marzo.

Carácter y destino

Creatividad, decisión y egocentrismo son los rasgos que dibujan la personalidad de Gloria, una personalidad de líder, como exige el nombre. Magnética e intransigente, Gloria es siempre una vencedora algo aislada por su misma reserva.

La suerte

Su número de la suerte es el ocho. Día propicio: sábado. Color: beige. Amuletos: una hoja de hiedra y un objeto de carey.

GODOFREDO

Etimología e historia

Antiguamente *Gottifriedo* (del germánico *god-gud* = dios, y *fridu* = paz, amistad) significaba paz o amistad en Dios. Godofredo se celebra el 8 de noviembre.

Carácter y destino

Carácter frío, poco comunicativo, escéptico y materialista, al menos en apariencia, porque la vida del cerrado y problemático Godofredo se desarrolla toda en el interior, en la dimensión más íntima. Sufre un complejo de superioridad, busca las razones de todas las cosas y no tolera consejos. Sólo con el apoyo de una pareja afectuosa logrará romper esta incómoda coraza y alcanzar sus metas.

La suerte

El cuatro, número solar, ayudará a Godofredo a deshacerse de su apatía. Suerte el domingo. Se aconsejan colores cálidos y, como talismán, un objeto de oro o de ámbar.

GRACIA - GRACIOSA - GRACIANO - GRACIANA - ENGRACIA

Etimología e historia

Gracia, en la Edad Media también en masculino, presenta relación con la mitología (las tres Gracias), con la cristiandad (la gracia divina) y como augurio de belleza y de donaire a la recién nacida en la vida profana. En la misma voz latina, *gratus* (= aceptado) tienen su origen Gracia, Graciosa y Graciano, recordados el 25 de marzo, el 16 de abril, el 9 de junio, el 2 de julio, el 23 de octubre y el 18 de diciembre. Es muy común la asociación con María. Entre los personajes, una poetisa, G. Deledda, y la famosa princesa y actriz G. Kelly.

Carácter y destino

Todos bastante pedantes, voluntariosos y formalistas, **Gracia, Graciosa, Graciano** y **Engracia** se muestran dotados para el estudio primero y para la enseñanza después. Carácter tímido, aislado, enigmático y muy susceptible. Sinceridad y fidelidad en amor; ternura y condescendencia con los hijos.

Ligeramente distinta resultará **Graciana**, más alegre, desordenada, expansiva; en una palabra, más juvenil. Ama los viajes y los niños; habla mucho y escribe bien: relatos, largas y detalladas cartas y diarios.

La suerte

Números mágicos: ocho, para Gracia; uno, para Graciosa y Graciano, y cinco, para Engracia. Días propicios: sábado, domingo y miércoles, respectivamente. Los colores: gris, amarillo y celeste. Los talismanes: un erizo de peluche y una estrella de Navidad, para Gracia; una hoja de palmera o un topacio, para Graciosa y Graciano, y un lirio y la piedra ojo de gato, para Engracia.

GREGORIO

Etimología e historia

Gregorio tiene sus raíces en el griego *grégorêin* (= despertar, abrir los ojos; en sentido cristiano, se sobreentiende como despertar a la fe). Algunas figuras de santos apoyaron y defendieron el nombre, entre las que destaca san Gregorio Magno, creador del canto gregoriano y patrón de los músicos, celebrado el 3 de septiembre. Y, echando sólo un vistazo a lo profano, el inolvidable G. Peck.

Otras festividades: 9 de marzo y 17 de noviembre.

Las variantes más comunes: *Gorio, Grivor, Grisha.*

Carácter y destino

Perspicacia, decisión y escepticismo parecen caracterizar al tranquilo y rutinario Gregorio. De tendencia fatalista, sigue siendo siempre —incluso tras alcanzar unas metas elevadas— sencillo de corazón. Posesivo y egocéntrico en el amor, elige una mujer serena y sin caprichos en la que derramar toda la ternura de que es capaz.

La suerte

Número propicio: el cuatro. Día favorable: el domingo. Colores preferidos: el amarillo. Talismanes: la imagen de un gallito, una hoja de palmera o un objeto dorado.

GUALTERIO - WALTER

Etimología e historia

Gualterio y Walter derivan de un compuesto germánico de *walda* (= potencia) y *harja* (= ejército), con el significado por tanto de «aquel que manda el ejército». Difundido en el siglo pasado gracias a la popularidad alcanzada por Walter Scott con su célebre novela *Ivanhoe*. Se celebra el 8 de abril.

Carácter y destino

Aunque decidido y voluntarioso, **Gualterio** es una persona adaptable y tranquila. Cariñoso pero de pocas palabras, inteligente e interesado por todo, ama los viajes y la compañía. Teme la soledad. Más idealista, fuera del mundo, **Walter** resulta bastante difícil de comprender. Desea un vasto círculo de amigos pero en cuanto descubre en ellos algún defecto no duda en abandonarles. Mejor entendimiento, siempre en el plano amistoso, con el sexo contrario. Aficiones múltiples. Interés por la mecánica y la ingeniería.

La suerte

El número que mejor sintoniza con Gualterio es el nueve; con Walter, sin embargo, es el siete. Días favorables el martes y el lunes, respectivamente. Colores aconsejables: rojo y blanco. Los talismanes: un granate o la imagen de un lobo, para Gualterio; una ranita de plata y el helecho, para Walter.

GÜENDOLINA

Etimología e historia

Güendolina, la «mujer de las blancas pestañas» o, sencillamente, del galés *Gwendolen*, «la blanca, la luminosa», era, en las leyendas del ciclo bretón, la esposa del mago Merlín. Sin embargo, hay quienes, con una hipótesis menos atractiva, lo derivan de «vándalo» o, como nombre nobiliario alemán o inglés, de *wenden* (= doblar).

Fiesta: 14 de octubre.

Diminutivos y variantes: *Gwenda, Wendy.*

Carácter y destino

Personalidad sensata, meditativa, prudente. Escasas relaciones humanas pero lealtad y afectos sinceros aunque difícilmente comprendidos.

Particularmente dotada para profesiones artísticas, a veces se deja llevar por una cierta ambición.

Atracción por lo oculto. Dotes paranormales.

La suerte

Número mágico: siete, de influencia lunar. Día favorable: lunes. Colores: blanco y plata. Plata también para el talismán, a ser posible en forma de media luna. Perfume de laurel o de mirto.

GUERRINO

Etimología e historia

Guerrino no deriva de *guerra*, palabra con la que quizá se cruzó más tarde, sino, a través de la forma germánica *Warin*, aún en uso, de *wahren* (= preservar, proteger), con el significado de «protector», «defensor». Cabe recordar a Guerrin Meschino, el protagonista de una famosa novela de caballerías del ciclo carolingio.

Fiesta: 6 de febrero.

Variante: *Guarino* y la forma alemana *Warin*.

Carácter y destino

Guerrino, obstinado, decidido y tierno bajo una ruda máscara, pero también intransigente, ama y protege al prójimo, por cuyos problemas se interesa realmente. Miedo a la vida monótona. Amor por el riesgo. Profundo y muy intenso en las relaciones de pareja.

La suerte

Número favorable: ocho. Día propicio: sábado. Colores: marrón y gris. Los talismanes: ónice, una hoja de sauce o saúco.

GUIDO

Etimología e historia

Puede significar madera, bosque (del germánico *Widu*) o lejano (= *Wida*).

San Guido es patrón de los sacristanes, de los campaneros y de los agricultores.

Fiestas: 8 de julio y 12 de septiembre.

Existe toda una serie de personajes especiales: aquel Guido di Arezzo, creador de las notas musicales; G. Cavalcanti y G. Guinizelli, poetas del *dolce stil nuovo* (siglo XIII); Guido da Siena y G. Reni, pintores, y un escritor francés del siglo pasado, G. de Maupassant.

Variantes: *Widman, Widbald, Guidobaldo*. En femenino: Guya.

Carácter y destino

Temperamento ingenuo, solitario e impresionable. Amante de las tradiciones y susceptible, se siente íntimamente herido por la más leve injusticia. Es un profesional tranquilo, ordenado, dotado para la botánica, la ingeniería y la química. Romántico e idealista en el amor, sufre cuando ve rotos sus sueños amorosos. Compañero comprensivo, fiable, muy apegado a los hijos.

La suerte

Número de la suerte: dos. Día propicio: lunes. Color: gris perla. Talismán: flores de malva y fragmentos de cuarzo. Guido recibirá también protección oculta de un gato gris.

GUILLERMO

Etimología e historia

Es el compuesto de dos voces germánicas probablemente independientes entre sí, que significan respectivamente voluntad (*willja*) y casco, protección (*elm*), pero interpretadas a veces en el sentido unitario de «voluntad que protege». Entre los santos: Guillermo de Norwich, patrón de los curtidores, de los animales y de los presos, celebrado el 25 de junio.

Otras festividades: 10 de febrero y 28 de mayo.

Entre los «profanos»: Guillermo *el Conquistador*, Guillermo de Orange, Guillermo Tell (el héroe de la independencia suiza), el filósofo W. Leibniz y el gran W. Shakespeare.

Las variantes: *Willy, Bill* en masculino; *Guillermina, Wilma, Welma, Wilhelmina, Mina, Minnie, Vilia* en femenino.

Carácter y destino

Naturaleza compleja, caprichosa, impresionable e imaginativa. Vanidad, orgullo, insolencia. Ama la aventura, los viajes, la independencia; si se casa, demuestra gran apego a la familia, aunque en el fondo permanece inquieto.

La suerte

Guillermo, influido por la luna, prefiere el número dos, el lunes, el blanco y el amarillo muy claro. Una perla o un objeto de plata le ayudarán a mejorar su suerte.

GUSTAVO

Etimología e historia

Del escandinavo *Göt* (= godos), y *stab, staf* (= cetro, sostén, en el sentido de «sostén, rey de los godos»). Por tanto, es el nombre del soberano por antonomasia y, en efecto, desde el siglo XVI, Gustavo es un nombre común en la dinastía reinante sueca.

Fiestas: se celebra el 3 de agosto, y el 19 y el 27 de noviembre.

Cabe recordar: al pintor G. Courbet, el novelista G. Flaubert y el compositor G. Mahler.

Una curiosidad: algunos etimologistas relacionan Gustavo con un anagrama de Augusto.

Variantes: *Gustaf, Gösta*.

Carácter y destino

Dulce, emotivo e influenciable, Gustavo, temiendo ofender, tiende a dejarse dominar por los más fuertes. Buen médico, maestro, artista, se interesa y sufre por los problemas ajenos; pero si es herido en su orgullo puede transformarse en un ser testarudo e irascible. Rutinario, tradicionalista.

La suerte

Número favorable: el seis, relacionado con la vibración de Venus. Día propicio: viernes. Color: verde. Jaspe verde también como talismán, o bien hojas de mirto y verbena o un poco de pelo de conejo.

HAROLD

Etimología e historia

Harold y Haroldo tienen su origen en el antiguo nombre del rey de los bátavos, ya citado por Cicerón. A partir de las raíces *harja* (= pueblo) y *waltan* (= dominar), Harold significa «jefe del ejército». El término puede derivar también de *heer* (= ejército) + *ald* (= viejo), en el sentido de «viejo del ejército», es decir, «mensajero», de donde procede el nombre común *heraldo*. Fiesta: 28 de enero. Una variante: *Haroldo*.

Carácter y destino

Harold, como un verdadero jefe, se muestra autoritario, brusco, testarudo. Dotado de paciencia y sentido práctico, pero con poca fantasía, tiene predisposición para las ciencias exactas y las labores agrícolas. Escéptico, colérico y avaro, en las relaciones interpersonales no sabe manifestar sus sentimientos.

La suerte

Número de la suerte: dos; día propicio: lunes; color: gris. Talismanes: una aguamarina, un nenúfar.

HEBE

Etimología e historia

Es la diosa de la juventud, escanciadora del Olimpo e hija de Hera y Zeus. Se celebra el 25 de agosto, junto con santa Ebba.

Carácter y destino

Hebe, necesariamente juvenil y fresca, se entristece ante todo lo que huele a viejo y decadente. Es hipersensible e impresionable, y no olvida fácilmente. Ama las cosas nuevas y vivaces. En el amor es alegre y desinhibida, pero no siempre sincera.

La suerte

Número favorable: tres. Día: jueves. Color: azul eléctrico. Amuletos: un geranio, una turquesa, una pluma de cisne.

HÉCTOR

Etimología e historia

Héctor es el héroe troyano muerto por Aquiles y arrastrado por este tres veces en torno a la ciudad de Troya. La difusión del nombre en griego, es decir, *ektor* (= aquel que rige la ciudad), se debe, por tanto, a la fantasía de Homero.

Se le recuerda el 20 de junio y el 23 de diciembre. Un personaje importante: H. Berlioz, compositor francés.

Carácter y destino

Personalidad decidida, dueña de sí, es idealista y autoritario en todos los ámbitos, incluso en el amor. Sin duda, tiende a destacar. No obstante, resulta un compañero afectuoso, un amigo generoso y justo, tan poco interesado en el dinero que se puede considerar pródigo. Pocas veces desea hijos. Héctor puede definirse a menudo, y con razón, como el artífice de su propio destino.

La suerte

Número propicio: dos. Día: lunes. Color: blanco. Como talismán, podrá adoptar un anillo o una cadena de plata, semillas de sandía o una concha.

HEDDA

Etimología e historia

Se ha difundido por dos vías: a comienzos del siglo XX, gracias al drama de Ibsen, *Hedda Gabler* (diminutivo de Eduvigis), y en torno a los años treinta, por el nombre de una hija de B. Mussolini. Podría existir una tercera fuente, mucho más razonable pero desconocida para la mayoría: la Edda, en irlandés Ava o Sibilla, antiguo manual nórdico del arte poético.

Fiesta: 4 de julio.

Carácter y destino

Naturaleza dinámica y aventurera, atraída, aunque sólo de forma superficial, por los problemas de la humanidad. Encanto, reserva, gusto por el riesgo y el juego. A pesar de sus numerosas aventuras, se compromete con dificultad.

La suerte

Es el cinco el número capaz de influir en la suerte de Hedda. Día: miércoles. Color: anaranjado. El amuleto más adecuado: una ramita de lavanda, una mariposa, la piedra ojo de gato.

HELENA o ELENA

Etimología e historia

Del griego Helénè, Helena es muy probablemente un derivado de *hélè* (= esplendor del sol, quizás una antigua divinidad de la luz). Nombre muy difundido, vinculado tanto a la mitología (es famosa la bella Helena, esposa de Menelao, que al huir con Paris causó la guerra de Troya), como a la religión (Helena fue la madre de Constantino I *el Grande*, la que, según la tradición, halló la cruz de Cristo en Palestina).

Helena celebra su onomástica el 18 de agosto y el 21 de mayo.

Son innumerables las variantes: *Leni, Hella, Elli, Nelly, Ileana, Ilona, Ilonka*.

Carácter y destino

Bella, elegante, la dulce Helena compensa la inteligencia —no demasiado brillante— con su simpatía, sensibilidad y fantasía.

Soñadora y amante de la aventura, se transforma, cuando encuentra al príncipe azul, en una esposa y madre cariñosa; pero ello suele suceder tras un noviazgo larguísimo. Da prioridad a la familia y en la madurez corre el riesgo de encontrarse sola, sin contactos humanos.

La suerte

Es el uno, número solar, el que influye en la personalidad de Helena. Día favorable: domingo. Los tonos más adecuados: todos los tonos del amarillo y del oro. El talismán: un collar de ámbar. Perfume de azahar o de canela.

HELGA

Etimología e historia

Nombre de origen alemán, significa «santa, sacra».

Carácter y destino

Sensata, estudiosa y espiritual, Helga se siente muy atraída por el mundo del misterio. Precoz o solitaria en los afectos, difícilmente encuentra un compañero con el que halle una completa afinidad. Escaso sentido práctico. Tendencia a la melancolía.

La suerte

Su número de la suerte es el siete. Día favorable: el lunes. Color: blanco. Amuleto: un berilo, un ópalo y, pudiéndoselo permitir, un gato totalmente blanco.

HELIO - ELIANO - ELIANA

Etimología e historia

En el nombre griego del sol, *Helios*, tienen su origen *Helio, Eliano y Eliana*, celebrados el 19 de septiembre y el 22 de julio.

Son numerosas las variantes: *Helios, Elinda, Elea*.

Carácter y destino

Hábil para modificar las cuestiones en su propio beneficio, simpático pero algo esquivo, **Helio** parece desenvuelto aunque sin realmente serlo. Amante de la familia y de la vida tranquila; dócil, afable, sabe adaptarse a las circunstancias con gran disponibilidad. Carácter desordenado y soñador; volubilidad. De temperamento afable, soñador pero cerrado, taciturno, **Eliano** está dotado de gran sensibilidad y altruismo. El miedo a la soledad puede hacer que sea dominado por sus amigos y sobre todo por su compañera.

La misma dulzura se encuentra en la creativa **Eliana**, inteligente, refinada e indiscutiblemente fascinante.

La suerte

Cinco es el número en sintonía con Helio; día favorable: miércoles; color: azul celeste; talismán: la piedra ojo de gato o la imagen de un ibis. Para Eliano y Eliana, respectivamente, los números dos y seis, los días lunes y viernes, los colores gris y rosa, y, como talismanes, una hoja de laurel y una cadena de plata para el primero y un objeto de cobre o de jade para la segunda.

HERMAN

Etimología e historia

Del germánico *hari man*, significa «hombre de guerra», «sometido por el ejército»; o bien «hombre libre, propietario de bienes». El santo, cuya festividad se celebra el 4 de abril, es patrón de la juventud y de las embarazadas.

Carácter y destino

Personalidad compleja e irascible, siempre dispuesta al riesgo y a la aventura, acaba transformándose, con el matrimonio, casi en lo contrario, con tendencia a la reserva y al aislamiento.

La suerte

Es el saturnal ocho el número en armonía con el destino de Herman. Día propicio: sábado. Color: gris oscuro. Los amuletos: una rama de ciprés, un escarabajo, un pedacito de plomo.

HERMES

Etimología e historia

Procedente del griego *eiro* (= digo, anuncio), es el nombre del dios griego hijo de Zeus y de Maya, protector de los caminantes, de los mercaderes y de los salteadores de caminos, asimilado al latino Mercurio. Fiestas: 4 de enero, 28 de agosto.

Carácter y destino

Chismoso, charlatán como su nombre sugiere, Hermes gusta de los dramas, las situaciones extrañas y embrolladas. Poco sincero en los sentimientos, advierte profundamente la necesidad de ser amado. Aptitud para el comercio y los negocios.

La suerte

El número favorable para el mercuriano Hermes es el cinco. Días propicios: viernes y miércoles, respectivamente; color celeste para ambos. Como talismán, Hermes preferirá el platino, una ramita de lavanda, un loro o un mirlo.

HERMINIO - HERMINIA

Etimología e historia

El nombre, probablemente etrusco, es recuperado por T. Tasso, quien lo incluye en su *Jerusalén liberada*, atribuyéndolo a un personaje femenino: la hija del rey de Antioquía, enamorada y no correspondida de Tancredo. Pero también hay quien pretende que deriva del germánico *Irmin*, atributo del dios del cielo.

Fiestas: 7 de abril, 26 de agosto.

Carácter y destino

El nombre otorga un carácter fuerte, autoritario y locuaz. Orgulloso, no soporta imposiciones ni contradicciones; exigente, a menudo se vuelve esclavo de sus propios deseos. Gusto por lo imprevisto en la vida y en el amor. Su excelente capacidad intelectual unida a su desenvoltura y tenacidad llevarán a Herminio y a Herminia al éxito porque, cuando están decididos, ningún obstáculo puede detenerlos. Gusto por el juego y la buena mesa.

La suerte

Número de la suerte: dos. Día propicio: lunes. Color: gris claro. Talismán: un fragmento de cuarzo, un objeto de plata o un trébol de cuatro hojas.

HILARIO - HILARIA

Etimología e historia

Topónimo muy difundido pero hoy en día utilizado como nombre, sobre todo en femenino. Hilario, del latín *hilaris*, posee un significado casi transparente. Fiestas: 13 de enero, 12 de agosto, 21 de octubre y 3 de diciembre.

Carácter y destino

Alegre y despreocupado, **Hilario** pertenece a esa categoría de personas que viven al día. Optimista, comunicativo, sociable, ayudado por su natural talento, logra éxitos sin tan siquiera buscarlos. No obstante, se muestra algo superficial en el amor, ya que considera que los sentimientos son frenos y trata de evitarlos.

Hilaria vivirá una existencia interesante y poco pacífica, pero coherente. Amor por los viajes de aventura, por la literatura y por el teatro.

La suerte

Números: el uno, para Hilario; el cinco, para Hilaria. Días más propicios: domingo y miércoles, respectivamente. Colores: amarillo oro, para él; canario o limón, para ella. Entre los amuletos, Hilario escogerá con provecho el oro, el romero y la canela; Hilaria elegirá el platino, la nuez moscada y la menta.

HILDA

Etimología e historia

Del alemán Hilda e Hilde (de *hildja* = batalla), el nombre constituye a menudo un diminutivo de Brunilda, Clotilde, Matilde o bien de Hildegarda, «la osada en batalla».

El 17 de septiembre se celebra la festividad de santa Hildegarda, que nos ha transmitido una interesante colección de recetas médico-mágicas. Otra festividad: 17 de noviembre.

Carácter y destino

Práctica, decidida, a veces masculina, está más dotada para el éxito y para la lucha que para el sentimiento. Ama el deporte y la vida al aire libre. Amable, nunca supera ciertos límites, manteniéndose siempre reservada y digna.

La suerte

Número favorable: el saturnal ocho. Día propicio: sábado. Colores: gris humo y negro. Hilda se verá beneficiada por el ónice, el plomo y el ciprés. Sin embargo, también podrían serle propicias la rosa y la violeta, flores de Venus, proporcionándole ese matiz de romanticismo del que carece.

HIPÓLITO

Etimología e historia

Del griego *ippos* y *luein* (= aquel que suelta a los caballos), es este un nombre que aparece en la tradición clásica. En la mitología, Hipólito era el hijo de Teseo, que pereció trágicamente por culpa de su madrastra Fedra, enamorada de él pero no correspondida. En femenino domina —también en el mundo clásico— la figura de Hipólita, la reina de las Amazonas, que constituyó junto con su famoso cinturón uno de los doce trabajos de Hércules.

San Hipólito, cuya festividad se celebra el 13 de agosto, es patrón de los carceleros porque, siendo carcelero él mismo, fue convertido por san Sebastián al cristianismo. Otra fiesta: 22 de agosto.

Entre los grandes: I. Pindemonte, I. Nievo y el positivista H. Taine.

Carácter y destino

Temperamento impulsivo, decidido pero no irracional, Hipólito sabe valorar sensatamente sus decisiones, motivo por el que raramente debe arrepentirse de ellas. Simpático, jovial, gusta de las compañías alegres y ruidosas. No particularmente romántico, es bastante expeditivo en el amor.

La suerte

Es el cuatro, número de influencia solar, el que mejor armoniza con el carácter de Hipólito. Día afortunado: domingo. Color preferido: amarillo sol. El talismán: un caballito de oro, incienso y azafrán.

HORACIO

Etimología e historia

Horacio tiene su origen en el gentilicio latino *Horatius*, vinculado al etrusco *Huras*, con el nombre de Hora, diosa de la juventud, o bien al latín *orates* (procedente del griego *orao*), en el sentido de clarividente.

El nombre se difundió por respeto a la antigüedad romana con el poeta latino Horacio y con Horacio Cocles, único defensor del puente Sublicio contra Porsenna, pero sobre todo gracias a la tragedia de P. Corneille, *Horacio*, centrada en la historia de Horacios y Curiacios. Entre los célebres personajes que recordar se halla también H. Nelson, el vencedor de Abukir y Trafalgar.

Fiestas: 10 de julio y 14 de diciembre.

CARÁCTER Y DESTINO

Carácter asimilador, adaptable en toda circunstancia. Seguro de sí mismo, sereno, equilibrado, es capaz de juzgar a los demás y de escrutar con la misma objetividad dentro de sí mismo. En el amor sabe ser un buen compañero, comprensivo y apasionado. No soporta la violencia. Tendencia a las profesiones intelectuales y al comercio.

LA SUERTE

Número favorable: el tres, por influencia de Júpiter. Día propicio: jueves. Color: púrpura, verde oliva oscuro. Entre los talismanes: olivo, geranio y tilo; la imagen de una alondra o un pelícano.

HORTENSIA

ETIMOLOGÍA E HISTORIA

Antiguo gentilicio y luego nombre romano particular de una familia plebeya, *Hortus* (que significa cultivador de huertos y jardines). Se volvió a difundir en el siglo XIX gracias a Hortensia Beauharnais, la hija adoptiva de Napoleón, reina de Holanda. El nombre puede asociarse también con la flor del mismo nombre, cultivada por sus grandes y bellas flores blancas, rosas, celestes o violetas. Muy poco frecuente en masculino.

Fiesta: 11 de enero.

CARÁCTER Y DESTINO

Hortensia, como sugiere su nombre, tiende a amar el campo, las plantas y la vida al aire libre. De naturaleza vital y exuberante, se presenta como una mujer optimista y sencilla; tierna compañera, muy trabajadora.

LA SUERTE

Número de la suerte: el dos, de influencia lunar. Día favorable: el lunes. Color: blanco y todos los tonos tenues y suaves. Entre los amuletos: un objeto de plata, una bolita de alcanfor y, naturalmente, la flor del mismo nombre.

HUBERTO

ETIMOLOGÍA E HISTORIA

Del germánico *hugu* (= espíritu) y *behrt* (= claro, brillante), es decir, «ilustre por su juicio». A san Huberto, festejado el 3 de noviembre, se le considera patrón de los cazadores y, paradójicamente, también de los guardias forestales. El motivo reside en su conversión, que tuvo lugar durante una partida de caza, que era su pasatiempo preferido, cuando se le apareció milagrosamente una cruz y un ciervo parlante que le preguntó por qué mataba.

Una forma extranjera a tener en cuenta: *Hubert*.

CARÁCTER Y DESTINO

Huberto se presenta como una persona distinguida, inteligente y muy brillante. No obstante, su desenvoltura oculta un espíritu poco profundo pero adaptable. Dotado de amor propio y de un razonable orgullo, se muestra susceptible y desconfiado en el amor. También en el ámbito profesional tiende a manifestar cierta rigidez con subordinados y colegas.

La suerte

Número: nueve. Día favorable: martes. Color: rojo sangre. Huberto preferirá como talismanes el lúpulo, el ajenjo y un objeto de hierro.

HUGO

Etimología e historia

Se trata de un diminutivo de compuestos bastante anticuados, en el que el primer término corresponde al germánico *Hug* (= espíritu, juicio). La onomástica se celebra el 1 de abril. Otras festividades: 29 de abril, 13 de octubre y 17 de noviembre.

Entre otros Hugos célebres: H. Foscolo, poeta; H. de Hoffmannsthal, poeta y escritor austríaco, y el dantesco conde Hugolino, muerto de hambre después de haberse comido incluso a sus dos hijos.

Carácter y destino

Hugo es un pensador a menudo incomprendido por ser considerado extraño y extravagante. Metódico, tranquilo, con la imaginación vive quijotescas aventuras en las que acaba creyendo de verdad. Sueña verdaderas novelas de amor de las que presume sin haberlas hecho realidad nunca; en el fondo es un tímido y torpe muchachote enamorado de su libertad. Poco interesado en hacer carrera y en el dinero en general.

La suerte

Hugo recibe la influencia del lunar número siete; obtiene sus éxitos el lunes, prefiere los colores claros y se ve favorecido, en la suerte, por un berilo, una hoja de malva o un pececillo de cristal o de plata.

HUMBERTO

Etimología e historia

Apelativo de origen longobardo de *un* (= mucho), o bien *Hun* (= huno), o de *hunn* (= joven oso) y *behrt* (= claro, famoso), latinizado como *Humbertus*, cuya afirmación fue promovida por la tradicional presencia en la casa de Saboya, desde Humberto Biancamano hasta los dos reyes de Italia Humberto I y II.

La onomástica se celebra el 4 de marzo, el 14 de julio, el 6 de septiembre y el 12 de diciembre.

Carácter y destino

Carácter complejo, algo afeminado; manifiesta una gran atracción por la moda y los perfumes. Se muestra ambicioso, frío, incluso insensible. Calculador y bastante inteligente, persigue el éxito. También en el amor es un compañero inquieto, superficial y egoísta.

La suerte

El número de la suerte es el cuatro. Día favorable: domingo. El color preferido: amarillo. Entre los amuletos, Humberto escogerá una hoja de limonero y la imagen de un cocodrilo.

IDA

Etimología e historia

Ida es nombre de origen germánico y etimología incierta, derivado probablemente de *idis* (= valquiria) o *itha* (= guerrera), aunque la etimología popular lo relaciona con el mítico monte Ida, donde creció Zeus.

Ida se festeja el 15 de enero y el 13 de abril.

Variantes: *Idalba, Idalma, Idanna, Idia, Idiana, Idilia*.

Carácter y destino

Ida, activa y enérgica, no soporta ataduras ni limitaciones, ni siquiera en el amor.

Es fascinante y está dotada de un elevado autoconcepto, aunque en el fondo es vulnerable e ilógica. Poca inclinación al matrimonio.

Entre sus peores defectos está el gusto por los cotilleos.

La suerte

Número de la suerte: cinco. Día: miércoles. Color: amarillo limón. Talismanes: calcedonio, marcasita; perfume de laurel y cedro.

IGNACIO · ÍÑIGO

Etimología e historia

La etimología popular tiende a relacionar el antiguo gentilicio latino *Egnatius*, de origen etrusco, con *ignis* (= fuego). El nombre está muy difundido en nuestro país, sobre todo por devoción a san Ignacio de Loyola, fundador de la Compañía de Jesús y patrón de los militares.

Fiestas: 1 de febrero, 31 de julio, 17 y 24 de octubre.

Carácter y destino

El deseo de honores y riquezas, unido a su incansable voluntad, es el resorte que impulsa a Ignacio al éxito. Temperamento muy sociable, teme la soledad, por lo que vive siempre rodeado de amigos, y cuando una relación amorosa llega a su fin intenta sustituirla rápidamente por otra; a pesar de ello, no desea tomar esposa ni traer hijos al mundo. Fuerte pasionalidad.

Un diminutivo: *Nacho*.

La suerte

Es el nueve, número marciano, el que influye en la existencia y el éxito casi seguro de Ignacio. Día propicio: martes.

Color: violeta. Los talismanes más idóneos: tabaco, flor de lúpulo, la imagen de un buitre o un pedacito de alambre.

IGOR

Etimología e historia

El nombre deriva de *Ing, Ingvy*, una divinidad nórdica, pero también puede considerarse diminutivo afectuoso de Gregorio. Nombre de origen literario y teatral, recuperado por el ruso Igor, el príncipe del siglo X protagonista del poema épico del mismo nombre.

Fiesta: 5 de junio.

Carácter y destino

Temperamento ordenado, racional y reservado. A menudo desempeña el papel de defensor de los más débiles, ya que no tolera injusticias o atropellos, ante los cuales se vuelve agresivo y combativo. Obstinado y planificador incluso en el amor. Muy hábil para desenredar las situaciones financieras más complicadas.

La suerte

El número cuatro, de influencia solar, llevará a Igor a preferir el domingo, los colores alegres y cálidos, la palmera y el naranjo entre las plantas y, entre los animales, el águila y el león, cuyas imágenes, a ser posible en oro, constituyen en su caso un potente talismán.

INÉS

Etimología e historia

Aunque la etimología popular la relaciona con *agnus* (= cordero), Inés, del griego *Haghné*, significa pura, casta; en efecto, el *agnus castus* es la planta con que se ciñe Juno al celebrar sus sagradas bodas. Inés es la muchacha mártir que, expuesta desnuda en el lupanar, quedó envuelta de inmediato (según la leyenda) en una espléndida cabellera que le creció milagrosamente.

Su festividad se celebra el 21 de enero.
Entre las variantes: *Nesse, Aggie, Neis*.

Carácter y destino

Fuerte y tierna al mismo tiempo, Inés posee un fuerte ascendente sobre los más débiles. Atribuye gran importancia al cuidado de la persona, resultando siempre ordenada, precisa y meticulosa. Ama el arte, la familia y al prójimo; sin embargo, difícilmente logra alcanzar sus sueños en el matrimonio. Buena profesora, artista, misionera.

La suerte

Seis es su número, y el viernes, su día. El celeste, el rosa y el verde claro son sus colores. Como talismán, Inés puede escoger coral claro o una pluma de paloma blanca. Perfume de la suerte: jazmín y muguet.

INMACULADA

Etimología e historia

Nombre devocional que refleja el culto tributado a la Inmaculada Concepción de la Virgen. Significa literalmente «libre de mancha», es decir, carente del pecado original. La virgen Inmaculada, celebrada el 8 de diciembre, es patrona de los fabricantes de medias de seda.

Carácter y destino

Naturaleza dulce, bondadosa y soñadora, inclinada a prodigarse por el prójimo, pero sutilmente interesada en el reconocimiento ajeno. Su escasa iniciativa se ve compensada por su espíritu de sacrificio. Deseo de tranquilidad. Se ilusiona fácilmente en el campo afectivo.

La suerte

El siete, número de influencia lunar, es el que marca la personalidad de Inmaculada, que prefiere el lunes y los colores muy claros e irisados. Como talismanes se aconsejan el nácar, el ópalo y el nenúfar, cuya silueta, por ejemplo, adornará favorablemente un broche de plata.

IOLE - DIONE

Etimología e historia

Iole, del griego *ion* (= violeta), es en la mitología la amante de Heracles. Con el mismo significado se relaciona Dione, nombre de origen literario-teatral presente en la popular novela *Los últimos días de Pompeya*, de E. G. Bulwer-Lytton.

Iole se celebra el 2 de marzo y el 3 de mayo. Dione, que podría derivar también de un nombre étnico en el sentido de «perteneciente al pueblo de los jonios», el 17 de enero y el 6 de agosto.

Carácter y destino

Débil, variable e influenciable, **Iole** es una mujer dulce y protectora, capaz de perdonar. Soñadora y algo perezosa, ama la casa y a su compañero, junto al cual siempre se sentirá realizada.

Igualmente dulce pero más estudiosa, reflexiva, atraída por los temas filosóficos y de lo oculto, **Dione** es con frecuencia tímida y reservada. Variable, romántica, despreocupada, tiende a vivir afectos e intereses con menor profundidad, de forma superficial y algo infantil.

La suerte

Número cinco para Iole, y siete, para Dione. Los días más afortunados son respectivamente el miércoles y el lunes. Colores: celeste, blanco. También para esta dulce «violeta» esa flor será el talismán más adecuado; sin embargo, Dione preferirá la variedad blanca. Iole la combinará con prímulas y margaritas. Para ambas es favorable el perfume de la flor del mismo nombre.

IRENE

Etimología e historia

Nombre de buen augurio en todas las épocas, pero especialmente en este nuestro belicoso siglo. Irene, que en la mitología griega es una de las Horas provista de ramas de olivo y espigas, significa paz. Es cierto que hubo también una reina que no debía ser precisamente pacífica ya que cegó a su hijo para sustituirle al frente del reino...

Santa Irene se celebra el 21 de febrero, el 1 y el 5 de abril y el 28 de julio.

Variantes: *Irena, Irina*; en masculino, *Ireneo*.

Carácter y destino

Tranquila, serena, sosegada, Irene es una joven que madura deprisa. Ordenada, positiva, pero quizá poco entusiasta, detesta peleas y complicaciones. Por eso, teniéndola a ella en la familia se asegura la paz y la buena armonía. Algo golosa y maniática del coleccionismo.

La suerte

Número propicio: seis; día afortunado: viernes. Colores: verde y rosa. El amuleto: el olivo y la espiga, atributos de la diosa del mismo nombre, pero también jade, cobre y perfume de muguet.

IRIS

Etimología e historia

Del griego *eiro* (= anunciar), Iris era según la leyenda la divina mensajera de los dioses, personificación del arco iris.

Carácter y destino

Celosa, intransigente pero muy femenina, Iris es curiosa y picarona. Tierna, afectuosa y sentimental, tiende a verlo todo de color rosa. Se encuentra a gusto en compañía. Aptitud para los negocios.

La suerte

Número de la suerte: uno. Día favorable: domingo. Color: amarillo. Amuletos: la flor del mismo nombre, incluso en forma de perfume. También puede beneficiarle un rubí.

IRMA

Etimología e historia

Irma, cuya festividad se celebra el 24 de diciembre, tiene su origen en el adjetivo *irmin* (= grande), potente, epíteto de una divinidad nórdica del cielo. Personaje al que dio vida Shirley Mclaine en la película *Irma la dulce*.

Carácter y destino

Personalidad variable, enérgica e incansable. Gran éxito en la enseñanza y en el mundo del espectáculo. Volubilidad y miedo de las responsabilidades en el amor. Interés por el dinero como medio para satisfacer caprichos. Eclecticismo, curiosidad intelectual. Atracción por los viajes y el riesgo.

La suerte

Número favorable: cinco. Día propicio: miércoles. Colores: azul celeste y anaranjado. Como talismanes, le resultan particularmente favorables la esmeralda y la cornalina, entre las piedras; el laurel y el anís, entre las plantas; el zorro y el loro, entre los animales.

ISABEL

Etimología e historia

Amor, amor y más amor en las leyendas y en los relatos en los que Isabel, forma española de Elisabet, es protagonista. En el *Decamerón* es la muchacha que conserva en una maceta de albahaca la cabeza de su amante muerto; en el *Orlando furioso* es la enamorada que prefiere morir con tal de permanecer fiel a su adorado Zerbino. Cabe recordar en la historia a Isabel de Portugal, esposa de Juan II de Castilla; Isabel la Católica, la protectora de Colón; Isabel de Austria, reina que alcanzó la fama por su original juramento de amor, ya que esta pretendió seguir a su marido a la guerra prometiendo no cambiarse la ropa blanca hasta la caída de Ostende (¡hay que añadir, para los más maliciosos, que la ciudad resistió tres años!)

Fiestas: 22 de febrero, 4 de julio y 31 de agosto.

Variantes: *Isola, Isolina, Isabelita, Jezabel*.

Carácter y destino

Cerrada, decidida, firme en sus proyectos, Isabel es una calculadora nata. Coqueta, sabe que gusta y le complace, aunque luego le agrada dejar plantados a sus numerosos admiradores. Sensible, entusiasta, es la clásica mujer del puño de hierro en el guante de terciopelo. Muy dotada para la puericultura y la enseñanza.

La suerte

El número siete, de influencia lunar, es el número mágico para Isabel. Día afortunado: lunes. Color: gris perla. Como talismán se le adapta estupendamente la perla. También le son favorables la malva y el trébol.

ISIDORO - ISIDRO

Etimología e historia

Isidoro o Isidro (es decir, «regalo de Isis») refleja el culto de numerosos santos; entre ellos, san Isidro Labrador, patrón de Madrid, de los campesinos y de los arrendatarios, que se celebra el 15 de mayo. Otras festividades: los días 2 y 15 de enero.

Una variante femenina: *Isidora*.

Carácter y destino

Solitarios, callados y taciturnos, **Isidoro** e **Isidro** son individuos poco expansivos pero muy afectuosos y ligados a la familia y a los hijos. Ahorro, avaricia, amor por la tierra.

La suerte

Número de la suerte: ocho; día propicio: sábado; colores: marrón y gris plomo. Plomo también como talismán, o bien perfume de incienso y de pino.

ISOLDA

Etimología e historia

Isolda puede derivar del antiguo francés *iseut, iseul* (= rubia), o bien del germánico *is* o *isan e hildja* («guerrera de hielo» o «guerrera de hierro»).

Es la protagonista de una antigua leyenda que narra el infeliz amor de Tristán que, mientras acompaña a Isolda *la Rubia* a las bodas con el rey Marcos, ingiere erróneamente un filtro que desata entre ellos un loco amor. Llegados a su destino, los dos amantes son separados bruscamente por la suerte: Isolda se casa con el rey y Tristán es exiliado. Lejos, se casa con otra Isolda, pero en el lecho de muerte expresa su deseo de que su antiguo amor venga a su lado. Isolda *la Rubia* parte de inmediato; pero Tristán, engañado por su esposa, la cual le asegura que ella no vendrá, se suicida.

Variantes: *Iseo, Iselda*.

Carácter y destino

De apariencia frágil pero interiormente fuerte, independiente y diplomática, Isolda es una mujer capaz de actuar con habilidad y energía. Dotada de un alto concepto de sí misma, aventurera e inestable, no obstante es capaz de soñar y sobre todo de confiar en la realización de sus sueños. Probable éxito financiero.

La suerte

Es el tres, de vibración jupiterina, el número que influye en la suerte de Isolda. Día propicio: jueves; color: azul eléctrico. Como talismán, le favorecerá un zafiro con la imagen de un delfín y un perfume de jazmín o de violeta.

ÍTALO

Etimología e historia

Se trata de un nombre relativamente reciente (¡sólo tiene 150-160 años!), surgido en Italia por motivos nacionalistas derivado de la voz griega *italos* (= ternero), en el sentido de «tierra de gente industriosa», o bien de *tala* (= planta del pie) o *Itaria* (= país de la paz).

Fiesta: 19 de agosto.
Entre las variantes: *Italia, Itálico, Italiano*.

Carácter y destino

Temperamento decidido y sumamente testarudo, Ítalo nunca acepta consejos de nadie. Alegre, optimista pero bastante superficial en sus labores y algo perezoso, sabe ser (sólo cuando quiere) un trabajador constructivo y ahorrador. Interés por el arte, el mar y los viajes.

La suerte

Marcado por la luna y el número siete, Ítalo prefiere el lunes y el color gris perla; la plata es su metal preferido, y el cristal su piedra; de entre los animales, se decanta por los peces. Talismán: un trébol de cuatro hojas.

IVO - IVA - IVÁN - YVONNE

Etimología e historia

Todos estos nombres tienen su origen en el misterioso idioma céltico. En efecto, pueden relacionarse con la voz *ivorix*, el nombre de un árbol sagrado (el *Taxus bacata*). Algo distinto es el caso de Iván, relacionado por algunos con Ywain, un héroe del ciclo bretón, y con Lanzarote y el rey Artús (mejor conocido, por la novela del mismo nombre, como Ivanhoe), pero considerado por otros forma rusa de Juan. San Ivo, el protector de los abogados, es recordado el 20 de mayo y el 27 de octubre. El 8 del mismo mes se celebra Iván; el 28 de mayo, Yvonne, la variante femenina.

Entre las numerosas variantes cabe señalar: *Ivio, Ives, Ivaldo* en masculino; *Ivana, Ivia, Ivanda, Ivy* e *Yvette* en femenino.

Carácter y destino

En todos los individuos con estos nombres está presente una inteligencia brillante oculta por un aspecto ordinario. La voluntad, el sentido común y la tenacidad son sus características, que quedan algo apagadas no obstante por su tendencia a la rutina y a la falta de iniciativa. Bastante pasivos y gruñones, están dispuestos a ofrecer cualquier prenda a cambio de una existencia tranquila y sin sobresaltos.

La suerte

Números de la suerte: uno, para Ivo; cinco, para Iva e Iván, más curiosos y aventureros. Ivo prefiere el domingo, los tonos cálidos y, como amuletos, oro, azafrán e incienso. Iva e Iván tienen preferencia por el miércoles, el color celeste y, como amuletos, el platino y bayas de enebro o bien prímulas.

J

JACOBO (véase JAIME)

JADE

Etimología e historia

Del español *jada* (= costado); el jade, bellísimo mineral de diversos colores y brillo céreo, era denominado precisamente *piedra del costado* por sus supuestas virtudes protectoras de los riñones. El nombre se va difundiendo desde hace sólo unos años y se celebra, como todos los que carecen de un santo que los represente, el 1 de noviembre.

Carácter y destino

Tranquila, metódica y ordenada, Jade es el prototipo del ama de casa superorganizada y de la secretaria irreprochable. Discreta e intransigente, más consigo misma que con los demás, está dotada para las profesiones científicas y legales. Obstinada y programadora incluso en el amor.

La suerte

Influida por el número cuatro y marcada por ello por la vibración solar, Jade prefiere el domingo y los colores brillantes. Como talismán podrá adoptar la piedra del mismo nombre o bien pendientes de oro; perfume de azahar.

JAIME - JACOBA - JACOBO - SANTIAGO

Etimología e historia

La bíblica Rebeca, esposa de Isaac, le dio a este dos hijos gemelos. El primero es el famoso Esaú, que vendió el derecho de primogenitura por un plato de lentejas; el segundo fue Jacob, así llamado porque nació sujetando con la mano el talón (hebreo = *âqebh*) de su hermano y porque, al crecer, le suplantó (*âqab* = engañar).

Sin embargo, es más probable la hipótesis de que se trata de un nombre teofórico en el sentido de «Dios (*ja*) protege (*qb*)».

Difundió el nombre sobre todo el culto tributado a dos santos, ambos apóstoles: Santiago el mayor, patrón de los sombrereros, de los cristaleros y de España, cuya festividad se celebra el 25 de julio, y Santiago el menor, precipitado desde el tejado de un templo porque no quería renegar de Cristo, patrón de los pasteleros y de los cocineros y recordado el 27 de abril y el 1 de mayo.

Naturalmente, no pueden faltar las celebridades, numerosas y representativas de todos los campos de la ciencia y del arte: de J. Tintoretto a Jacobo de Todi, de G. Leopardi a G. Zanella, de G. Puccini a J. J. Rousseau, de J. Watt a J. Daguerre, el inventor de la fotografía; hasta el poeta del amor, el contemporáneo J. Prevert.

Son infinitas las variantes: *Jacob, Jack, Hamish, Yago, Jim, Joscia*. En femenino, *Giacometta, Iacobella, Jackie*.

Carácter y destino

Imaginativo, asimilador, escasamente dotado de fuerza interior, **Jaime** y **Santiago** son simpáticos, dulces, leales, pero también muy alborotadores, desordenados y pródigos. Excesivamente aprensivos por lo que se refiere a la salud; aparentemente poco afectuosos pero capaces de sentimientos sólidos y duraderos en el amor. Gran interés por el campo.

Los mismos rasgos se encuentran también en **Jacobo**, aunque resulta más sentimental y romántico.

Tranquila, algo indiferente, **Jacoba** es una mujer con poca capacidad de acción. También en el amor, aunque se muestra cariñosa y enamorada, evita con cuidado decisiones precipitadas y derroches de energía.

La suerte

Tanto para Jaime como para Santiago y Jacoba el número de la suerte es el nueve. Día propicio: martes. Color: rojo vivo. Los talismanes: una llave de hierro, un anillo con granate, la efigie de un tigre o de un gavilán. Entre las flores, el ranúnculo y la dalia. Para Jacobo, en cambio, el número de la suerte es el seis; el día de la suerte, el viernes; el color, verde o turquesa, y, entre los amuletos, el jade, el muguet y una pluma de gorrión.

JAVIER - JAVIERA

Etimología e historia

Difundido por el culto a san Francisco Javier, fundador con Ignacio de Loyola de la compañía de Jesús, apóstol de las Indias y protector de los viajes por mar (31 de enero y 3 de diciembre).

Variante: el original *Xavier*, del euskera *etse berri*, es decir, «casa nueva».

Carácter y destino

Tenaces y perseverantes una vez que se han decidido, **Javier** y **Javiera** se muestran inflexibles. Se sienten atraídos por la aventura, el movimiento y lo desconocido. Exuberantes y expansivos, tienden a imponer su voluntad incluso en familia. Dotados para las ciencias exactas.

La suerte

Para Javier, la suerte está ligada al número ocho. Javiera, por su parte, prefiere el tres. Días favorables respectivamente: sábado y jueves. Colores: gris oscuro, para él; violeta, para ella. Los amuletos, por orden: un osito de peluche, plomo y calcedonia para Javier; una pluma de pavo real, una amatista y una violeta, para Javiera.

JENARO

Etimología e historia

Jenaro (latín *ianearius*) deriva de *Ianus*, el dios de dos caras de las llaves del cielo, del comienzo del año y de las mudanzas, del que tomaba su nombre el undécimo y luego el primer mes del año.

Su difusión se apoyó, sobre todo en Nápoles, en el culto a san Jenaro, obispo de Benevento, cuya sangre, recogida durante la decapitación, vuelve a licuarse milagrosamente cada año.
Fiesta: 9 de septiembre.

Carácter y destino

Temperamento perezoso, astuto, vengativo pero hábil; industrioso, predispuesto al arte y a las profesiones independientes. Jenaro es un soñador, un impulsivo apartado de la realidad, pasional, melodramático, charlatán; a veces incluso jactancioso. No tolera bromas ni críticas y tiende a guardar rencor durante mucho tiempo. Menosprecia a la mujer, a la que prefiere relegar al papel de sometida ama de casa en lugar de compañera.

La suerte

Dos es el número de la suerte para Jenaro. El lunes es su día favorable. Colores: blanco y amarillo. Entre los talismanes, preferirá el nácar o el coral muy claro, y también un pececillo de plata.

JONATÁN

Etimología e historia

En la Biblia, es el nombre del hijo del rey Saúl, con el significado de «regalo de Dios». Actualmente se va difundiendo gracias al título del popular libro *La gaviota Jonatán*, de Livingstone. Es, además, el nombre del célebre novelista inglés Swift.

Carácter y destino

Naturaleza variable, hipersensible y muy generosa. Introvertido, lunático, Jonatán no soporta disputas o contrariedades. Se presenta como un individuo tranquilo y romántico; compañero perfecto y apasionado; buen trabajador, sin embargo, le falta espíritu combativo.

La suerte

El dos (número lunar) es su número. Día favorable: lunes. Color: blanco. Entre los talismanes escogerá la perla, el laurel y la concha. Una prenda roja, llevada de vez en cuando, podrá amortiguar su innata indolencia y le proporcionará el ímpetu necesario para el éxito.

JORDÁN

Etimología e historia

Jordán, en hebreo *jor* (= río) + *Dan* (nombre de una ciudad) es el río palestino que discurre junto a Canaán, en cuyas aguas Juan Bautista efectuaba la ritual inmersión bautismal. Un representante de este nombre, en particular, contribuyó a difundirlo durante el siglo pasado como estandarte de la libertad de pensamiento: se trata de Giordano Bruno, víctima de la Inquisición y del oscurantismo, quemado en la hoguera.
Fiestas: 13 de febrero, 5 de septiembre.

Carácter y destino

Jordán oculta un temperamento pasional bajo un aparente autocontrol. Es amable, equilibrado, fácil de querer, deseoso de tranquilidad. Buen marido, amigo excelente y óptimo trabajador, posee no obstante dos graves defectos: sufre bruscos cambios de humor y tiene tendencia a la tacañería. Además, carece de espíritu combativo.

La suerte

Influencia lunar para Jordán, marcada por el número dos. Día propicio: lunes.

Color: blanco. Talismanes: un ópalo, flor de trébol, una mariposa nocturna.

JORGE - JORGINA

Etimología e historia

Es el caballero mártir del siglo III, legendario verdugo del dragón, emblema del mal y nombrado por Federico III protector de la *orden de la Jarretera*. Protector de la caballería y de los cruzados, de los exploradores y de los lecheros, se celebra el 13 de febrero y sobre todo el día 23 de abril, regalando el tradicional libro. El nombre, que significa «agricultor» en griego, fue adoptado por numerosos monarcas ingleses porque san Jorge es también patrón de Inglaterra (y también de Cataluña).

Son muchos los que han alcanzado la fama: los pintores G. Vasari, Giorgione y G. Braque, el filósofo G. Berkeley, el músico G. Bizet y el estadista G. Clemenceau; así como G. Washington, el héroe de la independencia norteamericana.

Entre las numerosas variantes recordemos: *Jorg, Göran, Joran, Iurik y Iuri*, el nombre del primer hombre que voló por el espacio. En femenino: *Jorgita, Georgita*.

Carácter y destino

Tras una infancia desenfrenada, **Jorge** se transforma en un individuo tranquilo, inteligente y persuasivo. Emotivo, sentimental, simpático pero en ocasiones vengativo y lunático. Tiende a poner en la profesión todas sus ambiciones, logrando cierto éxito sobre todo en las actividades técnicas. Cultiva muchas aficiones y siente profundamente el vínculo de su nombre con la tierra y las plantas. Más independiente, caprichosa y versátil, **Jorgina** acaba considerándose un modelo de perfección cuando recibe continuas alabanzas y pierde la natural simpatía que le es propia. En el amor es inestable, imaginativa y muy celosa.

La suerte

Ocho es el número de la suerte para Jorge, influido por Saturno. Día favorable: sábado. Color: todos los tonos del marrón. Los talismanes: un jaspe marrón, una ramita de pino o un puñado de semillas. En cambio, para Jorgina, son favorables el número tres, el jueves, el color azul eléctrico y, como talismanes, una avellana o bien una amatista.

JOSÉ - JOSEFA

Etimología e historia

Del hebreo *yosephiah* (= Dios añada), José es el hijo de Jacob y Raquel, vendido por sus hermanos a los ismaelitas. Óptimo intérprete de los sueños, pasó a la historia por la profecía de la carestía egipcia deducida de las siete vacas gordas y de las siete flacas que se le aparecieron en sueños al faraón. El nombre de José ha gustado a decenas, centenares de generaciones, y se ha difundido rápidamente hasta invadir prácticamente medio mundo. Lo han adoptado los cristianos secundando el culto de san José, honrado el 19 de marzo, padre adoptivo de Cristo y patrón de los carpinteros y de los padres. La sociedad laica, en cambio, sensible a los nombres de reyes y emperadores, de patriotas y revolucionarios, ha preferido José resucitando según la época la figura del emperador de Austria, Francisco José, de G. Garibaldi o de J. Stalin. En cuanto a diminutivos y variantes, los hay para todos los gustos: *Joey, Josip, Pepe, Pepito* en masculino; *Josette, Josie, Jossy, Jo, Giosy, Giusy, Giosiana, Pepée, Josepha, Pepa, Pepita, Josefina, Fina*.

CARÁCTER Y DESTINO

Sencillo, ingenuo, honrado y perseverante, **José** cae a menudo presa de alguna engañosa hechicera. Es una verdadera lástima porque, tan tranquilo y reservado, nada libertino, ¡merecería algo mejor! En efecto, ser lento, práctico y reflexivo no le impide vivir una intensa vida interior. Poco pasional pero devoto en amor.

Más común pero dulce, simpática y amable resulta **Josefa**. Sin embargo, rascando un poco el barniz superficial, aparece cierta indolencia unida a una buena dosis de vanidad, obstinación y capacidad de fingir. Inclinación hacia las profesiones de carácter social.

LA SUERTE

El ocho, número de Saturno, influye en el tranquilo José; el nueve, número de Marte, en la más fogosa Josefina. Días afortunados respectivamente: sábado y martes. Colores: gris oscuro y rojo fuego. Los talismanes: para él, ónice, plomo y perfume de pino; hierro, jaspe rojo y sándalo, para ella.

JOYA

ETIMOLOGÍA E HISTORIA

Es el nombre afectivo y de buen augurio derivado del latín *gaudia* (= llena de alegría).

Variantes: *Gioietta, Gioiella, Gioiosa*.

CARÁCTER Y DESTINO

Voluble, alegre e incansable, vive una existencia dinámica, marcada por la curiosidad y el riesgo. Encanto, éxito en el mundo del espectáculo y el comercio. Impulsiva, ama el juego y la competición incluso en el amor, rompiendo un corazón tras otro, siempre que no se trate de algo serio.

LA SUERTE

Es el cinco su número mágico, y su día, el miércoles. Joya desafiará con más éxito a la suerte llevando colores celeste o anaranjado y haciéndose con una esmeralda, una margarita o un broche en forma de loro como talismán.

JUAN - JUANA

ETIMOLOGÍA E HISTORIA

Es un nombre teofórico que implica el agradecimiento a las divinidades por haber concedido un hijo: en hebreo, *Johanan* significa «Dios ha tenido misericordia».

Apoyado en el culto a Juan Bautista, el precursor de Cristo, y a Juan Evangelista, el discípulo predilecto, este nombre se ha difundido enormemente regalándonos un centenar de santos, un verdadero ejército de personajes célebres y una multitud de variantes y formas extranjeras.

Recordemos entre los santos sólo a san Juan Crisóstomo (27 de enero), protector de los predicadores; san Juan Bosco (31 de enero), patrón de los escolares, de los editores y de los maestros; el ya mencionado Juan Bautista, patrón de los hoteleros, músicos y deshollinadores, al alba de cuya fiesta, vinculada al solsticio de verano (24 de junio) se solían recoger las hierbas mágicas para todo el año; san Juan Evangelista (27 de diciembre), protector de los alquimistas y de las viudas. Entre las mujeres bastará recordar a Juana de Arco, *la doncella de Orleans* (30 de mayo), protectora de los lecheros, quemada en la hoguera como bruja.

Entre las variantes que corrigen la banalidad del nombre se podrán elegir: *Ian, Van, Vanni, Vania, Janos, Iván, Ewan,*

Owen, Shawn, Ianni, Iovanni y *Giovannico,* así como alguno de los innumerables compuestos como: *Juan Carlos, Juan Antonio, Juan Francisco,* etc. En femenino, junto a los ya conocidos *Jannette* o *Jenny, Vanna, Vannina, Johanna, Jana, Janice, Janka, Joni* y *Sheena.*

Carácter y destino

Carácter valiente, asimilador y adaptable para **Juan**. Seguro de sí mismo, es capaz de someterse al esfuerzo con inteligencia. Se muestra simpático, sentimental, apasionado, pero a veces confuso en el amor.

Más equilibrada e intuitiva, **Juana** sabe hacer la vida serena a la familia y a la pareja, rodeándole de pequeñas y cariñosas atenciones. Fertilidad.

La suerte

Para Juan: número propicio, el uno; día propicio, el domingo; color, amarillo vivo; talismán, oro e incienso.

Para Juana: número, el cinco; día, el miércoles; color, celeste; amuletos, un objeto de platino o también el perfume de lavanda.

JUDIT

Etimología e historia

Judit, en hebreo *yehudith* (= hebrea), es la joven viuda de Betulia, que liberó su ciudad asediada por los asirios seduciendo a su general, Holofernes, y luego decapitándolo mientras dormía.

El nombre, apoyado en el culto a santa Judit (cuya fiesta se conmemora el 6 de mayo), protectora de los tintoreros, fue muy apreciado sobre todo en la Edad Media por las clases nobiliarias.

Otras festividades: 16 de junio, 18 de julio y 7 de septiembre.

Carácter y destino

Temperamento voluntarioso, valiente, decidido. Independiente, no soporta las ataduras; está dotada de una excepcional sangre fría. Judit sabe lo que quiere y siempre lo consigue. Orgullo, sed de poder. Excepcional pero tiránica incluso en el amor, pretende una dedicación absoluta. Altibajos financieros. Éxito profesional.

La suerte

Número de la suerte: uno; día propicio: domingo; color: amarillo intenso. Como amuletos: un diamante, una ramita de mimosa, un broche en forma de águila o de león, a ser posible de oro.

JULIO - JULIÁN - JULIANA

Etimología e historia

Aunque la *gens Julia* pretendiese remontarse a Julio, hijo de Eneas, es más probable que el nombre sea un derivado de *Jovilios* (= dedicado a Júpiter), o bien de una voz griega que significaba «imberbe», o también de *Iulis* (= calor ardiente). Son muchos los santos representantes de este nombre que han contribuido a mantenerlo vivo incluso tras el hundimiento de la mitología romana. Cabe recordar a san Julio, patrón de los albañiles, celebrado los días 31 de enero, 12 de abril, 22 de mayo y 1 de julio; y a san Julián, protector de los caminantes y de los hoteleros (12 de febrero). Entre las celebridades que siguieron la estela del famosísimo Cayo Julio César y del historiador Julio Africano, el contemporáneo J. Michelet, el compositor J. Massenet, el escritor de ciencia ficción J. Verne, el papa Julio II y Juliano *el Apóstata,* enemigo de la cristiandad.

Variante: *Julieta.*

Carácter y destino

Inconstante y acomplejado, **Julio** no tolera las bromas y siempre se desvive por todo el mundo. En el amor, se inflama y se apaga con facilidad; deberá reprimir los celos que le atormentan.

Más brillante y vivaz se muestra **Julia**, expansiva con los amigos, pero nerviosa y a menudo deprimida en privado. Colérica, autoritaria, no sabe perdonar y, también en el amor, hace la vida difícil a su compañero, aunque le compensa de inmediato con una enorme carga pasional. Amor por el arte y el lujo. Angustia injustificada con respecto al futuro.

Una naturaleza dulce, influenciable y optimista caracteriza al laborioso **Julián**.

Igualmente sensible y alegre, **Juliana** se muestra, a pesar de su viva inteligencia, más tímida, inhibida, emotivamente vulnerable.

La suerte

Números: uno y cinco, respectivamente, para Julio y Julia. Días favorables: domingo y miércoles. Colores: amarillo y naranja. Talismanes: una cadena de oro para él, una pulsera de platino para ella. Julián y Juliana: números siete y dos; marcados ambos por la voluble luna, preferirán el lunes, el color blanco y, como amuleto, un objeto de plata o de marfil.

LADISLAO

Etimología e historia

Se trata de un nombre eslavo, mucho más simpático en la forma autóctona *Wladislav* (= que domina con gloria). El 27 de junio se celebra la festividad de san Ladislao, rey de Hungría.

Una variante que considerar: *Laszlo*, muy utilizado entre los eslavos cristianos; en femenino: *Wladislavska, Waleska*.

Carácter y destino

Tan dominante en la vida como en el nombre, Ladislao se muestra competitivo, ambicioso e independiente. Dotado de un desmesurado orgullo pero también de sangre fría e inventiva, apunta siempre al primer puesto y lo alcanza. Atraído por el dinero, desprecia las convenciones sociales. Individuo excepcional pero tiránico. En el amor está dispuesto a dar mucho, pero pretende aún más. No soporta los vínculos legalizados. Gran éxito profesional.

La suerte

Número favorable: uno; día propicio: domingo; color: oro. De oro también el talismán, mejor si recuerda, en la forma, el águila o el león. Entre las flores, son ideales el árnica y la peonia.

LAMBERTO

Etimología e historia

Lamberto, latinizado en *Lambertus*, *Lampertus*, deriva del germánico *lander* (= país) y *behrt* (= claro, ilustre), en el significado de «famoso en su país». Constituía en el pasado un nombre aristocrático adoptado por nobles y reyes. San Lamberto, obispo de Lyon y patrón de los dentistas, es recordado el 14 de abril y el 17 de septiembre.

Carácter y destino

Temperamento práctico, expeditivo pero altruista, generoso; no soporta las injusticias. Tímido y cohibido en el amor sufre, por su ingenuidad, numerosas desilusiones que le herirán en lo más hondo. Melancólico, modesto, muy conciso, no se preocupa por la exterioridad; resulta bastante frugal.

La suerte

El cinco, número mercuriano, influye en la suerte de Lamberto llevándole a preferir el miércoles y, entre los colores, el anaranjado y el amarillo limón. Talismanes: una cornalina, un mechón de pelo de zorro o una hoja de menta.

LANFRANCO

Etimología e historia

Nombre de tradición francesa y alemana, del germánico *land* (= país) y *frank* (= libre), es decir, «hombre libre en el país», no sujeto a impuestos. Se festeja el 23 de junio y el 3 de julio. Cabe recordar a un Lanfranco, el arquitecto de la catedral de Milán.

Carácter y destino

Carácter turbulento, desconfiado, valiente pero más bien receloso. En el amor, Lanfranco se muestra dominante y despótico, aunque fiel. Interés por la poesía, a menudo compone versos o bien canciones. Tiende a excederse en los gastos pero con la misma facilidad logra ganar dinero, equilibrando así los riesgos debidos a su prodigalidad.

La suerte

Número de la suerte: tres. Día propicio: jueves. Color: violeta. El talismán: una avellana, un hilo de estaño o una piedra turquesa.

LARA

Etimología e historia

Una insólita aura romántica rodea este bello nombre de origen céltico, vinculado a una oscura voz que designa el agua de mar. Lara es la protagonista de una romántica novela de G. G. Byron; también es la atractiva e infortunada figura en la popular novela *El doctor Jivago*, de B. Pasternak.
Una variante: *Larisa*.

Carácter y destino

Personalidad inquieta, móvil, siempre en busca de la novedad. Aventuras amorosas, peripecias y viajes se suceden como un vertiginoso carrusel en la existencia de esta mujer lista, locuaz, siempre joven. En el plano profesional se muestra dotada para la enseñanza, el comercio y el periodismo. Un consejo: nunca le pida que se case con usted, desaparecerá en un abrir y cerrar de ojos. Pero para quien logre, a pesar de todo, resistir a su lado, sabrá ser una compañera insólita, divertida, dispuesta a vivir cualquier novedad fuera de lo común.

La suerte

Mercuriana, marcada por el número cinco, Lara prefiere el miércoles, el azul celeste y el anaranjado. Podrá adoptar como talismanes el ágata, la esmeralda o una margarita. No obstante, un perfume de mirto o de rosa podrían amortiguar ligeramente su espíritu impetuoso y hacerla más romántica y estable.

LAURA

Etimología e historia

Del latín *laurus* (= laurel), y *laurea* (= corona); menos, probablemente, del griego *layros* (= exuberante), o del céltico *lour* (= suficiente); Laura, introducido desde la Provenza en la forma Laurada, ha encontrado en España un amplio favor. En efecto, el laurel es la bella y perfumada planta sagrada para el dios Apolo. Con sus hojas fabricaban los griegos la corona de la victoria y, en la época de las persecuciones cristianas, la corona del martirio.

Onomástica: 20 de octubre y 18 de julio.

Carácter y destino

Personalidad vibrante, sensible, perpetuamente inmersa en un baño espumoso de amor. Basta una menudencia, una caricia o una palabra equivocada para hacerla reír o llorar durante días enteros. Vivaz y despierta, Laura aprende fácilmente, ayudada sobre todo por su excelente memoria. Pero es negligente, nerviosa, poco flexible, equilibrada, y perfecta sólo en apariencia. Poco feliz en la primera parte de la existencia, podrá alcanzar la serenidad en la madurez. Gran pasión y devoción en los sentimientos. Coquetería, deseo de gloria.

La suerte

El ocho, número de Saturno, influye en Laura empujándola a preferir el sábado, los tonos oscuros y, como amuletos, el ónice, la hiedra o un broche que recuerde el escorpión, naturalmente además de una hoja de laurel. Perfume de pino o helecho.

LAVINIA

Etimología e historia

Nombre de origen clásico, tomado de la *Eneida*, con el probable significado de oriunda de Lavinio, la ciudad fundada por el héroe troyano (de *lavos* = pueblo). Una Lavinia que recordar, sobre todo por su profesión insólita en el pasado: L. Fontana, retratista del siglo XVI.

Carácter y destino

Temperamento dinámico, incansable y curioso. Cerrada y reservada, resulta fría e indiferente pero está dotada de mucho encanto. Sencilla, honrada, detesta la rutina, las obligaciones y los compromisos. Posible éxito en el mundo del espectáculo o en profesiones artísticas y literarias. Vida sentimental llena de movimiento y ligereza.

La suerte

Número favorable: cinco; día propicio: miércoles; color: amarillo limón. Como amuletos, la imagen de un ibis o de un loro, semillas de anís, la piedra ojo de gato.

LEANDRO

Etimología e historia

Leandro es en la mitología el joven de Abido que, enamorado de la sacerdotisa Hero, residente en la orilla opuesta del Helesponto, pereció entre las olas mientras como cada noche estaba alcanzándola a nado, guiado por la luz de una antorcha que se mantenía encendida para él. Del griego *laos* (= pueblo), o de *leios* (= tranquilo) y *aner, andros* (= hombre), el nombre puede significar «hombre del pueblo» o bien «hombre tranquilo».

Fiestas: 5 de febrero, 27 de octubre y 12 noviembre.

Carácter y destino

Romántico y apasionado, como en el mito, Leandro es altruista, sensible y fiel. Se enamora fácil y frecuentemente, y mitifica en exceso cada amor perdido. Aprecia la música, el arte y la belleza, pero su escasa ambición le hace difícil alcanzar el éxito. Le bastan la serenidad, cierto bienestar que le permita una existencia cómoda y mucho, mucho amor para sentirse completamente feliz.

La suerte

El seis es su número. Día de la suerte: viernes. Colores: verde y rosa. Amuletos: una rosa, una esmeralda y un hilo de cobre. Sin embargo, podría recurrir al rubí o al granate para dar un poco de virilidad a su femenina blandura de carácter.

LEDA

Etimología e historia

De origen clásico, es el nombre de la bella esposa de Tíndaro que, poseída por Zeus en forma de cisne, dio a luz dos huevos de los que salieron los gemelos Cástor y Pólux y la bellísima Helena, causa de la ruina de Troya. El nombre, probablemente derivado del griego *loidorein* (= injuriar), es relacionado por algunos con la incierta voz *lada*, de significado equivalente a mujer, esposa.

Una variante: *Leida*.

Carácter y destino

De humor caprichoso y variable, Leda se presenta como una criatura apasionada, romántica, con demasiada frecuencia famosa por sus largos enfados y por unos celos excesivos. Susceptible pero desprotegida ante una brillante conversación o un encanto misterioso, corre el riesgo de tener muchos problemas y desilusiones en el amor. Intelectualidad, gusto por el arte.

La suerte

El cuatro, de influjo solar, es el número de la suerte para Leda. Día propicio: el domingo; color: amarillo intenso. Entre los talismanes, un collar de ámbar, un girasol y una pluma de cisne.

LEÓN - LEO - LEA - LEONARDO - LEÓNIDAS - LEONILDA

Etimología e historia

León, con todas sus variantes, como *Urso* (oso), *Lope* (lobo) y, en la Edad Media, también *Can*, representa un nombre de carácter totémico; es decir, puesto para infundir al recién nacido los atributos propios del animal correspondiente. Además de la forma culta, Leo y Lea (que descienden directamente del latín), y de la típicamente española, León, con sus numerosas variantes, la onomástica propone una larga serie de compuestos, todos ellos relacionados de alguna forma con el rey de la selva.

El más común de todos ellos, Leonardo, deriva del germánico *lowen* y *hardhu* en el sentido de «león osado»; Leónidas, como el indómito comandante espartano en las Termópilas, que significa «aquel que tiene aspecto de león» (del griego *léon* y *éides*); Leonilda, germánico de *lewon* e *hildja* (= batalla, es decir, «aquella que combate como una leona»).

Un repaso rápido a las onomásticas: 12 de marzo, 5 de mayo, 6 de noviembre para Leo y Lea; para León, 11 de abril, 28 de junio y 10 de noviembre; 5 de noviembre para Leonardo, patrón de presos, agricultores y misioneros; 17 de enero, para Leonilda; el 28 del mismo mes y el 22 de abril, para Leónidas. Entre los personajes famosos de la historia y de la cultura destacan: L. Diácono y L. Gramático, historiadores bizantinos; el arquitecto italiano, L. Battista Alberti; el estadista francés, L. Gambette; el novelista ruso, L. Tolstói. Entre los Leonardos, el universal Leonardo da Vinci y el matemático L. Fibonacci.

Son infinitas las variantes y los diminutivos: *Leonelo, Leonio, Lev, Leonato, Lois* y el shakespeariano *Leon*, para los niños; *Leona, Leonela, Leonila, Leoneta,*

Leonita y *Leonia* para las niñas. Entre las variantes de los nombres compuestos cabe citar: *Leoncio, Lennart* en masculino; *Leoncia y Leontina* en femenino.

Carácter y destino

Mente sutil, hábil y astuta para el exuberante **Leo**, amante de los viajes, llamativo y extravagante en su indumentaria y en sus gestos.

Muy femenina con todos los defectos propios de la verdadera mujer, **Lea** resulta intrigante, golosa y derrochadora. Sin embargo, en caso de necesidad sabe ser equilibrada y juiciosa.

León es un individuo valiente, independiente, muy erudito, dotado de buena memoria; rinde bien en las profesiones científicas. En el fondo es un perfeccionista, un solitario, aunque esté rodeado de multitud de amigos.

Leonardo es, por excelencia, un deportista que cultiva los mitos de la fuerza y de la tenacidad; carente de impulsos afectivos, muestra en contrapartida un excepcional olfato en los negocios.

También **Leónidas** ama el deporte. Bastante rígido y de pocas palabras, busca el éxito a toda costa. La obstinación, la decisión y la capacidad de arriesgar, prerrogativas suyas, le conducen a menudo al éxito, que sin embargo paga a veces con una profunda soledad. En las relaciones sociales logra escasas simpatías; prefiere a mujeres frágiles, dependientes, a las que dominar; pero afortunadamente pocas veces las encuentra.

Igualmente orgullosa y antipática es **Leonilda**, cuyo encanto reside únicamente en el intelecto y en sus ideas nuevas y originales. Sin embargo, se muestra generosa, pasional y muy femenina en amor.

La suerte

Números afortunados, por orden: cinco, para Leo; nueve, para Lea; seis, para León y para Leónidas; tres, para Leonardo, y cuatro, para Leonilda. Los días más afortunados, respectivamente: miércoles, martes, viernes, jueves y domingo. Los colores: celeste, rojo, verde, azul eléctrico y amarillo. Los talismanes serán: una calcedonia y una ramita de lavanda, para Leo; un granate y flores de ajenjo, para Lea; cobre, jade y pétalos de geranio, para León y Leónidas; estaño, una amatista y hojas de abedul, para Leonardo; un collar de ámbar y perfume de incienso, para Leonilda. Por último, para todos, la imagen de un león como talismán.

LEONOR

Etimología e historia

Leonor no es, como podría parecer, un derivado de Elena. Parece estar relacionado con una voz oscura, probablemente *eli-alan* (= crecer), aunque algunos piensan en una analogía con el griego *elaino* (= tener compasión), o con el árabe *nur* (= luz). Nombre de varias reinas y nobles, de Leonor de Castilla a Eleonora d'Este (la bella mujer que fue causa —se dice— de la locura del poeta italiano Tasso), es también el nombre de muchas protagonistas literarias o líricas.

La festividad de Leonor se celebra el 21 de febrero, el 27 de mayo o el 1 de julio.

Son muy numerosas las variantes: *Eleonor, Leonora, Nora, Dianora, Alianora*.

Carácter y destino

Desinteresada y sentimental, muy tierna, Leonor es sólo en apariencia altiva. Tranquila e inteligente, no hay desventura de la que no sepa recuperarse. De temperamento dramático, ama la música, la pintura y todas las profesiones creativas. Concede gran importancia al amor y a la familia; no obstante, si advierte falta de afecto y atención, no duda en alejarse con valor y decisión.

LA SUERTE

El cuatro es el número que mejor sintoniza con Leonor; el domingo, su día; el amarillo-oro, su color.

Como amuleto, podrá adoptar un anillo adornado con una esmeralda o un topacio. También resulta favorable una hoja de laurel.

LEOPOLDO

ETIMOLOGÍA E HISTORIA

Se trata de un nombre de derivación germánica común en las dinastías de Habsburgo y Battenberg. Significa,de *liud + bald*, «valeroso entre el pueblo».

Fiesta: 15 de noviembre.

Entre los diminutivos más utilizados tenemos: *Poldo, Poldino*.

CARÁCTER Y DESTINO

Individuo tierno, positivo, pero con aspectos negativos, como su egoísmo y sarcasmo.

Con la ayuda de una compañera un poco ambiciosa se le augura un gran éxito en el ámbito profesional y social. Muestra un gran desprecio por las convenciones.

LA SUERTE

El número más adecuado para Leopoldo es el cuatro. Día propicio: domingo. Color: amarillo oro.

Entre los talismanes, Leopoldo elegirá como amuleto preferentemente una cadena de oro y una varita de canela.

LETICIA

ETIMOLOGÍA E HISTORIA

Del latín *laetus* (= fértil) y, en sentido metafórico, «contento, feliz», es el nombre de una diosa romana de la abundancia, *Laetitia*, representada con un niño en el regazo, un haz de espigas en la mano izquierda y una manzana en la derecha.

Leticia se celebra el 15 de marzo, el 9 de julio y el 21 de octubre junto con santa Úrsula, de quien fue compañera.

Para los amantes de un cierto exhibicionismo, Leticia se puede escribir también Laetitia, a la latina.

CARÁCTER Y DESTINO

Marcada por una sincera alegría de vivir, Leticia presenta, no obstante, una personalidad de contrastes. Dulce pero al mismo tiempo orgullosa, vengativa; sumamente femenina pero práctica, racional, muy interesada, egocéntrica, incluso en el amor; inteligente pero desganada, atraída por las modas y por las frivolidades. Destinada según la tradición a una suerte no siempre afortunada.

LA SUERTE

Leticia podrá solventar los caprichos de un destino poco generoso llevando colores cálidos. Talismanes: oro y topacio, o bien ámbar, en forma de joyas; perfume de azahar. Número propicio: uno; día de la suerte: domingo.

LÍA

ETIMOLOGÍA E HISTORIA

Lía es, al menos en parte, un apelativo hebreo procedente del nombre de la hija de Labán y esposa de Jacob, considerada modelo de laboriosidad. Es extraño entonces que este apelativo, en hebreo *leah* (= cansada, fatigada), tenga un significado tan discordante con tales características, a menos que, como pretende otra corriente etimológica, Leah corresponda, en cambio, a «vaca», en paralelo con Raquel (= oveja), de forma coherente con la tradición según la cual los hijos de Jacob y Lía habrían dado origen a los criadores de ganado vacuno, y los de Jacob y Raquel, a los de ganado ovino.

La segunda hipótesis sobre los orígenes de Lía, esta vez no hebraica, es que se trata sencillamente de un diminutivo de Rosalía.

La festividad de Lía se celebra el 1 de junio.

Carácter y destino

Naturaleza nerviosa y, como prescribe la tradición, siempre en movimiento, Lía representa a la mujer ocupada, activa: ama de casa perfecta, empleada modelo y amante pasional además de supermamá.

Pero en tanta perfección Lía no se concede nunca tiempo para reflexionar ni siquiera para soñar; el resultado es que en la intimidad se muestra seca y, en el fondo, aunque eficiente, algo aburrida.

La suerte

El cuatro es su número. Día propicio: domingo. Color preferido: amarillo intenso. Entre los talismanes se incluyen la efigie de un ternero, un collar de ámbar o una nuez moscada, pero también una concha que le enseñe, al menos un poco, a soñar.

LIDIA

Etimología e historia

Lidia se relaciona con el nombre étnico *lydia* (= nativa de Lidia, región de Asia menor); o bien, mediante un curioso paralelismo, con el céltico *lida* (= alegría, fiesta). Lidia era una de las hijas de Júpiter y esposa de Menfis, además del seudónimo con el cual Horacio y Marcial componían las alabanzas a la mujer amada.

Fiestas: 27 de marzo y 3 de agosto.

Muy armoniosos resultan diminutivos y variantes, entre ellos: *Lydia, Lidya, Lyda, Lida, Lidiana, Lidda* y *Liddy*.

Carácter y destino

Reservada, magnética y soberbia, Lidia resulta ser una excelente administradora; seriedad, prudencia y agudo espíritu crítico son sus más apreciadas cualidades.

La suerte

El número de la suerte para Lidia es el ocho, influido por Saturno. Día propicio: sábado. Color: gris humo. Como amuleto, Lidia adoptará un zafiro azul muy oscuro o bien ónice, y como perfume la esencia de pino.

LIGIA

Etimología e historia

Ligia, del griego *likia* (oriunda de Licia), o de *likaina* (= loba), es la protagonista de un *best-seller* de fin de siglo, *Quo Vadis*, de H. Sienkiewicz.

Carácter y destino

Marcada por la luna, Ligia resulta débil, frágil, tímida y muy susceptible. Apasionada, en el amor es capaz de sacrificio y absoluta dedicación. En cambio, profesionalmente rinde poco porque es soñadora y dormilona. Buen gusto estético.

La suerte

Número de la suerte: siete. Día favorable: lunes. Colores: blanco y plata. Talismanes: un pececillo de plata, una hoja de lunaria o una perla. Una piedra saturnal como el ónice también podría resultar útil en la vida profesional, al proporcionarle a Ligia el sentido de la realidad y la constancia de los que carece completamente.

LILIANA

Etimología e historia

Forma latinizante de *Giglia* (= pura y casta como un lirio), o bien en la forma inglesa *Lily, Lilly*, (abreviación de Elisabeth, Lilibeth). Cabe recordar a la célebre protagonista de una canción muy de moda durante la última guerra mundial, *Lilí Marlène*.

Fiestas: 10 de mayo, 11 de agosto y 15 de noviembre.

El nombre se articula en diversas variantes muy similares, diferenciadas a menudo sólo por una grafía distinta: *Lilia, Lila, Lilea, Lilla, Lilly, Lily, Lilli y Lilí*.

Carácter y destino

Romántica, intuitiva y muy impulsiva, Liliana es considerada extravagante, incluso alocada. Muy femenina y vanidosa, se enamora fácilmente pero con la misma facilidad logra decepcionar a su compañero y alejarlo. A pesar de ello, se muestra alegre, simpática y afectuosa. El matrimonio la puede cambiar, dándole esa estabilidad de la que carece en su juventud. Tiende a criar a sus hijos en libertad. Dotada para la enseñanza.

La suerte

Número de la suerte: cuatro. Día propicio: domingo. Color: amarillo vivo. Los amuletos: además del lirio sugerido por el nombre, un objeto de oro, un topacio y una pluma de canario.

LINDA

Etimología e historia

Diminutivo de nombres germánicos como Teodolinda o Hermelinda, Linda se ha difundido como nombre independiente, tal vez por la agradable coincidencia con el adjetivo lindo en el sentido de primoroso, perfecto. Linda es recordada el 22 de enero y el 22 de marzo.

Carácter y destino

Exuberante, apasionada y ardiente, Linda tiende a crearse una existencia densa, dinámica y rica en acontecimientos. Sin embargo, su amor por los viajes y el exceso de generosidad que le son propios pueden crearle serios problemas financieros a menos que un compañero racional y ahorrador logre poner freno a sus despreocupadas locuras.

La suerte

El cuatro, número solar, es la vibración que mejor se adapta a la personalidad de Linda. Día favorable: domingo. Color: amarillo oro. Entre los talismanes: girasol, ámbar o esmeralda, un broche en forma de león. El perfume de pino, marcado por Saturno, podrá otorgarle esa pizca de espíritu de ahorro que no viene mal en una mujer de tanta prodigalidad.

LINO

Etimología e historia

Lino, del griego *linon* (= cuerda de la lira), o de *lan* (= resonar), es el hijo de

Apolo y de Terpsícore, inventor del canto lírico, a quien Hércules mató por celos.

Carácter y destino

Temperamento dinámico, activo e incansable; Lino ama los viajes, el juego y la competición, incluso en el amor. Detesta, en cambio, en la misma medida, los compromisos, las responsabilidades y las relaciones oficialmente institucionalizadas. Numerosas conquistas amorosas, eclecticismo e impulsividad.

La suerte

Número favorable: cinco; día de suerte: miércoles; colores: azul celeste y amarillo limón. Entre los amuletos, se incluyen un fragmento de cuerda, una prímula y una prenda celeste.

LIVIA - LIVIO

Etimología e historia

Considerado por la etimología popular generado por *livere* (= lívido, o bien envidioso, lleno de odio), Livio es un antiguo gentilicio derivado más probablemente del etrusco *Livus*, de significado desconocido. El nombre está representado por un personaje de cierto peso, el historiador Tito Livio, que nos ha legado una detallada historia de Roma.
Fiesta: 21 de febrero.
Variantes: *Liviano, Liviana* y *Livila*.

Carácter y destino

Temperamento áspero, activo, con intenciones de destacar a toda costa. **Livio** no debería hallar obstáculos para alcanzar cierto éxito, particularmente en el ámbito filosófico-literario. Sin embargo, en el fondo de su corazón oculta una intensa carga de ternura; es sentimental, tradicionalista, apegado a su esposa y a sus hijos.

En femenino, el nombre **Livia** otorga gusto estético y fantasía. Encanto, magnetismo y profundidad de pensamiento.

La suerte

El número de la suerte para Livio es el cuatro; para Livia, el ocho. Días propicios respectivos: domingo y sábado. Colores: todos los tonos del amarillo, para él, y del marrón, para ella. Talismanes: para Livio, topacio, incienso y una cadena de oro; para Livia, ónice, plomo y bayas de acebo.

LORA - LORIS

Etimología e historia

Probables diminutivos de Leonor o de Laura, Lorenza, Loreto. Loris es uno de los personajes de *Fedora*, de V. Sardou.
Fiesta: 27 de diciembre.
Cabe destacar las formas: *Lorisa, Lorinda, Loriana*.

Carácter y destino

Lora y **Loris** resultan bastante ambiciosos. Su valor, unido a una excepcional voluntad, los conduce fácilmente al éxito, pagado muchas veces con la soledad afectiva. Independientes, no soportan las ataduras ni la rutina. Orgullo y excesivas pretensiones en el campo sentimental.

La suerte

Número uno, de influencia solar, para Lora y Loris. Día favorable: domingo. Color: amarillo. Los talismanes: una hoja de laurel, topacio y oro para ambas.

LORENA

Etimología e historia

Se trata de un nombre ideológico, surgido a finales del siglo XVIII como manifestación de solidaridad hacia los duques de Toscana, de la dinastía de Lorena, apreciados por sus ideas liberales y reformistas.

Una variante: *Lorna*.

Carácter y destino

Temperamento dulce, sensible, altruista pero a menudo contradictorio. Lorena busca constantemente el equilibrio interior o la armonía con los demás, motivo por el que tiende a evitar por todos los medios controversias y disputas que considera insoportables. Ligeramente masoquista y afectada en la intimidad, se aferra a la relación de pareja tratando de mantenerla a toda costa. Empeño social. Avaricia.

La suerte

Número de la suerte: dos. Día propicio: lunes. Color: blanco. Como amuletos, Lorena podrá escoger entre un ópalo, un berilo o una perla. Entre las flores, el trébol y el dondiego de noche. Perfume de mirto.

LORENZO - LORENZA

Etimología e historia

También Lorenzo, el mismo de la mágica noche en que cada estrella que cae corresponde a un deseo realizado, tiene su origen, como Laura y Loreto, en el latín *laurum*. En efecto, según la leyenda, el apelativo se le atribuyó precisamente porque nació bajo un árbol de laurel. De todos modos, de *laurum* procede también el nombre de un centro prerromano citado en la *Eneida*, del que Lorenzo sería correspondencia étnica: es decir, nativo de la ciudad de Laurentum. Ya la nodriza de los dos míticos gemelos Rómulo y Remo se llamaba Laurentia o Larentia. Además del proverbial Lorenzo de las estrellas que caen, recordado el 10 de agosto, patrón de los cocineros, pasteleros y bomberos, se puede celebrar la onomástica también el 22 de julio y el 15 de septiembre. Los más famosos entre «los coronados de laurel»: los arquitectos italianos L. Ghiberti y L. Bernini, y el escritor inglés L. Sterne. Y, además, Lorenzo el Magnífico, famoso mecenas florentino de la familia Médicis.

Poco comunes son, en cambio, las variantes masculinas *Lauren, Laurencio, Lorenzio, Larry, Lars*, o las femeninas *Laurentia, Larentia, Laurie, Lola y Lolita*.

Carácter y destino

De temperamento tranquilo e introvertido pero bastante egoísta y frío, **Lorenzo** logra superar con su imperturbable serenidad cualquier obstáculo. Atraído por la meditación y el misticismo, se ocupa de buen grado profesionalmente en la medicina y el arte. Calculador y poco sensible en el amor, al menos hasta que se enamora de verdad.

Lorenza, seductora, vanidosa, vive permanentemente en una atmósfera de amor. Ambiciosa, coqueta, pero también alegre y risueña, ama el lujo, la elegancia y las compañías «sofisticadas».

La suerte

Número mágico para Lorenzo: el seis; para Lorenza, el uno. Días favorables: viernes y domingo, respectivamente. Colores: verde y amarillo. Los talismanes: para él, una violeta, una pulsera de cobre y una mariposa; para ella, un diamante, una abeja de oro y, a ser posible, un canario completamente amarillo. Para ambos es siempre válida una hoja de laurel.

LORETO

ETIMOLOGÍA E HISTORIA

Este nombre debe su popularidad a la devoción por la virgen de Loreto. La etimología de Loreto tiene el mismo origen que Laura y Lorenzo: el laurel. Se conmemora el 10 de diciembre.

Son insólitas las variantes *Loredana, Lorita, Loretana*.

CARÁCTER Y DESTINO

Temperamento flexible, adaptable, desenvuelto en cualquier situación. Bastante ambiciosa, Loreto presta mucha atención a las apariencias; destaca con cierto placer, exhibiendo su aspecto juvenil y algo sofisticado. En amor tiende a posar, fingiendo mantener las distancias porque en el fondo teme la soledad y la opinión ajena. Intelectualidad, amor por el arte.

LA SUERTE

Número favorable: siete. Día propicio: lunes. Color: gris perla. Los talismanes: una hoja de laurel, nácar, ópalo o un fragmento de cuarzo hialino.

LUANA

ETIMOLOGÍA E HISTORIA

Aunque subsiste en Irlanda un *Sanctus Luanus*, el nombre tiene origen cinematográfico, ya que apareció en una película de 1932, *Luana* o *la Virgen Sagrada*, ambientada en la Polinesia. Por lo demás, el nombre podría relacionarse con el de un héroe polinesio, una especie de Noé de piel oscura llamado *Lua Nuu*.

CARÁCTER Y DESTINO

Personalidad racional, ordenada pero un poco esclava de la rutina. Luana, excelente profesional y ama de casa eficiente, es una mujer muy reservada y discreta.

Aspira, incluso en el amor, a la seguridad económica además de afectiva. Intransigente consigo misma antes que con los demás; hábil ahorradora.

LA SUERTE

Cuatro, de influencia solar, es el número favorable para Luana. Día afortunado: domingo. Color: amarillo sol. Entre los amuletos, podrá escoger el topacio, el ámbar o un objeto de oro. Perfume de azahar o de canela.

LUCAS

ETIMOLOGÍA E HISTORIA

Diminutivo de Lucio («luminoso») y de Luciano («nacido al alba»), actualmente se ha convertido en nombre independiente, sobre todo por el culto tributado a san Lucas Evangelista (18 de octubre), médico y pintor, patrón de estas profesiones así como de los escultores y de los notarios.

Efectivamente, los artistas están bien representados por el nombre; basta pensar en los pintores L. Signorelli y Luca della Robbia y en el director de cine L. Visconti. Otra festividad: 1 de marzo.

Entre las variantes: *Lukas, Luchino*.

CARÁCTER Y DESTINO

De carácter egoísta, ahorrador, práctico y bastante contradictorio, Lucas se presenta como un individuo reflexivo, desconfiado, incluso huraño.

Muy apegado al trabajo, trata de ganarse en la sociedad una posición estable y segura. Enigmático pero fiel en el amor, sin embargo hay que prestar cuidado a su constante inestabilidad y sobre todo a la insoportable pedantería que le caracterizan.

La suerte

Número: el uno, de influencia solar. El día más agradable: el domingo. Color: amarillo vivo. Entre los amuletos: azafrán, celidonia, la imagen de un toro o de un águila. Además de estos, un talismán de influjo jupiterino no le hará ningún mal, haciéndolo si acaso más maleable con algo de optimismo y disponibilidad; por ello, Lucas podrá utilizar unos clavos de olor o un fragmento de corteza de abedul.

LUCIO - LUCÍA - LUCIANO - LUCIANA - LUCILA - LUCINA

Etimología e historia

Una única voz, la latina *lux* (= luz), es la base de todos estos nombres impuestos generalmente en el pasado a quienes nacían al alba o, al menos, en las primeras horas del día.

El más difundido, Lucía, debe su popularidad a la santa de Siracusa cuya festividad se celebra el 13 de diciembre, con unos probables vínculos muy sutiles con la fiesta de la luz o solsticio de invierno. Martirizada, según la leyenda, y privada de ambos ojos, la santa (y aquí se repite el motivo de la ausencia invernal de luz) se considera protectora de la vista. Otras festividades: 4 de marzo y 23 de noviembre.

Para Luciano, sólo daremos algunas fechas entre las innumerables: el 7 y el 8 de enero, el 28 de mayo, el 13 de junio y el 26 de octubre; 31 de octubre y 16 de febrero para Lucila.

Entre las heroínas más célebres, aunque ninguna real: Lucía de Lammermoor en la ópera de Donizetti, y sobre todo la prometida ejemplar en la novela *Los novios*, de Manzoni. Lucio, en cambio, es aquel chapucero de las artes mágicas que se transforma, en la obra de Apuleyo, en asno de oro y vuelve a la forma humana sólo después de comerse una corona de rosas.

Las variantes y los diminutivos: *Lucita y Lucinda*.

Carácter y destino

Bueno, dulce, enamorado del arte pero sobre todo del amor, **Lucio** obtiene numerosos éxitos afectivos.

También **Lucía** concede gran importancia a los sentimientos, pero oculta la pasión tras un aspecto cerrado y tímido.

Más fría, práctica y parca, **Lucila** cultiva intereses filosóficos y especulativos.

Lucina, en cambio, alegre y despreocupada, es la típica cigarra que vive al día; muy admirada y coqueta pero muy celosa y exclusiva en el amor.

Pródiga, especialmente si el dinero en cuestión no le pertenece. Al envejecer mejora limando el egoísmo y la vanidad de la juventud.

En **Luciano** hallamos a un ser sentimental, vivaz y lleno de encanto. Leal y sincero, es apreciado por los amigos y por las mujeres por su carácter abierto, jovial y por su increíble serenidad.

En femenino, susceptibilidad, pereza, imaginación e inestabilidad se funden dando vida a una criatura hiperemotiva y soñadora. En la fantasía, **Luciana** persigue a un príncipe azul, un hombre elegante e importante que la mime y la proteja. Frugalidad, por no decir avaricia; escasa voluntad.

La suerte

Números: uno, para Lucía y Lucina; siete, para Lucila y Luciana; tres, para Luciano; seis, para Lucio. Días favorables, respectivamente: domingo, lunes, jueves y viernes. Los colores y los talismanes: amarillo, un objeto de ámbar y una hoja de laurel, para Lucía y Lucina; blanco, una perla y una cadena de plata, para Lucila y Luciana; púrpura, estaño, una avellana y una amatista, para Luciano; verde turquesa, cobre y una pluma de paloma, para Lucio.

LUCRECIA

Etimología e historia

Este apelativo, originado por una oscura voz etrusca que dio nombre también al monte Lucretilis, es relacionado por la etimología popular con el latín *lucrum* (= ganancia). El nombre debe su difusión al culto de santa Lucrecia de Mérida, celebrada el 3 de marzo, el 11 de septiembre y el 23 de noviembre, así como a la literatura latina, con el gran poeta Tito Lucrecio Caro. En cuanto a las mujeres, a la corrupta figura de Lucrecia Borgia se contrapone la muy íntegra Lucrecia, esposa de T. Colatino, que se dio muerte al ser violada por Tarquino *el Soberbio*.

Carácter y destino

Temperamento dramático, soñador pero bastante superficial, Lucrecia es una mujer activa, dinámica, a menudo incansable.

Fascinante, adora el personaje del rompecorazones y lo encarna a la perfección. Ama el dinero como medio para satisfacer sus numerosos caprichos. Eclecticismo intelectual, curiosidad, gusto por los viajes.

La suerte

El número cinco es el número mágico para Lucrecia. Día afortunado: miércoles. Color: azul celeste. Entre los talismanes, podrá escoger un objeto de platino o una prímula. La esmeralda y la canela, influidas también por el sol, podrán aportarle esa pizca de estabilidad que no le vendría mal.

LUDOVICO - LUIS - LUISA

Etimología e historia

Derivan del germánico *hlod* (= ilustre) y *wig* (= combate), en el sentido de «glorioso en la batalla», transformados luego en latín en *Clodovicus*, de donde procede Ludovico, y en el antiguo francés en *Clovis*, de ahí Lois-Louis y por último Luis-Luisa.

Luis es recordado principalmente el 21 de junio (fiesta de san Luis Gonzaga, patrón de la juventud), el 25 de agosto y el 28 de abril. Para Luisa, la festividad se celebra el 15 de marzo; para Ludovico, el 5 de febrero. Para Ludovica, el 31 de enero. San Ludovico es patrón de los albañiles y de los carpinteros de obras, de los peluqueros y de los merceros. Entre los ilustres homónimos, cabe recordar a: Ludovico el Moro de los Sforza, L. Ariosto, el gran L. Van Beethoven y, además, L. Feuerbach entre los filósofos y L. Tiech entre los literatos. Para Luis, una multitud de reyes, entre ellos Luis Felipe, el Rey *Ciudadano*, o también Luis XIV, *el Rey Sol*, y el quizá menos solar Luis XVI, que acabó con la cabeza cortada.

Son infinitas las variantes que podemos encontrar: en masculino *Aloisio, Alvise, Clovis, Loys, Layos, Alajos*; para las niñas: *Eloisa, Lusita, Luisiana, Allison, Loisia* y, como compuestos de *Luisa y María, Marilú, Malú, Lulú*.

CARÁCTER Y DESTINO

Naturaleza autoritaria para **Ludovico**, pasional, decidida a vencer a toda costa, que considera la vida una lucha pero con mayor frecuencia un juego de azar. Espíritu aventurero, no soporta los vínculos ni la rutina; difícilmente se casa.

También combativa pero más dulce e inclinada a la imaginación resulta **Ludovica**.

Luis es, en cambio, ordenado y metódico. Se requiere mucha prudencia al tratarlo porque es susceptible y posee un excesivo orgullo, pero una vez que se ha entrado en sintonía con él se muestra dócil y asequible. En el fondo es un tímido, un acomplejado que se ruboriza por miedo. A pesar de la firmeza y la constancia con que lleva adelante sus objetivos, alcanzará difícilmente el éxito.

Sensible a atenciones y regalos, sincera pero superficial en los afectos, **Luisa** es una joven coqueta y algo simplona. Bastan los años y un marido afectuoso para transformarla en una esposa reservada y tranquila, aunque poco pasional.

LA SUERTE

Números: cuatro, para Luis; cinco, para Luisa; dos, para Ludovico, y seis, para Ludovica. Los días favorables son, respectivamente: domingo, miércoles, lunes y viernes. Los colores: amarillo, anaranjado, blanco y verde. Los talismanes: oro y canela, para Luis; platino y lavanda, para Luisa; plata y una concha, para Ludovico; cobre y jade, para Ludovica.

LYDIA (véase LIDIA)

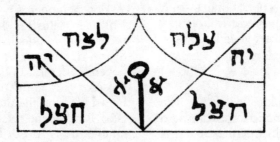

Amuleto de la suerte para los negocios

M

MAFALDA - MATILDE

Etimología e historia

Comencemos por Matilde, nombre del que Mafalda constituye, como veremos, una alteración. Se trata de un nombre compuesto por dos voces germánicas: *mag, macht* (= fuerza), o también *maedh* (= honor) e *hild* (= batalla), con el significado, por tanto, de «fuerte en el combate», o bien de «aquella que combate con honor». Su difusión fue promovida por el culto de una santa, patrona de las bordadoras, celebrada el 6 de julio, el 14 de marzo y el 30 de abril, así como por el prestigio de algunas soberanas, entre ellas la famosa Matilde de Canossa, defensora del poder papal, probablemente la misma que, con el nombre de Mathelda, hace de guía en el purgatorio de Dante.

Y pasemos a Mafalda. Mafalda era en realidad una Matilde o Mahalt de Saboya a quien su marido, rey de Portugal, no lograba llamar correctamente, ya que el portugués no comprende entre sus fonemas la h contenida en Mahalt, pronunciada por ello Mafalt, y por último Mafalda. Entró a formar parte del patrimonio onomástico de la casa de Saboya difundiéndose en toda Italia. La onomástica se celebra el 2 de mayo y el 7 de agosto.

Variantes: *Matelda, Metilde, Maud, Tilde, Tilda, Helda, Hilda, Till*.

Carácter y destino

Reflexiva, lenta en el juicio pero decidida y valiente, **Matilde** posee una personalidad viva, autoritaria, siempre en busca del éxito: una mujer, por tanto, que nunca pasa desapercibida. Exclusiva y celosa en el amor, pretende muchísimo pero da en igual medida. A pesar de cierto éxito profesional su situación económica se prevé bastante inestable. Muy distinta resulta, en cambio, **Mafalda**, cerrada, indecisa y sumisa. Poco afortunada, en términos globales, a pesar de la tenacidad y dedicación que sabe demostrar.

La suerte

Números: el uno, para la siempre vencedora Matilde, y el dos, para Mafalda, que de sus silenciosas batallas sale derrotada a menudo. Mafalda podrá mejorar la suerte de un destino poco benévolo dejando los asuntos más importantes para el lunes, llevando prendas muy claras, blancas o grises, y teniendo, como talismán una joya de plata, una perla o un puñado de arroz.

Además, el rubí y el granate, que incrementan entusiasmo y espíritu combativo, sólo podrán hacerle bien. Para Matilde, que no necesita ayuda, el día más favorable es el domingo, y el amarillo es el color más propicio. Como amuleto podrá llevar una nuez moscada, una hoja de salvia y un pequeño león de oro.

MAGDALENA - MARÍA MAGDALENA

Etimología e historia

Es el nombre de la hermana de Lázaro y mártir, a menudo confundida con la pecadora arrepentida que menciona Mateo en su Evangelio y con la endemoniada curada por Jesús. En cualquier caso, Magdalena es un nombre étnico en el sentido de «oriunda del pueblo de Magdala» (*de migdal* = torre).

Santa Magdalena, patrona de los peluqueros, de los jardineros y de los perfumistas, se celebra el 15, el 25 y el 29 de mayo, así como el 22 de julio.

El nombre se ha difundido expandiéndose en una larga serie de variantes: *Magdala, Magda, Marlena, Marlene, Marena, Madeline, Madela, Maidel, Madid, Maida, Madina, Maddy, Malena, Alena, Leni* y *Madelon*.

Carácter y destino

De inteligencia superior, fina, delicada pero apasionada bajo su fría apariencia, Magdalena es una mujer bella y simpática. Buena observadora, psicóloga, sabe utilizar sus cualidades al servicio de los demás; pero si está nerviosa o irritada, como le sucede a menudo, puede mostrar el lado más susceptible y sarcástico de su personalidad. Aprecia el arte, la moda, los objetos más frívolos. Muy emotiva en el amor, admiradísima, acaba la mayoría de las veces casándose con un viejo amigo.

Ambiciosa y competitiva, María Magdalena, siempre excepcional, original y creativa, persigue el éxito. Atraída tanto por el dinero como por la fama, alcanza sus objetivos con la necesaria sangre fría, pasando por encima de sentimientos y convenciones sociales. Muy orgullosa y tiránica, difícilmente admite sus errores. Grandes pretensiones en el amor. Éxito profesional. Gastos generosos, enormes y a menudo poco meditados.

La suerte

Influida por el número uno, tomará las mejores decisiones el domingo. Su suerte mejorará llevando colores cálidos, solares, y utilizando, como talismanes, una hoja de naranjo o limonero, una abeja de oro o una varita de canela. Perfume aconsejado: incienso.

MALVINA

Etimología e historia

Introducido a finales del siglo XVIII a través de los poemas osiánicos de J. Macpherson, Malvina es en realidad un nombre inventado por el autor, como fruto de la invención es su obra *Cantos de Ossián*, que sostiene haber traducido de un manuscrito del siglo III. El nombre parece ser un compuesto del gaélico *maol* (= frente) y *min* (= bella, gentil), con el evidente significado de «mujer de la bella frente». Otras fuentes etimológicas lo consideran, en cambio, compuesto por *mal* y *win*, es decir, «amiga de la justicia».

Carácter y destino

Exuberante, frívola, pero a veces melancólica a pesar de su ligereza y la alegría que la hacen muy buscada como compañía. Muy tierna y fácil en el amor. Idealismo, espíritu combativo, desilusiones sentimentales.

La suerte

Número favorable: nueve. Día propicio: martes. Color: rojo violáceo. Como talismanes, podrá adoptar la dalia, la genciana y el rubí. Perfume de sándalo.

MANFREDO

Etimología e historia

Se trata de un nombre de evidente origen germánico, formado por *magin* (= fuerza) y *fridu* (= paz), es decir, «aquel que asegura la paz con la fuerza», y no «el amigo de la paz», como pretende la etimología popular.

A difundirlo contribuyó el prestigio del rey Manfredo, hijo de Federico II, muerto en batalla contra los Anjou y evocado por Dante.

Fiesta: 28 de enero.

Carácter y destino

Temperamento recto, sensato, metódico, pedante pero dotado de una gran habilidad. Manfredo respeta siempre las reglas, incluso en el amor. En efecto, es ordenado, responsable, con tendencia a la soledad.

Sabe administrar y manejar con habilidad dinero y acciones, construyéndose una seguridad económica que nunca le faltará.

La suerte

Número favorable: cuatro; día propicio: domingo; color: amarillo oro. Entre los talismanes, la imagen de un águila o un gallo, una nuez moscada, una hoja de palmera o granado. Perfume de incienso.

MANLIO

Etimología e historia

Recuperado del gentilicio latino *Manlius*, famoso gracias a numerosos personajes históricos, Manlio deriva probablemente del latín *mane* (= mañana), como nombre adecuado para los niños nacidos al amanecer o bien de *manes* (= las almas de los muertos), o de *manus* (= bueno). Entre los personajes más conocidos se encuentran el filósofo M. Boezio y el cónsul Manlio Capitolino que, durante la noche, habría rechazado el asalto de los galos al Capitolio.

Fiestas: 23 y 28 de octubre.

Carácter y destino

Manlio es, según la tradición, una persona afortunada. Es tenaz, dinámico y nervioso, y vive sueños románticos y aventuras caballerescas que a menudo logra transformar en realidad.

En el amor se muestra tan irresponsable y egoísta como preciso y serio en el trabajo. Tiende a aplazar el matrimonio al infinito.

La suerte

Número uno para el afortunado Manlio, que prefiere el domingo, las tonalidades cálidas del amarillo y del naranja y, entre los talismanes, el ámbar, el incienso y el azafrán.

MANUEL - MANUELA

Etimología e historia

En hebreo, *Immanuel* es el nombre augural que significa «Dios con nosotros» que pronunció Isaías para designar al Mesías. Manuel celebra su santo el 1 de enero.

Entre los grandes de la historia: el duque de Saboya, Manuel Filiberto y el filósofo E. Kant.

Variantes masculinas y femeninas: *Manolo, Manoel, Manuele; Manolita, Manuelita, Manola.*

Carácter y destino

Orgulloso, egocéntrico y frío, **Manuel** logra difícilmente comunicarse con los demás. Paciente, pedante, tradicionalista, apunta esencialmente al éxito, sirviéndose de sus amigos y... de la pizca de hipocresía que a veces le caracteriza.

Menos voluntariosa que Manuel, **Manuela** acaba a menudo deteniéndose a medio camino. Caprichos, cóleras, entusiasmos súbitos y exigencias afectivas.

La suerte

El cuatro, número solar, empuja a Manuel al éxito. Su día: domingo. Su color: el oro. Talismanes: un león de peluche o de oro, un crisólito, un girasol. Para Manuela: número, nueve; día, martes; color, rojo vivo; un rubí o un granado como amuletos.

MARA - MARICA - MARIKA

Etimología e historia

Mara, en hebreo *marah*, significa «amarga, afligida», y es el nombre por el que Noemí (feliz y alegre) quiso cambiar el suyo a la muerte de su marido y sus dos hijos. Sin embargo, a esta etimología bíblica se le propone una alternativa, el sirio *mara*, raíz también de Mariam (María), con el significado de «dueña, señora». Mara, en la versión eslava Marika, se celebra el 3 de agosto. Completamente distinto es el caso de Marica, una ninfa de la mitología latina, a la que estaba dedicado un bosque.

Carácter y destino

Bastante hurañas y susceptibles, **Mara**, **Marica** y **Marika** tienden a ofenderse por cualquier menudencia y a guardar rencor. Insatisfechas también en el amor, melancólicas, hipercríticas, atribuyen una excesiva importancia a la opinión ajena y sufren por ello. Mara padece además una innata tristeza que le cuesta vencer.

La suerte

El seis, de influencia venusiana, es el número mágico de Mara. El ocho y el nueve resultan más adecuados para la vibración de Marika y Marica. Sus días favorables son, respectivamente: viernes, sábado y martes. Colores: verde oliva, marrón y rojo. Entre los talismanes, Mara escogerá la esmeralda, el coral y un perfume de verbena; Marika optará por el helecho y el zafiro oscuro; Marica, por último, preferirá el rubí, la dalia y la genciana.

MARCELO - MARCELA

Etimología e historia

Deriva de *Marcellus*, diminutivo de *Marcus* (= dedicado a Marte), un apellido romano muy extendido entre la *gens* Claudia. El 16 de enero se celebra la festividad de san Marcelo papa, condenado por el emperador Majencio a servir como palafrenero en las cuadras reales.

Otras festividades: 31 de enero, 26 de abril, 2 de junio y 18 de julio.

Cabe recordar a: Marco Claudio Marcelo, vencedor de Aníbal cerca de Nola, así como a los escritores franceses M. Prevost y M. Proust.

Carácter y destino

En masculino, el nombre otorga calma, inteligencia aplicada al estudio, humor variable. Imaginativo, sentimental: **Marcelo** es un tipo que habla poco pero en contrapartida lee mucho. Celoso y fiel en el amor; dotado para el arte y el comercio.

Como el correspondiente masculino, marcada por la luna, **Marcela** es seria, laboriosa y obstinada. Sensibilidad hacia el ambiente; aspiraciones poéticas, sentimentales. Gran amor por la familia.

La suerte

Números de la suerte: el siete, para él, y el dos, para ella. El día más propicio es, para ambos, el lunes. Color: blanco. Entre los talismanes, ambos se inclinarán por el ópalo, una cadena de plata, un fragmento de cuarzo y una flor de trébol.

MARCIAL - MARCIA

Etimología e historia

Del latín *martius* significa «dedicado a Marte».

Marcial, patrón de los armeros, celebra su onomástica el 10 de enero, el 21 de junio, el 30 de junio y el 8 de octubre.

Una variante: *Marciano*.

Carácter y destino

Marcial, ambicioso y competitivo, es un individuo original, creativo, nunca mediocre. Valiente, dotado de sangre fría, desprecia las convenciones sociales a favor del dinero y del poder. Independiente, no soporta las ataduras; tiránico, exclusivista, se entrega en el amor en la misma medida en que es exigente.

En femenino, el nombre **Marcia** prevé actividad, dinamismo y gran encanto. Posible éxito en el mundo del espectáculo. Bruscos cambios de humor, miedo a las ataduras pero numerosas conquistas amorosas.

La suerte

El uno es el número mágico para Marcial, y el cinco, para Marcia. Los días más propicios son el domingo y el miércoles, respectivamente. Colores: amarillo y naranja. Los talismanes más adecuados para Marcial son el rubí, el oro y el diamante; también le darán suerte un ramito de romero y la imagen de un cocodrilo. Marcia, en cambio, tendrá como amuletos el anís y el enebro; entre los animales, la hiena; entre las gemas, la piedra ojo de gato y la turmalina.

MARCOS

Etimología e historia

Nombre teofórico latino dedicado al dios Marte, o bien vinculado a *mas, maris* (= macho), o también con origen en la raíz aria *mar* (= romper).

Como nombre de uno de los cuatro evangelistas y de algunos famosos personajes de la época romana, Marcos ha gustado a centenares de generaciones, que lo han difundido en el viejo y en el nuevo mundo.

Es curiosa la leyenda surgida en torno a san Marcos Evangelista, patrón de Venecia, de los cristaleros, de los intérpretes y de los notarios. Se cuenta que, arrastrado por la ciudad hasta que hubo exhalado el último suspiro, su cuerpo fue transportado a Venecia, pero robado de allí. Hallado prodigiosamente, sus restos fueron escondidos en un punto que sólo conocía el dux y el procurador de la basílica. Posteriormente, a partir del siglo XVI, se perdió nuevamente su rastro hasta 1811, año de la definitiva recuperación.

Marcos se celebra el 25 de abril y el 18 de junio.

Algunos personajes importantes: el emperador Marco Aurelio, el orador

Marco Tulio Cicerón, el mercader y viajero M. Polo, el novelista M. Twain y el comediógrafo M. Praga.

CARÁCTER Y DESTINO

Poco sensible, indolente, casi indiferente, Marcos representa el tipo de persona tranquila que no soporta complicaciones. Atraído por las fiestas, las compañías y las bellas mujeres, oculta tras una apariencia bromista y frívola un fondo de melancolía. Talento, simpatía, orgullo. Gran necesidad de ternura en el amor.

LA SUERTE

Es el cinco el número mágico para Marcos. Día favorable: miércoles. Colores: el anaranjado, pero también el rojo, influido por ese Marte que es la raíz de su nombre. Entre los amuletos: menta, lavanda, la piedra ojo de gato o un objeto de hierro.

MARGARITA

ETIMOLOGÍA E HISTORIA

Mil y una variantes para este bello nombre femenino procedente del sánscrito *Maujari* (= capullo y, en sentido metafórico, perla). Nombre de santas, nobles y reinas, ha sido traducido a todos los idiomas. Naturalmente, también son numerosas las fechas de la onomástica: el 18 de enero, el 22 de febrero, el 22 de mayo, el 10 de junio, el 20 de julio, el 17 de octubre y el 16 de noviembre.

Son muy atractivas la rubia Margarita, del *Fausto* de Goethe, y la igualmente fascinante Margarita Gauthier, *la dama de las camelias*.

Son múltiples los diminutivos y las variantes: *Rita, Greta, Gretel, Margotta, Margot, Maggie, Marjorie, Margalo, Meg, Maisie, Margo, Margit, Madga, Marga, Peg, Peggy, Mita, Daisy* y el provenzal *Magalí*.

CARÁCTER Y DESTINO

Margarita es una mujer dulce y fuerte al mismo tiempo. Ordenada y discreta, nunca pierde su encanto aunque muestra una inteligencia práctica y racional.

Muy obstinada bajo su aparente alegría, es una idealista que a menudo encuentra desilusiones y en su intimidad sufre de melancolía. Decidida y diplomática en el plano profesional, sabe y obtiene siempre lo que quiere. En el amor se muestra, en cambio, devota, sentimental y muy apasionada. Esposa ahorradora y óptima administradora, pero madre descuidada.

LA SUERTE

El número uno, de influencia solar, es el número mágico para Margarita. Día favorable: el domingo. Colores: amarillo y blanco. Entre los talismanes, como es previsible, la flor del mismo nombre y una perla, pero también el topacio, la esmeralda y el azafrán. Perfume de incienso y de azahar.

MARÍA

ETIMOLOGÍA E HISTORIA

Y hemos llegado al «supernombre», el más difundido de todos los apelativos femeninos. No hace falta explicar el motivo de la popularidad del nombre relacionado, como todo el mundo sabe, con el culto a la Virgen, difundido sobre todo tras el Concilio de Letrán del 649. Son numerosas y poco claras, en cambio, las hipótesis etimológicas. María se llamaba, por ejemplo, la hermana de Moisés, la que asistió al hallazgo por parte de la hija del faraón del cesto en que el recién nacido había sido confiado a las aguas. De ello se deduce que debe tratarse de un nombre egipcio, procedente de *mRj* (= querido). En hebreo, la voz más arcaica, *Maryam*, sustituida más tarde por Miryam, significa literalmente «gota de mar», o bien de *marah* (= dolor), o también puede proceder del asirio *Mariam* (= señora, dueña).

María, además de la hija de Joaquín y Ana, madre de Cristo y celebrada el día 15 de agosto, el 8 de diciembre, el 8 de septiembre y el 25 de marzo, es también nombre de numerosas santas: María Egipcíaca (2 de abril); María, mujer de Cleofás (una de las santas mujeres, 9 de abril); María Magdalena, curada por Jesús (22 de julio); María, la pecadora arrepentida (29 de octubre).

Por último, cabe destacar que María, como segundo nombre, está muy difundido también en masculino; por ejemplo, José María, Juan María, etc.

Enumerar las variantes y los compuestos de María es casi imposible, aunque útil para las mujeres que, ante un nombre tan común, tratan de personalizarlo con un toque de novedad.

Comencemos entonces por las variantes: el hebreo *Myriam*, el ruso *Masha, Marianka*, el inglés *Molly, Mia, Minnie, Mamie*, el francés *Marion, Manon* y *Mimí*, el eslavo *Miriana* y *Marusa*, el húngaro *Marusca*, el alemán *Mitzi* y los italianos *Mariola, Mariella, Meris* y *Mariú*.

Añadamos algunos compuestos como *María Cruz, María Luisa* (de ahí Marisa), *Marilú, María Teresa, María Gracia, María Rosa, Rosa María, Ana María, María Ángeles, María Antonia, María Cristina, María Elena, María Soledad, María Isabel* (Maribel) y algunos derivados de los atributos de la Virgen: *María Concepción, Dolorosa, Inmaculada, Asunta, Anunciación, Conchita, Dolores, Mercedes, Pilar, Carmen, Rosario*.

CARÁCTER Y DESTINO

María es una mujer emotiva, afectuosa, pasional y que se resigna fácilmente. A pesar de la fuerte voluntad de que está dotada en las relaciones, por ternura o por amor de la vida sosegada, tiende a dejarse dominar. Pero también esto lo hace con gran orgullo. Ordenada, ahorrativa, serena, aunque se muestra poco propensa a la vida social y a la alegría.

Sufre numerosos problemas durante la adolescencia, que resolverá con la madurez, mejorando incluso en su aspecto. Gran necesidad de estabilidad y seguridad. Posee una imaginación desenfrenada.

LA SUERTE

Marcada por el número seis, de influencia venusiana, María prefiere entre los días de la semana el viernes. Colores: rosa y el verde. Talismanes: adoptará con provecho una rosa, un collar de coral, una pulsera de cobre, un muñeco en forma de gato o de conejo. Perfume de violeta, lirio y jazmín.

MARIANA - MARIANO

ETIMOLOGÍA E HISTORIA

Parcialmente derivado del gentilicio latino *Marius*, pero sobre todo vinculado a la devoción por la Virgen María y al culto llamado mariano.

Por otra parte, más que un compuesto de María y Ana, Mariana puede considerarse un nombre independiente, recuperado del femenino griego *Mariámne*, adaptación del egipcio *mrj-imn* (= amada por el dios Amón).

Fiestas: 17 de enero, 17 de febrero, 30 de abril, 26 de mayo, 19 de agosto y 1 de diciembre.

CARÁCTER Y DESTINO

Mariano, tranquilo, sereno, metódico, es un individuo dotado para las profesiones muy difíciles pero monótonas, sin sobresaltos. En el amor se comporta como un verdadero caballero, siempre amable, conciliador y servicial porque no soporta discusiones ni enfados.

Noble y orgullosa, **Mariana** es una persona con la que siempre se puede contar. Impagable ama de casa, hacendosa y buena cocinera, sabe rodear a las personas amadas de cuidados y refinamientos. Por desgracia, difícilmente su compañero logra comprender su espíritu tan cerrado, idealista e intransigente.

Pero cuando hay entendimiento, se puede tener la seguridad de que es perfecta en todos los aspectos: corazón, cerebro y sexo.

LA SUERTE

Números: ocho, para él; tres, para ella. Días favorables: sábado y jueves, respectivamente. Colores: negro y azul eléctrico. Talismanes: una hoja de hiedra, un escarabajo o un muñeco en forma de búho, para él; estaño, piedra turquesa, una pluma de pavo real o faisán o un geranio, para ella. Perfume de jazmín.

MARICA - MARIKA (véase MARA)

MARINO - MARINA

ETIMOLOGÍA E HISTORIA

Aunque se trata de un derivado del nombre latino *Marius*, Marino era considerado ya en la Antigüedad paralelo a mar. Además, hay quien lo relaciona con el etrusco *maru* (cargo público) o *mas, maris* (varón) en el sentido de «perteneciente al hombre». No hace falta añadir que la república de San Marino, pequeño estado independiente dentro del territorio italiano, tuvo como fundador al picapedrero y luego ermitaño san Marino, cuya festividad se celebra el día 4 de septiembre. Otras fechas a tener presentes: 18 de junio, 17 de julio, 26 de diciembre y 3 de marzo.

CARÁCTER Y DESTINO

Listo, áspero y gruñón, **Marino** es el eterno descontento, pero, en el fondo, para quien lo sabe «coger», es bueno, generoso y se conmueve con facilidad. Gran pasión por hijos y nietos.

En femenino, el nombre confiere una pincelada de soberbia. Fría e indiferente, **Marina** parece vivir siempre lejos de los demás, hasta que encuentra al compañero ideal; porque, cuando descubre las emociones y el amor, se transforma repentinamente en una criatura tierna, devota y quizá incluso demasiado sumisa.

LA SUERTE

Números: siete, para Marino; dos, para Marina. Ambos influidos por la luna, realizarán sus mejores negocios el lunes, preferirán los colores claros e irisados, y adoptarán como talismán el berilo, el nácar, el nenúfar y una bonita concha blanca.

MARIO

ETIMOLOGÍA E HISTORIA

A pesar de las apariencias, Mario no representa el masculino de María y ni siquiera es primo lejano etimológicamente, dados sus orígenes itálicos, muy distantes de los orientales del nombre mariano. Mario procede probablemente del etrusco *maru*, un cargo público sacerdotal; o bien puede venir sencillamente del latín *mas, maris* (= hombre). Más que por el culto al mártir que se celebra el 19 y el 27 de enero, así como el 31 de diciembre, Mario debe su popularidad a las hazañas del célebre vencedor de los cimbrios y de los teutones, el héroe de la democracia y de la defensa de los oprimidos y adversario del aristócrata Sila.

Carácter y destino

Con Mario, nos hallamos ante un personaje viril y al mismo tiempo irresponsable, soñador.

Es un charlatán, curioso y chismoso al que gusta hablar de sí mismo, contar sus pequeñas locuras, sus aventuras amorosas, sus encuentros, a menudo verdaderamente originales y extravagantes. Sin embargo, bajo su apariencia indiferente y parlanchina, oculta un ánimo impresionable, afectuoso. Atracción por lo desconocido, lo insólito. Probable éxito en la profesión médica o artística.

La suerte

Número de la suerte: dos; día favorable: lunes; colores: blanco y gris perla. Como amuletos: el ópalo, un objeto de plata que recuerde un pez o una rana y un puñado de arroz.

MARLENA

Etimología e historia

A pesar del aspecto exótico, Marlena no es sino el diminutivo de María Magdalena. El nombre se puso de moda durante la segunda guerra mundial por la gran fama de la romántica y nostálgica «Lili Marlène», la canción que en aquella época estaba en boca de todos. También contribuyó a difundirlo la popularidad de la actriz Marlène Dietrich.

Entre las variantes extranjeras: *Marlene, Marilena, Marlia*.

Carácter y destino

Ambiciosa y competitiva, Marlena, siempre excepcional, original y creativa, aspira al éxito. Se siente atraída tanto por el dinero como por la fama, y alcanza sus objetivos con la sangre fría necesaria, pasando por encima de sentimientos y convenciones sociales. Es muy orgullosa y tiránica, y difícilmente admite sus errores. Grandes pretensiones en el amor. Éxito profesional. Gastos generosos, ingentes y a menudo poco meditados.

La suerte

El uno es el número mágico de Marlena, influida por el sol. Su día de la suerte: domingo. Los colores que más se adaptan a su personalidad: amarillo, anaranjado y oro. Como talismanes, llevará un girasol, pendientes de ámbar o un objeto de oro. Perfume de azahar.

MARTA

Etimología e historia

Marta, del arameo «señora, dueña», es en los evangelios la discípula de Jesús y hermana de Lázaro.

Celebrada el 19 de enero y el 29 de julio, se la considera patrona de las cocineras, de las amas de casa, de los hoteleros y de los hospicios.

Carácter y destino

Dulce y al mismo tiempo fuerte, algo egocéntrica en la intimidad, Marta es una mujer original, práctica y curiosa. Muy combativa y susceptible en el amor, posee ese encanto magnético mezclado con la determinación de gustar que la hace admirada y pretendida. A pesar de ello, el amor la decepciona a menudo empujándola a la independencia y a la soledad. Aspecto muy juvenil; salud frágil. Éxito profesional.

La suerte

Marcada por la vibración saturnal del número ocho, Marta prefiere el sábado y, entre los colores, los de tonalidades más oscuras. Podrá adoptar como talismanes un anillo que recuerde la serpiente, la amatista, una hoja de hiedra o sauce. Un amuleto venusiano como el coral o el perfume de muguet mejorará su suerte en el campo afectivo.

MARTÍN - MARTINA

Etimología e historia

No se trata, como podría parecer, de un diminutivo de Marta, nombre de muy distinto origen. En efecto, Martín es patronímico del latín *Martius*, idéntico en el significado a Marcio y a Marcial, es decir, dedicado al dios Marte.

Todo el mundo conoce la leyenda del santo, surgida para explicar míticamente la insólita templanza que caracteriza la fecha de la onomástica, el día 11 de noviembre («veranillo de san Martín»). San Martín de Tours dividió su capa con la espada y regaló la mitad de esta a un pobre aterido por el gran frío que hacía; entonces, el buen Dios, en señal de complacencia por aquel gesto, hizo que resplandeciese un repentino y milagroso sol. San Martín, celebrado precisamente en la época del trasvase del vino y de la renovación de los contratos agrícolas, es patrón del ejército, de los hoteleros y de los borrachos, así como, según una maliciosa tradición, de los maridos «cornudos y contentos».

Una curiosidad: Martín era un nombre tan común en la Edad Media que se utilizaba, junto con Petrus, en los ejemplos de los juristas.

Entre los personajes célebres: Martín Lutero, el reformador de la iglesia protestante.

Una variante: *Martiniano*, celebrado el 11 de enero y el 13 de febrero.

Carácter y destino

Temperamento prudente, ahorrador, siempre obsesionado por los obstáculos y por el futuro, **Martín** es el clásico tipo que camina con pies de plomo en todas las situaciones de la existencia. Suspicaz, desconfiado, pero muy sincero en el amor. Atención a no irritarlo porque, susceptible y rencoroso como es, se transforma en un auténtico camorrista.

Más tranquila y cerrada, **Martina** es una mujer ordenada, metódica y muy equilibrada.

Profundo sentido de la familia y del ahorro.

La suerte

Número nueve, con influjo de Marte, para Martín; cuatro, solar, para Martina. Días favorables: martes y domingo, respectivamente. Colores: rojo y amarillo. Como talismanes, Martín adoptará el rubí, la peonia, la fucsia y una estatuilla que recuerde el tigre o el gallo; una piedra jupiterina como la amatista y el zafiro contribuirán a hacerle sonreír un poco, mitigando la ansiedad que le oprime. Para Martina, resultarán adecuados el oro, el ámbar, la nuez moscada y la verónica. También es excelente la imagen de un carnero o de un toro.

MATEO · MATÍAS

Etimología e historia

Del hebreo *Matithyah*, abreviado en Mathathah con el significado de «don de Dios», el nombre se ha articulado en las dos formas que se presentan aquí: *Mateo* y *Matías*.

El 21 de septiembre se celebra la festividad de san Mateo Evangelista, cuyo nombre era originalmente Leví; patrón de los banqueros, de los contables, de los recaudadores de impuestos; el 24 de febrero se celebra, en cambio, Matías, protector de los ingenieros, llamado a sustituir a Judas en el círculo de los doce apóstoles.

Carácter y destino

Mateo es un individuo tranquilo, respetuoso hasta el punto de parecer subordinado, capaz de soportar las más terribles injusticias.

A pesar de los numerosos problemas que sufre durante su juventud, con la madurez logra hallar el camino adecuado, sobre todo gracias a la ayuda de una mujer dulce y comprensiva.

Matías es distinto, más agresivo, decidido, influido por el sol. Despótico, exclusivista, nunca cultiva dudas sobre sus objetivos y los alcanza con gran facilidad. Altibajos financieros para ambos.

La suerte

Números de la suerte: el dos, para Mateo, y el uno, para Matías. Los días propicios respectivos: lunes y domingo. Colores: blanco y gris, para el primero; amarillo, para el segundo. Como talismanes, Mateo optará por el cristal, la plata, semillas de calabaza o melón; Matías preferirá el ámbar, el topacio y el girasol.

MATILDE (véase MAFALDA)

MAURO · MAURICIO · MAURICIA

Etimología e historia

Al principio nombres de pueblo, convertidos más tarde en apelativos, Mauro y Mauricio derivan del latín *maurus* (= moro, habitante de Mauritania).

San Mauro es recordado el 15 de enero; Maura, patrona de las niñeras, el día 13 de febrero. Mauricio, protector de los militares y antiguo y mágico sanador de gota, celebra su onomástica el 24 de abril, el 10 de julio, el 22 de septiembre y el 5 de octubre.

Entre los personajes famosos: el político francés M. Talleyrand, el poeta M. Maeterlink, el pintor M. Utrillo y el compositor M. Ravel.

Carácter y destino

Mauro es un individuo dinámico, curioso, infatigable; amante del juego y de la competición tanto en la vida como en el amor. Impulsivo, es, como el correspondiente femenino **Maura**, un buscador de problemas, de aventuras y peligros. Y, como Maura, cree en sus sueños, desprecia las convenciones y está dispuesto a batirse por sus ideas.

En **Mauricio** hallamos en cambio una naturaleza reservada, meditativa, poco propensa al diálogo. Reflexivo, dotado para los estudios profundos, persigue sus ideales con frialdad y lealtad, apoyado en una gran ambición y en un excepcional sentido del deber. Sabe ser en los momentos críticos fuerte y muy decidido, y en los mágicos, cálido y apasionado.

También Mauricia resulta equilibrada, contraria a las decisiones precipitadas. Ama profundamente sin impulsos ni locuras. Gran sentido de la responsabilidad.

La suerte

El número cinco es el número mágico para Mauro; el nueve, para Maura, luchadora e idealista; el cuatro, para el metódico Mauricio; el ocho, para Mauricia, siempre seria y sensata. Los días favorables son: miércoles, martes, domingo y sábado, respectivamente. Colores: celeste, rojo, amarillo oro, negro. Entre los talismanes, Mauro escogerá la cornalina, el platino y la menta; Maura preferirá una llave de hierro, la fucsia y un tigre de trapo. El ámbar, el incienso y el topacio mejorarán la suerte de Mauricio; el ónice, el ciprés y el plomo guiarán a Mauricia hacia la meta.

MÁXIMO - MAXIMILIANO

Etimología e historia

Una sola base etimológica, el latín *maximus* (= mayor, grandísimo, superior a todos), para Máximo y Maximiliano. San Máximo es celebrado varias veces a lo largo del año: 5 de mayo, 25 de junio y 13 de agosto.

Algo hay que añadir con respecto a Maximiliano, compuesto por Máximo y Emiliano, como unificando las cualidades de Quinto Fabio Máximo, llamado el Temporalizador, y de Escipión Emiliano, vencedor de los cartagineses.

Muy común en Austria y en Baviera, es también el nombre de Robespierre.

Fiesta: 12 de marzo.

Variantes y diminutivos: *Max, Maximino, Maximina, Maximila* y *Maximiano*.

Carácter y destino

Máximo representa sin duda el arquetipo del misántropo. Solitario, envidioso, poco expansivo, tiende a sumergirse en el estudio primero, y en el trabajo después. Gracias a la decisión y a la voluntad que lo caracterizan, el éxito no tardará en presentarse a pesar de su juventud.

Brillante hombre de negocios, apreciado y estimado en el ambiente profesional, cerrado y frío en los sentimientos, pero sinceramente apegado bajo esa corteza áspera y huraña.

Igualmente fiel, exclusivista y posesivo se muestra **Maximiliano**, de naturaleza muy similar a Máximo. Bueno e inteligente pero calculador y controlado, no se deja distraer por nada con tal de alcanzar su meta: ni siquiera por el amor.

La suerte

Es el número ocho, marcado por el sombrío Saturno, el que influye en el destino de Máximo y Maximiliano, que serán bendecidos por la suerte el sábado. Colores preferidos: gris, beige y marrón. Entre los talismanes: una cajita de ónice, un escarabajo, una ramita de acebo o de mirto. Perfume de pino y de helecho.

MEDARDO - MEDORO

Etimología e historia

Medardo, nombre de origen germánico pero de etimología no del todo clara, especialmente en lo que respecta al primer término, *maed* (= honor), o bien *mede* (= pago) o, también, al celta *matu* (= bueno), unidos a *hardu* (= fuerte, valeroso).

Importado de Francia en la forma arcaica *Medachart*, se festeja el 8 de junio.

Está representado en el campo de las artes figurativas por el escultor M. Rosso. Por su parte, Medoro, nombre probablemente inventado por L. Ariosto, es un personaje de *Orlando furioso*, por cuya salvación su amigo Cloridano arriesga la vida, aunque recibe a cambio la solicitud y el amor de la hermosa Angélica.

Carácter y destino

Una suerte descarada, apoyada en un sano optimismo, facilita la vida tanto de **Medar-**

do como de **Medoro**. Son románticos pero volubles y eclécticos en el amor, y tienden a cambiar de pareja con gran frecuencia, echando siempre de menos a la última de la serie. Dotados para el arte, las letras y la moda. Buena suerte en el ámbito financiero.

La suerte

Es el seis el número de la suerte de Medardo, y el siete, el de Medoro. Los días propicios son, respectivamente, el viernes y el lunes. Colores: rosa y verde menta para el primero, gris perla para el segundo. Los amuletos adecuados son: para Medardo, una pulsera de cobre, una estatuilla de jade y un jacinto; para Medoro, un objeto de cristal, un pez rojo y una concha. Ambos encontrarán la suerte en forma de un suave y gran gato.

MELANIA

Etimología e historia

Del griego *melas-melanos* (= oscuro), y del sánscrito *malinah* (= sucio, negro); el antiguo nombre Melania, reservado antaño a las mujeres morenas, de origen oriental, se ha difundido hoy en día a través de la popular novela *Lo que el viento se llevó*, de M. Mitchell.
Fiestas: 31 de diciembre, 16 de enero y 8 de junio. Variantes: *Malina, Mela*.

Carácter y destino

Melancólica, reservada pero muy decidida, Melania es una mujer inteligente, a quien atraen las cosas sencillas, llenas de significados ocultos. Gran feminidad. Impulsos afectivos casi conmovedores.

La suerte

Paradójicamente es el número uno, de influencia solar, el que marca a la «negra» Melania. Su día favorable: domingo. Sus colores: todas las tonalidades del amarillo y del marrón. Como amuletos: un collar de ámbar, una esmeralda, una ramita de genista. Aromas: de canela y azahar.

MELISA

Etimología e historia

Del griego *mélissa* (= abeja), es el hada buena que en el *Orlando furioso*, de L. Ariosto, protege las bodas de Ruggero y Bradamante. Corresponde también al nombre de una de las Náyades, una ninfa metamorfoseada en fuente, y al de la madre del dios romano Vulcano.
Fiesta: 24 de abril.
Una variante: *Melita*.

Carácter y destino

Muy afortunada en el amor, romántica y sentimental, Melisa es una mujer fascinante, siempre cortejada pero, a pesar de ello, completamente fiel al compañero elegido. Dotada para la profesión médica o artística, buena psicóloga, sensible intérprete musical, siempre que no tenga que fatigarse ni arriesgar demasiado.

La suerte

De influencia venusiana, es el seis el número que mejor armoniza con la vibración de Melisa. El día más adecuado para las decisiones importantes: viernes. Colores preferidos: rosa, turquesa, verde manzana. Como talismán, además de un broche que recuerde la abeja, Melisa podrá optar por el coral y, entre las gemas, la esmeralda; lirio, jazmín, verbena y una pluma de paloma o de gorrión completarán el listado de amuletos.

MERCEDES

Etimología e historia

La raíz de este apelativo es el latín *merx, mercis* (= premio, recompensa). Sin embargo, el nombre es de impronta devocional y refleja el culto por la virgen o Nuestra Señora de las Mercedes. Es la patrona de Barcelona.

Fiestas: 10 de agosto, 24 de septiembre.

Carácter y destino

El amor constituye el epicentro de la existencia de la sentimental y sensual Mercedes. Desconfiada, celosa y terriblemente autoritaria, pretende tener al hombre a sus pies y lo consigue gracias al magnetismo y a la habilidad que posee en abundancia. Inteligencia, gusto por el arte, filantropía.

La suerte

Número de la suerte: nueve; día favorable: martes; colores: rojo y violeta. Talismanes: un rubí, una peonia, un caballito de acero. Perfume de sándalo.

MIGUEL - MICAELA

Etimología e historia

Difundido con el culto al arcángel Miguel, del hebreo *Mikáel* (= quien es como Dios), vencedor de Satán y de los ángeles rebeldes.

Miguel celebra su onomástica el 29 de septiembre. San Miguel es patrón de los banqueros, de los pasteleros, de los paracaidistas y de los radiólogos. Otras festividades: 8 de mayo, 9 de junio, 21 de agosto y 15 de enero.

Miguel se encuentra a menudo asociado con Ángel, combinación cuyo exponente más ilustre es el escultor y pintor M. A. Buonarroti. Otros personajes célebres son M. Merisi, llamado Caravaggio, los escritores M. Montaigne, M. de Cervantes y M. Lermontov, y el compositor M. Glinka.

Miguel, difundido por todas partes, posee muchas variantes y diminutivos: *Mike, Miguelito*; en los países del Este se ha convertido en *Mijaíl* y *Misha*. Cabe tener presente también el femenino hebreo *Micol*, obtenido de la misma raíz.

Carácter y destino

Miguel representa un personaje difícilmente clasificable. Enigmático, fascinante y seductor, elige en cuanto puede una vida independiente marcada por el lujo y la comodidad. Dotado de una excelente voluntad, constancia, inteligencia y espíritu de observación, alcanza el éxito en los estudios y aún más en la profesión.

Lo logra menos, hay que admitirlo, en el amor, donde se muestra despótico y egoísta. Profundamente orgulloso, caprichoso, siempre persigue lo mejor, seguro de obtenerlo. Cultiva múltiples intereses en los campos más dispares: ciencia, religión, magia.

Más romántica, dulce y desinteresada es **Micaela**, cuyo centro vital es el amor. Sensible, elegante y muy fina, destacará en las profesiones vinculadas al arte y a la moda. Sufre fácilmente depresiones debidas a desilusiones sentimentales.

La suerte

Números: el uno, para el voluntarioso Miguel, y el seis, para Micaela, influida por Venus. Los días más favorables son respectivamente el domingo y el viernes. Colores: amarillo, verde hierba. En la elección de los talismanes, Miguel optará por el diamante, el árnica, la salvia y el azafrán; Micaela preferirá un muñeco en forma de gato o conejo, el coral y el jade.

MILENA

Etimología e historia

Se trata de un apelativo eslavo, derivado de *milu* (= querido, misericordioso), o de *Miloslava* (= ilustre, famoso por su bondad). Milena celebra su onomástica el 23 de febrero.

Carácter y destino

Sumamente idealista, buena y cariñosa, **Milena** tiende a sufrir por cualquier falta de armonía que encuentra y a luchar por el bienestar de los demás. Orgullosa y melancólica, muy sensible y algo bruja, nunca pasa desapercibida. Siente profundamente la relación de pareja pero, dado que sueña con el gran amor capaz de comprenderla en un diálogo sutil y mudo, se casa tarde o quizá nunca. Controlada en los sentimientos, fiable y afectuosa. Las cosas que detesta son el comercio, el público y el dinero, que no sabe administrar y dilapida para ayudar a los demás.

La suerte

Número nueve, de influencia marciana, para Milena. El día más afortunado: martes. Color: rojo vivo. El talismán más adecuado es el granate o el jaspe rojo; resultarán favorables entre las plantas la anémona y el ajenjo; entre los animales, optará por el gallo y el pájaro carpintero.

MIRANDA - MIREYA

Etimología e historia

Comencemos con Miranda, procedente del latín *mirari*, con el significado de «aquella que es digna de admiración» y difundido por el drama de W. Shakespeare, *La tempestad*. La misma raíz tiene Mireya, es decir, «bella para admirar», que se difundió en el siglo XIX gracias a la joven y desventurada protagonista del poema provenzal *Mireio*, de F. Mistral, en el que más tarde Ground basó la ópera *Mireille*.

Variantes: *Mirana, Mirena, Miriana, Miralda, Mirina, Myra* y *Mirabel*.

Carácter y destino

Noble, altiva y orgullosa de su encanto, **Miranda** revela una naturaleza fría e indiferente que a menudo la hace poco agradable. Esto le provoca, a pesar de su hermosura, serios problemas sentimentales con crisis depresivas.

Éxito en la profesión artística, médica o en el sector de la moda.

Sensata y estudiosa, sin duda menos vanidosa, **Mireya** resulta una excelente asistente social o psicóloga. Dotada para los estudios, el análisis y la interpretación, carece no obstante de sentido práctico y de la afortunada capacidad de aprovechar las ocasiones al vuelo. Tímida pero afectuosa, cultiva pocas relaciones humanas prestando más atención a la calidad que a la cantidad. Seria y concienzuda en la profesión, difícilmente comprendida en el amor. Por otra parte, en algunos casos Mireya puede mostrar posible dotes paranormales.

La suerte

Los números de la suerte: seis, para Miranda; siete, para Mireya. Los días favorables: viernes y lunes. Los colores: verde esmeralda y gris perla. Los talismanes: una hebilla de cobre, pendientes de turquesa y un ciclamen, para Miranda; perla, ópalo y una cadena de plata, para Mireya.

MIRKO

Etimología e historia

Diminutivo de Miroslav, compuesto por *mer* (= gloria) o *mir* (= paz), y *slava* (= fama, celebridad), con el significado de «famoso por su gloria» o «glorioso por haber asegurado la paz».

Fiesta: 5 de octubre.

Carácter y destino

Ambicioso y orgulloso, Mirko se muestra muy sensible al estímulo y a la adulación. Tranquilo, sereno y optimista, es capaz de adaptarse sin problemas a cualquier tipo de situación. Afortunado, alcanzará sin esfuerzo el bienestar económico y la satisfacción afectiva. Atraído por las profesiones que implican contacto social. Gasta mucho, pero se procura el dinero con la misma facilidad.

La suerte

Es el tres, número de Júpiter, la vibración que mejor se adapta a la naturaleza de Mirko. El día más propicio para emprender negocios: jueves. Colores: violeta y púrpura. Entre los talismanes, resultarán particularmente favorables: el zafiro oscuro, el estaño, el geranio y el tilo. Además, el perro representará para Mirko la más simpática de las mascotas.

MODESTO - MODESTA

Etimología e historia

Derivado del latín *modus* (= moderación), con el significado de razonable, moderado. La onomástica se celebra el 12 de enero, el 24 de febrero y el 15 de junio.

Entre las celebridades: el músico M. Músorgski.

Carácter y destino

Criaturas sencillas, siempre en la sombra, **Modesto** y **Modesta** brillan sólo dentro del ambiente familiar en el que se revelan como excelentes compañeros y padres. Amor por el mar y el campo; aptitudes musicales.

La suerte

Número de la suerte: uno, para Modesto; cinco, para Modesta. Días favorables, respectivamente: domingo y miércoles. Colores: amarillo oro y amarillo limón. El talismán, para él: oro, incienso y una nuez moscada; para ella: menta, un mechón de pelo de zorro y una cornalina.

MÓNICA

Etimología e historia

Mónica tiene su origen en el griego *monikos, monakos* (= solitario, eremita), o bien en *monna* (en el antiguo lenguaje infantil, madre, esposa).

Es el nombre de la madre de san Agustín, patrona de las viudas y de los tipógrafos, celebrada el 27 de agosto.

Carácter y destino

Inteligencia, lógica y sentido común caracterizan a esta criatura tan optimista, leal y sincera y, sin embargo, Mónica, aunque parece nacida para hacer feliz a su compañero, a menudo resulta desafortunada en el amor. El acostumbrado dominio de sí misma le impide, en cualquier caso, abatirse, sumergiéndose en las relaciones de amistad y en la profesión, en la que se muestra siempre válida y muy original. Mónica espera serenamente, sin dramas, a quien verdaderamente sepa merecérsela.

La suerte

Número favorable, uno. Día más feliz: el domingo. Colores para llevar preferentemente: amarillo, anaranjado. Mónica podrá servirse, para mejorar su destino, de una esmeralda, pendientes de oro, una nuez moscada y un canario completamente amarillo.

MONTSERRAT

Etimología e historia

Nombre de origen catalán, cuya onomástica se celebra el 27 de abril, y que significa «monte escarpado».

El culto mariano en Montserrat tiene su origen en el siglo XI, en la ermita romana de Santa María; luego, a finales del siglo XII y comienzos del XIII, la imagen de la Virgen fue trasladada a otro lugar y en el año 1599 se ubicó definitivamente en la iglesia donde se encuentra en la actualidad.

En los tiempos de la casa de Austria, la devoción a Montserrat penetró en Europa central; asimismo, los misioneros se encargaron de introducir el culto en el continente americano.

El santuario de Montserrat se cerró en el año 1835, y luego fue abierto de nuevo al culto en el año 1844. En esta fecha se inició una época de esplendor, que culminó con la proclamación de la Virgen, por parte del papa León XIII, como patrona de Cataluña.

Entre las variantes de este nombre destacan: *Monserrat, Montse* y *Montserrato* (italiano).

Carácter y destino

Montserrat suele presentar muchas veces conflictos entre sus deseos instintivos y la forma de materializarlos. Posee una personalidad reservada y soñadora, que contrasta con la atracción que siente por las profesiones que requieren trabajo en grupo, en equipo, donde todos tienen que unir sus fuerzas para conseguir los objetivos trazados.

Le llama poderosamente la atención todo lo nuevo, tanto en el campo tecnológico como en el de las ideas: efectivamente, su espíritu progresista impregnará todo lo que haga en la vida.

La suerte

Número de la suerte: cuatro. Día favorable: domingo. Colores: marrón, ocre. Talismán: aguamarina; entre las plantas, le resultará beneficiosa la salvia, y entre los animales, la paloma.

 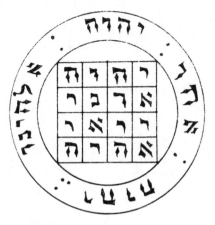

Los dos lados de un amuleto hebraico

NADIA

Etimología e historia

Del ruso *nadezda* (= esperanza), Nadia es recordada el 1 de diciembre y el 17 de septiembre junto con sus hermanas Vera (fe) y Ljuba (amor), y su madre, Sofía.

Las variantes: *Nadja, Nadea, Nadeya, Nada, Nadiana* y *Nadine*.

Carácter y destino

Temperamento intransigente y muy cerrado en la juventud, adquiere con la madurez más flexibilidad. Entusiasmo dirigido en muchas direcciones, desorden, sueños con los ojos abiertos. Dócil y comprensiva en el amor.

La suerte

Influida por la luna y el número dos, Nadia prefiere el lunes, los colores muy claros e irisados y, como talismanes, la plata, el diamante y las conchas blancas.

NATALIA - NATACHA - NATIVIDAD

Etimología e historia

Nombre originado por el latín *dies natalis* (= día del nacimiento), entendido en el cristianismo primitivo como fecha de la muerte y del martirio de los santos, y sólo más tarde como aniversario del nacimiento de Cristo y por ello impuesto a los niños nacidos en esta fecha.

Además del 25 de diciembre, Natividad, Natalia y Natacha pueden celebrar su onomástica el 16 de marzo, el 13 de mayo, el 27 de julio, el 9 de septiembre y el 1 de diciembre, fiesta de santa Natalia, patrona de los mensajeros.

Entre las variantes: *Natala, Natalicia, Noelia, Natalja*. En masculino, *Natale, Noël, Noel*. La variante Natacha se hizo famosa por la protagonista de la novela *Guerra y paz*, de Tolstói.

Carácter y destino

En los representantes de todos estos nombres se da una personalidad original, pasional e ilógica. Inclinados a los impulsos sentimentales, estos individuos obstinados y testarudos siguen difícilmente los consejos ajenos. Tratando de quemar etapas, no se rinden en ninguna circunstancia, logrando si acaso convencer al prójimo de la validez de su forma de actuar.

Románticos e idealistas en el amor, creen profundamente en el matrimonio.

Escasa aptitud para los negocios.

LA SUERTE

Número ocho, saturnal, para Natividad; cuatro y uno, marcados por el sol, para la más ordenada y equilibrada Natalia y para la ambiciosa Natacha. Días y colores favorables: sábado y gris oscuro, para Natividad; domingo y amarillo oro, para Natalia y Natacha. Natividad adoptará entre los talismanes una ramita de pino o bien la estrella de Navidad, además del ónice y la amatista; para Natalia y Natacha, manzanilla, laurel, diamante y topacio.

NAZARIO

ETIMOLOGÍA E HISTORIA

Vinculado a la ciudad de *Nazrat* (= la guardiana), que asistió al nacimiento de la Virgen y a la Anunciación, se configura en particular como nombre étnico de la ciudad y más tarde como sinónimo de cristiano.

Nazario celebra su onomástica el 19 de junio y el 28 de julio.

CARÁCTER Y DESTINO

Místico, estudioso y poco comunicativo, Nazario tiende a distanciarse claramente de los demás por su superioridad intelectual.

Poco afectuoso, solitario, incluso en el amor prefiere no abandonarse nunca por completo.

LA SUERTE

Número: el tres. Día favorable: jueves. Color: púrpura. Talismanes: una amatista y una hoja de higuera o ciruelo.

NEREA - NEREO - NEERA

ETIMOLOGÍA E HISTORIA

Se trata de un grupo de nombres mitológicos. Nereo, hijo de Océano y de Tetis, y padre de las Nereidas, tiene su origen en el griego *nareo* (= correr, fluir), por lo que se presenta como divinidad acuática. Por otra parte, Neera procede de *Nearia* (= joven), nombre de diversos personajes míticos adoptado por los poetas Virgilio, Horacio y Tíbulo para designar a la mujer amada. La festividad de Nereo se celebra el 12 de mayo; la de Nerea, el 25 de diciembre.

Una variante: *Nerisa*.

CARÁCTER Y DESTINO

Egocéntrico, ahorrador por no decir avaro; muy calculador, **Nereo** se presenta como un individuo multiforme, jovial, amante del campo y de la vida sana, al aire libre.

En femenino el nombre confiere bondad, imaginación, tendencia al estudio de lo oculto. Dotes paranormales. Probables incomprensiones en el amor, porque tanto **Nerea** como **Neera** encuentran difícilmente un compañero capaz de penetrar en su lunar y riquísimo mundo interior.

LA SUERTE

Número tres, marcado por Júpiter, para Nereo; siete, relacionado con la luna y el agua, para Nerea y Neera. Días favorables: jueves y lunes, respectivamente. Colores preferidos: azul celeste y púrpura, para él; blanco, para ella. Nereo preferirá entre los talismanes un zafiro azul intenso, un objeto de estaño y la imagen de un delfín. Nerea y Neera adorarán la líquida transparencia del cristal, la perla y las conchas en general.

NICOLÁS - NICOLASA

ETIMOLOGÍA E HISTORIA

Procedente del griego *niké* (= victoria) y *laos* (= pueblo), tiene el mismo significado que Nicodemo, es decir, vencedor entre el pueblo.

En el norte de Europa, san Nicolás, del holandés *sint Klaes*, y por tanto santa Klaus, ha dado origen al imprescindible papá Noël en el que incluso los adultos, en el fondo, nunca dejan de creer. La razón de este vínculo entre san Nicolás y los niños, de los que es patrón (así como de abogados, marineros, perfumistas y de Rusia) tiene una explicación en la leyenda: según esta, san Nicolás, según parece, taumaturgo y hacedor de milagros, habría resucitado a tres niños despedazados. Festividades: 6 de diciembre, 21 de marzo y 10 de septiembre.

Son innumerables los personajes célebres: los escritores N. Maquiavelo, N. Tommaseo, N. Gógol; los músicos N. Paganini y el ruso N. Rimski Kórsakov; el escultor italiano N. Pisano; además, N. Damasceno, que nos dejó una historia universal en 144 volúmenes; el filósofo N. Cusano y numerosos zares de Rusia.

En todas partes, Nicolás ha dado origen a algunas variantes, como Nico, Nica y Nicoleta. Además, son múltiples las variantes extranjeras: *Colin, Nicol, Niels, Colette, Nikolái, Nikita, Nikla, Nicolao, Nicla, Nicoló, Nicolosa* y *Coletta*.

Carácter y destino

Bastante débil de carácter, **Nicolás** tiene dificultades para imponerse a los demás. Inseguro, poco combativo pero perseverante hasta hacerse aburrido, alcanza la meta a pasos muy lentos y sólo a condición de no tener que luchar contra nadie. De gustos burgueses, tranquilo, ama la compañía y la buena mesa. Voluble, a menudo descontento en el amor, sufre bruscos cambios de humor, aunque encuentra rápidamente el equilibrio.

En femenino, el nombre parece ejercer una influencia particularmente beneficiosa; **Nicolasa** es una mujer original, sutil y abierta; muy imaginativa y más inquieta que su correspondiente masculino, aunque con bastante frecuencia se muestra inclinada a la disputa. Se plantea grandes objetivos que generalmente logra realizar gracias a la habilidad y a la capacidad de adaptación de que está dotada. Éxitos en el ámbito literario, artístico y psicológico.

La suerte

El número mágico es tanto para Nicolás como para Nicolasa el nueve. Día afortunado: martes. Color: rojo vivo. Entre los talismanes: tabaco, geranio, un rubí y un anillo de hierro.

NIEVES

Etimología e historia

Del latín *nix* (= nieve), el nombre celebra el culto a la virgen de las Nieves, a la que está dedicada en Roma la basílica de Santa María la Mayor, construida después de que una asombrosa nevada caída el 5 de agosto hiciese proclamar el milagro.

Variantes: *Nivia* y *Nívea*.

Carácter y destino

Centrada casi únicamente en la familia, la existencia de Nieves se presenta tranquila, recogida. De naturaleza bondadosa, fiel y muy (demasiado) romántica, esta venusiana enamorada del amor se arriesga, si queda decepcionada, a sufrir estrés y depresiones. Atracción por la música y el arte; escasa ambición pero deseo de un bienestar económico, del que no quedará excluido cierto consumismo.

LA SUERTE

El seis, de influencia venusiana, es el número que mejor armoniza con la personalidad de Nieves. Día favorable: viernes. Colores: blanco, rosa y turquesa. Entre los talismanes: un zafiro muy claro, lirios, muguets, margaritas y una mariposa blanca.

NOEMÍ

ETIMOLOGÍA E HISTORIA

Noemí es en la Biblia la hija de Lamec, inventora de la tejeduría, quien tras la muerte de su marido y de sus hijos quiso cambiar su nombre de *Noemí* (= delicia, agrado), por el de *Mara* (= amargura).

Fiestas: 4 de junio y 15 de diciembre.

CARÁCTER Y DESTINO

Temperamento optimista, al que una menudencia hace feliz, capaz de hallar el lado agradable en cualquier cosa o acontecimiento. Apasionada en el amor, comprensiva y muy maternal con sus hijos, Noemí será muy amada y probablemente feliz.

LA SUERTE

Número de la suerte: dos. Día propicio: lunes. Color: gris perla. Como amuletos: el diamante, el cuarzo y la plata; entre las flores, el dondiego de noche.

NORBERTO

ETIMOLOGÍA E HISTORIA

Documentado como nombre germánico desde el siglo VII, y considerado hoy en día de molde aristocrático, Norberto, derivado de *behrt* (= ilustre), resplandeciente, y de *Nord* (= norte); o bien de *Northa* (= fuerza), puede significar o bien «famoso en el norte» o bien «famoso por su fuerza».

La onomástica se celebra los días 6 y 11 de junio, fiesta de san Norberto, patrón de las parturientas.

CARÁCTER Y DESTINO

Melancólico, severo, casi rudo, Norberto tiende a mantener las distancias con cualquier persona y situación. Dotado para las ciencias exactas, la mecánica y la arqueología; orgulloso y frío en el amor, aspira a una vida tranquila y retirada. Difícilmente y sólo en su madurez alcanza sus objetivos.

LA SUERTE

Número favorable: el ocho, influido por Saturno. Día propicio: el sábado. Entre los colores, todas las tonalidades del marrón y del gris oscuro hasta el negro. Entre los amuletos, podrá escoger el plomo, el lignito y una hoja de hiedra o de acebo. Podría resultar propicia para Norberto la adopción de un animal doméstico jupiterino, como el perro, o venusiano, como el gato, que sabrían suavizar su carácter huraño y extremadamente pesimista.

NORMA

ETIMOLOGÍA E HISTORIA

Inventado por el libretista F. Romani para la sacerdotisa gala en la ópera de V. Bellini, este nombre puede relacionarse, quizá de forma arbitraria, con el latín *norma* (= regla), o bien con el germánico *Norna*, la correspondencia nórdica de las Parcas de la mitología griega. Átropos, Cloto y Laquesis eran las tres mujeres vinculadas a las fases lunares, que hilando y luego cortando el hilo determinaban la duración de la existencia de cada persona.

Carácter y destino

Personalidad marcada por la luna para la variable Norma, bastante extravagante, artificial y estetizante, sobre todo por lo que se refiere a las joyas y la moda. Frialdad pero constancia en los sentimientos. Escasa pasión por la casa y por los hijos, que primero desea ardientemente pero luego acaba considerando limitadores.

La suerte

Es el dos, de influencia lunar, el número mágico para Norma; el lunes es su día propicio. Entre los colores prefiere el blanco y el verde muy pálido. Entre los talismanes, el ópalo, el cristal, una media luna o bien un pequeño huso, siempre de plata.

OCTAVIO - OCTAVIA - OCTAVIANO - OCTAVIANA

Etimología e historia

Del latín *Octavius*, generalmente era atribuido al octavo hijo. En los siglos XVII y XVIII determinó su difusión la *Commedia dell'arte*, en la que *Octavio* representa al protagonista enamorado, y más tarde la tragedia de V. Alfieri, *Octavia*, basada en las desventuras de la hija del emperador Claudio y de Mesalina, a la que hizo asesinar su marido Nerón.

En cuanto a Octaviano, no es posible equivocarse: quien dice Octaviano dice Cayo César Augusto, el primer emperador romano, sucesor de César, durante cuyo reinado nació Cristo.

La festividad de san Octavio, patrón de Turín, se celebra el 2 de noviembre. Otras fiestas son el 5 de marzo, el 10 de julio y el 20 de noviembre. Para Octaviano, en cambio, la onomástica cae el 22 de marzo y el 2 de septiembre.

Carácter y destino

Tranquilo y reflexivo, **Octavio** puede parecer frío pero en realidad es sólo equilibrado y muy sereno. Bastante sociable, ama la compañía y las alegres tertulias; prefiere las profesiones relacionadas con la ley, con la enseñanza superior o con los negocios, para los que muestra un buen olfato.

Más decididos y entusiastas, **Octaviano** y **Octaviana** resultan abiertos, sinceros, capaces de vivir con su pareja una relación de igualdad basada en el amor.

Octavia es, en cambio, más lunática, variable y soñadora. Dotes paranormales. Atracción por la filosofía y lo oculto.

La suerte

Números de la suerte: el tres, para Octavio; el siete, para Octavia; el nueve, para Octaviano; el cuatro, para Octaviana. Días favorables: jueves, lunes, martes y domingo, respectivamente. Colores: azul eléctrico, blanco, rojo y amarillo. Talismanes: un zafiro y corteza de abedul, para Octavio; una perla y la flor llamada dondiego de noche, para Octavia; hierro, tabaco, la imagen de un jabalí o de un gallo, para Octaviano; un girasol y un collar de ámbar, para Octaviana.

ODETA - OTILIA

Etimología e historia

Odeta y Odilia, nombres de origen teutónico, derivan de *Odon* (= amo, señor), o de *othal* (= patrimonio, posesión).

Fiestas: el 13-14 de diciembre y el día 20 de abril. Santa Otilia se considera patrona de los ciegos y de los oculistas. *Las afinidades electivas*, de W. Goethe (para Otilia), y *En busca del tiempo perdido*, de M. Proust (para Odeta), incrementaron el uso de estos nombres.

Entre las variantes: *Odila, Odelia* y, por derivación, *Dilia, Tila, Oda*.

Carácter y destino

Bastante inteligente, siempre con la cabeza en las nubes, **Odeta** es una mujer franca, devota pero a menudo irritable y muy susceptible. Las mismas características están presentes en **Otilia**, que resulta, no obstante, menos soñadora y más independiente, original, siempre en busca de sensaciones y novedades.

La suerte

Números propicios: el seis, para Odeta; el cinco, para Otilia. Días favorables, respectivamente: viernes y miércoles. Color favorable para ambas: celeste. Entre los talismanes: una rosa, jade y coral, para Odeta; cornalina, ágata y perfume de lilas, para Otilia.

ODÓN (véase OTÓN)

OFELIA

Etimología e historia

Sin duda, W. Shakespeare lo sacó de la novela arcádica de J. Sannazzaro para su infeliz Ofelia, la enamorada de Hamlet, que enloqueció y murió en un estanque coronada de flores.

El nombre, que en cualquier caso no existía en griego, puede relacionarse con *ofeleia* (= ayuda), o también con *ofela* (= dulce, torta), y su festividad se celebra el día 3 de febrero.

Carácter y destino

De temperamento frágil y dulce, Ofelia es una idealista que trata de huir en cuanto algo la hace sufrir.

En el amor, sabe regalar fidelidad y dedicación a menos que quede decepcionada, porque entonces es capaz de todo, y en ese caso no hay que esperar nada bueno.

La suerte

Número de la suerte: tres. Día favorable: jueves. Colores: púrpura y azul eléctrico. Entre los talismanes, se incluyen un zafiro, una nuez moscada y la imagen de un cisne o de un delfín.

OLGA

Etimología e historia

El sonido ruso indudablemente nos engaña. Aunque se halla muy extendido en los países del Este y fue utilizado por Pushkin y Chéjov, el nombre tiene orígenes escandinavos. En efecto, deriva del sueco antiguo *helogher* (= santo, feliz).

Fiesta: 11 de julio.

Entre las variantes: *Helga, Heila* para el femenino, *Helgi* y *Oleg* para el masculino.

Carácter y destino

Alegre, frívola, sujeta a numerosas pasiones pasajeras durante la juventud, se vuelve con la madurez y por la influencia del planeta Saturno en su nombre más sensata y tranquila. La fuerza de ánimo que va adquiriendo le ayuda a superar brillantemente las múltiples crisis existenciales que sufre.

La edad adulta le regala también una situación afectiva estable en la que se muestra fiel, sólida, apegada a su compañero y a la familia. Está rodeada de muchas amigas, a las que suele consolar y aconsejar.

La suerte

Número propicio: ocho. Día favorable: sábado. Colores: gris y marrón. Entre los talismanes: plomo, diamante, un anillo en forma de serpiente. También resulta indicado el perfume de incienso.

OLIMPIA

Etimología e historia

Se trata, evidentemente, de un nombre griego.

En efecto, Olimpia es la ciudad helénica en la que se celebraban los juegos deportivos aún actuales con el nombre de Olimpiadas; Olimpo es el monte cuya cima rodeada por las nubes era la sede del panteón griego.

Fiestas: 15 de febrero, 26 de julio y 17 de diciembre.

Carácter y destino

Distraída, descuidada, gran trabajadora y estudiante brillante, Olimpia es una idealista que tiene tendencia a dejar escapar las buenas ocasiones. En el amor, conoce la pasión en la juventud, haciéndose más tranquila pero más fría en la madurez.

La suerte

El tres es el número mágico para Olimpia; día propicio: jueves; color: púrpura. Adoptará como amuletos una pluma de pavo real, una ramita de olivo y un objeto de estaño.

OLIVA - OLIVIA - OLIVERIO

Etimología e historia

Oliva, Olivia y Oliverio —aunque hay quien los relaciona con el céltico *all-wer* (= todo ardiente), o con el teutónico *ali-wart* (= defensor del extranjero)— tienen su origen en *Olivo*. El olivo es el árbol de sabiduría y de paz sagrado para Atenea, así como para la Iglesia, a través de la narración bíblica de la paloma que regresa al arca de Noé con una ramita de olivo en el pico. En cuanto a Oliverio, asimilado también al danés *olaver* (= reliquia de los antepasados), o al germánico *alf-hari* (= ejército de elfos), es nombre común entre los antiguos caballeros del ciclo carolingio.

Entre los personajes famosos: O. Cromwell, el lord del siglo XVII, protector de Escocia y de Inglaterra; O. Goldsmith, novelista inglés.

Fiestas: 5 de marzo, 3 y 10 de junio, y 20 de julio, para Oliva; 10 de enero, 3 de febrero, 27 de mayo, para Oliverio.

Carácter y destino

Sensuales, románticas, con tendencia a la pereza, **Oliva** y **Olivia** aman la música, la literatura y los viajes. Sin embargo, en caso necesario saben mostrarse, a pesar de su aspecto infantil algo superficial, fuertes e íntimamente serenas.

Oliverio se muestra gentil con las mujeres, pero pendenciero y entrometido con los pertenecientes a su mismo sexo. Es incapaz de soportar críticas y observaciones. En el amor es romántico, pasional y muy protector con su compañera, a la que desea paciente y comprensiva. Excelente educador.

La suerte

Número cinco, de influencia mercuriana, para Oliva y Olivia; el venusiano seis, para Oliverio. Días favorables: miércoles y viernes, respectivamente. Colores: azul celeste y verde oliva. Entre los talismanes: una mariposa, un periquito, ágata y calcedonia, para Oliva y Olivia; cobre, un muguet y un conejo (a ser posible de peluche), para Oliverio. Para todos, naturalmente, una ramita de olivo, respetando la etimología del nombre.

OMAR

Etimología e historia

Se trata de un nombre árabe de buen augurio, muy difundido entre los califas y, en particular, vinculado al destructor de la biblioteca de Alejandro. Presente también en *Las mil y una noches*, procede del árabe *Amara* (= vivir largamente).

Carácter y destino

De personalidad sensible y pasional, Omar sufre por los demás y los busca porque teme enormemente la soledad. Tranquilo y reservado, se esfuerza hasta el fondo para evitar disputas y controversias. Compañero dulce y romántico, sabe mantener la unión sólida a lo largo del tiempo. Sus defectos: avaricia y frecuentes cambios de humor.

La suerte

Número mágico para Omar: el dos. Día favorable: lunes. Entre los colores: blanco y plata. Entre los amuletos: cuarzo, nácar, un trébol de cuatro hojas o bien un puñado de semillas de calabaza.

OMBRETTA

Etimología e historia

Nombre de reciente matriz literaria, procedente de la novela de A. Fogazzaro, *Pequeño mundo antiguo*, donde Ombretta es la niña que, al ahogarse en el lago, hace más profunda la crisis conyugal de sus padres.

Carácter y destino

De temperamento solar, a pesar de que el nombre parece presagiar lo contrario, Ombretta se muestra una persona racional, ordenada y discreta. Muy apreciada en el ámbito profesional, cauta, calculadora pero no fría en el amor. Naturaleza conservadora y obstinada. Aptitud para el ahorro.

La suerte

Número de la suerte: cuatro. Día favorable: domingo. Color: amarillo dorado. Como amuleto, optará por un collar de ámbar, un girasol o bien una ramita de romero o salvia.

ORESTES

Etimología e historia

Del griego *oros* (= habitante de los montes), Orestes debe su difusión a la tragedia de Eurípides y sólo en una mínima parte al santo del mismo nombre, cuya festividad se celebra el 9 de noviembre y el 13 de diciembre. Es el nombre del hijo de Agamenón, asesino, junto a su amigo Pílades, de su madre Clitemnestra y del amante de esta, Egisto, para vengar al padre asesinado por ambos. Perseguido por las Erinias, el héroe fue puesto a salvo por su hermana Electra.

Carácter y destino

Espíritu entusiasta, impetuoso y completamente carente de tacto. Decidido, resistente, siempre dispuesto a luchar, Orestes no retrocede nunca. Su existencia resulta desordenada, rica en lances imprevistos pero finalmente refrenada por una mujer tierna y de sentimientos sólidos.

Por otra parte, en el amor se muestra protector, capaz de impulsos. Notable agudeza mental.

La suerte

Número de la suerte: uno. Día favorable: domingo. Color: amarillo oro. Talismanes: un fragmento de roca o un edelweis, testimonios del nombre, pero también el oro, el árnica y la imagen de un cóndor o un águila.

ORIANA

Etimología e historia

Considerado una variante de Laura, aunque puede asociarse también con el latín aurea (= dorada) y, por tanto, bella, preciosa como el oro.

Fiesta: 25 de junio.

Entre las variantes tenemos: *Orianda, Oria, Orita, Oriela* y el masculino *Orio, Orialdo.*

Carácter y destino

Temperamento metódico, ordenado y calculador para la racional Oriana, marcada por el sol. Muy inteligente, sabe aprovechar al vuelo las buenas ocasiones. Paciente y leal en el amor, seria y concienzuda en su profesión, sea cual sea.

La suerte

Número: cuatro. Día de la suerte: domingo. Color: amarillo oro. Entre los talismanes: esmeralda, topacio y azahar, naturalmente además de un objeto de oro.

ORLANDO - ROLDÁN - ROLANDO

Etimología e historia

Rolando y, de ahí, Orlando, es la forma toscana derivada del latín *Rodelandus de hrod* (= fama) y *nanthaa* (= osado), o bien *land* (= país), respectivamente, en el significado de «famoso por su audacia» o bien «famoso en el país».

Difundido desde la Edad Media por la *Chanson de Roland* y, en su variante toscana, por el *Orlando enamorado*, de M. M. Boiardo, y por el *Orlando furioso*, de L. Ariosto, es el nombre del nieto y caballero de Carlomagno, caído en Roncesvalles para proteger la retirada del ejército imperial.

Fiesta: 31 de mayo. Otras festividades: 16 de enero, 28 de febrero y 15 de julio.

Carácter y destino

Elocuentes, agudos, profundamente amantes de la cultura, Orlando, Roldán y Rolando se manifiestan como individuos simpáticos, algo rebeldes y poco disciplinados. Superficiales en el amor, tienden a comprometerse demasiado pronto y acaban arrepintiéndose después.

La suerte

Número: siete, para los tres. Día propicio: el lunes. Colores: tenues, irisados. Como talismanes: una pequeña espada de plata, un muñeco en forma de rana, alcanfor y laurel.

ORNELLA

Etimología e historia

Se trata de un nombre de moda literaria y teatralmente, recuperado a comienzos del siglo XX por el personaje de la tragedia de D'Annunzio, *La hija de Iorio*, Ornella. Fiesta: 13 de junio.

CARÁCTER Y DESTINO

Marcada por el mutable Mercurio, Ornella resulta dinámica, activa, verdaderamente incansable. Impulsada por una sorprendente curiosidad, nunca se cansa de aprender, viajar e interesarse por todo y por todos. Llena de encanto, le gusta coleccionar corazones rotos, aunque prefiere permanecer libre porque odia los compromisos y las responsabilidades. Sin embargo, cuando no teme perder su mítica libertad puede mostrarse una compañera tierna, simpática y sensual. Fáciles ganancias; éxito en las profesiones vinculadas al mundo del espectáculo, al comercio, al sector editorial y a la enseñanza.

LA SUERTE

Es el cinco, número de mercurio, la cifra de la suerte para Ornella. Día propicio: miércoles. Color: amarillo limón. Como talismanes, además de una hoja de la planta del mismo nombre, un objeto de platino, una espiga de lavanda o la piedra ojo de gato.

ÓSCAR

ETIMOLOGÍA E HISTORIA

De moda hacia finales del siglo XVIII, con los poemas ossiánicos de J. Macpherson; Óscar, del gaélico *oscur* o del sajón *osgar* (= lanza de dios), es el hijo de Ossián y el nieto del bardo Fingal. La hagiografía registra efectivamente la presencia del nombre, junto con Anscario, conversor de los daneses y de los suecos, entre los cuales se convirtió en un nombre común especialmente en la casa reinante y celebrado el 3 de febrero.

Cabe recordar al famoso novelista inglés O. Wilde y al celebérrimo Óscar, premio cinematográfico desde 1928.

CARÁCTER Y DESTINO

Temperamento combativo pero caballeresco, poético y a menudo decepcionado por la realidad. Óscar es un individuo leal, sensible, siempre deseoso de la aprobación ajena. Sin embargo, en familia se muestra muy autoritario y es un maniático del sentido del deber. Este detalle hace de él un excelente empleado y burócrata a nivel profesional.

LA SUERTE

Número de la suerte: dos; día propicio: lunes. Colores: gris perla y verde agua. Talismanes: una flecha de plata, un fragmento de cuarzo y una hoja de mirto.

OSVALDO - OSWALDO

ETIMOLOGÍA E HISTORIA

Del sajón *osweald* (= potencia de Dios, o poder ejercido en nombre de Dios), es sinónimo de Ansaldo. En España, el nombre se difundió en la época romántica a través de la novela de Madame de Staël, *Corinne o Italia*, en la que Osvaldo es el amante de la protagonista, y, más tarde, a través de *Los espectros*, de H. Ibsen. Entre los santos, san Osvaldo, arzobispo de York.

Fiestas: 29 de febrero y 5 de agosto.

CARÁCTER Y DESTINO

Temperamento altruista, imaginativo y poco práctico. Perezosos e inconstantes, Osvaldo y Oswaldo compensan, no obstante, sus defectos con una sorprendente habilidad. Su espíritu alegre y la carga de simpatía que desprenden hacen que estén rodeados de amigos y admiradoras. Sin embargo, en el amor se muestran egocéntricos y escépticos.

La suerte

Ambos marcados por la luna, **Osvaldo** y **Oswaldo** tienen como número de la suerte el siete y el dos. Día favorable: lunes. Colores: blanco y gris. Talismanes: nenúfar, mirto, una perla o un ópalo.

OTÓN - ODÓN

Etimología e historia

Otón u Odón son nombres de sabor arcaico, derivados del alemán *aud* (= patrimonio). Sostenidos por el culto de dos santos, Odón de Cluny (8 de noviembre) y Otón, obispo de Bamberg (30 de junio y 2 de julio), alcanzaron la popularidad entre los filoteutónicos del siglo pasado a través de la figura de Otto von Bismarck, el canciller de hierro.

Son numerosas las variantes: *Odín, Udo, Otelo*, en masculino; *Oda, Odina, Ute*, en femenino.

Carácter y destino

Odón parece obtener de su propio nombre un presagio de riqueza. En efecto, se trata de un individuo práctico, dotado para los negocios.

Severo con sus hijos, frío y organizativo con sus colaboradores; sin embargo, en el fondo es un soñador, un imaginativo profundamente celoso de su propio equilibrio interior y fuertemente determinado a mantener sólidos sus afectos.

Más taciturno y reservado, **Otón** persigue el éxito y lo obtiene gracias al encanto y magnetismo que desprende. Personalidad fuerte y autoritaria; oculta los afectos tras una máscara áspera. Sólo podrá ser feliz en la calma de la madurez.

La suerte

Siete y dos son los números mágicos respectivos para Otón y Odón, ambos marcados por la luna. Días propicios: lunes y sábado. Colores: blanco para los dos. Los talismanes más idóneos son: una moneda de plata, un objeto de cristal y un puñado de arroz.

PABLO - PAULA

Etimología e historia

Pablo, del latín *Paulu* (= poco, pequeño). Así quiso llamarse Saúl cuando, de perseguidor de los cristianos, se convirtió, en el camino de Damasco, en apóstol de Cristo (29 de junio y 25 de enero).

El 8 de febrero se celebra un san Pablo protector de los panaderos y el 6 del mismo mes san Pablo Miki, patrón de Japón.

Otras festividades: 26 de enero, 22 de junio y 19 de octubre.

Son muchos los personajes importantes con este nombre, y entre ellos destacan: los historiadores P. Diacono y Sarpi; en los pintores P. Uccello, P. Caliari llamado *el Veronés*; en P. Cezanne, P. Gauguin, P. Picasso; en los poetas P. Verlaine, P. Eluard, P. Valery, P. Neruda.

Variantes: *Paco, Pavel* y *Pal*.

Carácter y destino

Bastante inteligente pero rígido, **Pablo** oculta su timidez y blandura de carácter tras una audacia o una frialdad ficticia. Inquieto, ansioso de saber y de viajar, gasta de buen grado y generosamente para sí mismo y para los demás. Sensual, voluble pero sincero en los afectos. Buenas posibilidades de éxito.

Paula, nerviosa, inestable y con tendencia a los enfados prolongados, logra controlarse perfectamente a pesar de la voluntad caprichosa que la caracteriza. Segura en los afectos, ama el lujo.

La suerte

El cinco es el número de la suerte para Pablo; el nueve, para Paula. Los días mágicos son el miércoles y el martes, respectivamente. Colores: anaranjado y rojo. Los amuletos: para él, ágata, calcedonia, cinco bayas de enebro o un periquito multicolor; para ella, un rubí, una moneda de hierro; la dalia o la gencianilla, entre las flores.

PALMIRA

Etimología e historia

En la Edad Media, se llamaba *palmarius*, de *palma* (símbolo de victoria y cristiandad) a quien peregrinaba a Tierra Santa y volvía con un bastón envuelto en la hoja de esta planta. El nombre, como apelativo, comenzó a emplearse hacia el siglo XII para las niñas nacidas el domingo anterior a Pascua; es decir, el Domingo de Ramos, por ser el día de la entrada triunfal de Jesús en Jerusalén, aunque su onomástica se celebra el 9 de noviembre. Entre otras cosas, Palmira es actualmente una ciudad de Siria.

Carácter y destino

De naturaleza flexible y afectuosa, es capaz de sacrificarse por los demás; sin embargo pide a cambio una existencia serena, sin los sobresaltos y adversidades que tanto teme, y vivida, si es posible, junto a un compañero tranquilo y protector.

La suerte

Número de la suerte: dos. Día favorable: el lunes. Color: blanco. Entre los talismanes: además de la evidente hoja de palmera, Palmira podrá utilizar la perla, la plata o un tierno y afectuoso gato blanco.

PAMELA

Etimología e historia

Tomado de un poema de P. Sidney como personaje femenino de la *Arcadia* (1599) y adoptado más tarde por S. Richardson, quien lo utilizó para la protagonista de su novela *Pamela o la virtud recompensada* (1741), Pamela viene del griego y significa «toda miel» y por tanto «muy dulce» o, según otras fuentes, «canto melodioso».

Carácter y destino

Temperamento dulce, jovial, optimista, pero muy orgulloso y necesitado de alabanzas. Posible éxito en el campo artístico y literario. La vida afectiva está condicionada por una profunda emotividad. Múltiples amistades, buenas ganancias pero prodigalidad. Existencia serena, cómoda y, en conjunto, afortunada.

La suerte

Es el tres, marcado por el planeta Júpiter, el número que influye en el destino de Pamela, favorecida por la suerte. Día propicio: jueves. Colores preferidos: azul eléctrico, púrpura. Como amuletos podrá adoptar el zafiro, una pluma de faisán y una hoja de tilo. El perro representará para Pamela un simpático amigo.

PARIS

Etimología e historia

Paris (fuerte luchador) es el hermoso hijo de Príamo y Hécuba que por el amor de Helena originó la guerra de Troya.
 Fiestas: 5 de agosto y 11 de junio.
 Una variante femenina: *Parisina*.

Carácter y destino

Reservado, discreto y comedido, Paris es decidido y resistente pero está dotado de un formidable autocontrol. Encanto magnético; orden y eficiencia en la profesión.

La suerte

Número: el nueve. Día propicio: martes. Color favorable: todas las tonalidades del rojo. Entre los talismanes, se incluyen un granate y una ramita de ajenjo.

PASCUAL - PASCUALA

Etimología e historia

Nombre cristiano adoptado inicialmente para los niños nacidos en el día de Pascua, que luego se difundió tanto por la tradición familiar de los nombres heredados como por el culto tributado a numerosos santos. Entre ellos, san Pascual Bailón, patrón de las solteras, de los pastores y de los pasteleros, dado que, como se narra, fue el inventor de la crema Sabayón. Se celebra el 17 de mayo. En cualquier caso, el término Pascua tiene derivación hebraica de pesah (= cojear, pasar por delante), porque el ángel de Yahvé pasó por delante de las casas marcadas con la sangre de cordero durante el exterminio de los primogénitos egipcios.

Diminutivos: *Pascualita, Paquita.*

Carácter y destino

De naturaleza sencilla y sensata, es capaz de hallar la felicidad en las pequeñas cosas. Atento observador, **Pascual** odia los esquemas y las obligaciones. Para quien sabe tratarlo, se muestra bueno y generoso. Muy instintivo en el amor, pero más amigo y compañero tranquilo que amante. Pereza; aptitud para las profesiones relacionadas con el agua.

En femenino, el nombre supone un temperamento pasional, combativo, orgulloso y muy sensible a la adulación.

Pascuala, alegre y optimista, es una mujer hábil y en el fondo muy afortunada. Tras una serie de aventuras juveniles hallará, en la madurez, su equilibrio afectivo. La persona «adecuada» podrá obtener de ella entonces fidelidad y dedicación.

La suerte

El número propicio para Pascual es el dos, de influencia lunar; para Pascuala, más optimista y sociable, el tres. Días favorables respectivos: lunes y jueves. Colores: blanco y azul eléctrico. Entre los talismanes: para él, un caballito de mar, una concha o un objeto de cristal; estaño y un fragmento de cuerno de ciervo, para ella.

PATRICIO - PATRICIA

Etimología e historia

El 17 de marzo, en Irlanda, existe la costumbre de vestirse de verde en honor de san Patricio, patrón del país. Una curiosa leyenda narra que Patricio fue raptado a los dieciséis años por los piratas y llevado a Irlanda, de donde huyó seis años más tarde. Convertido en obispo en Francia, regresó al país de su prisión para evangelizarlo y allí murió. Se narra también que Dios mismo le mostró la entrada de los infiernos, en una caverna situada en una pequeña isla al norte de Irlanda. Tal vez sea esta la razón que ha hecho de Patricio el protector de los mineros.

No obstante, la base del nombre es un apelativo latino, *patres* (= pertenecientes al senado, y luego, por extensión, a una clase libre y elevada).

Variantes: *Padrarig, Pat, Patty, Patsy.*

Carácter y destino

Juzgado muchas veces hipócrita y frío, **Patricio** es, por el contrario, sincero y muy orgulloso. Su inseguridad le hace arrogante, incluso provocador; tal vez porque desea parecer fuerte, sobre todo ante un público femenino. La ambición podrá llevarle a la riqueza y al éxito. Cabe reprocharle en ocasiones cierta dosis de superficialidad.

Patricia presenta un carácter cerrado, tímido y poco natural. Susceptibilidad, orgullo. Amor por el estudio y óptima capacidad de aprendizaje de los idiomas. En el amor, se muestra fiel, cariñosa y comprensiva.

La suerte

Números de la suerte: para Patricio, el seis; para Patricia, el uno. Días favorables respectivos: viernes y domingo.

Colores propicios: verde y amarillo. Los amuletos: un jaspe verde, jade y cobre, para él; diamante, oro, un broche con abeja o cocodrilo, para ella.

PEDRO - PETRA

Etimología e historia

Cristo le llamó *Kefa*, traducido al griego como *Pétros*, y más tarde al latín como *Petrus* (del Evangelio de Mateo «...tú eres Pedro, y sobre esa piedra edificaré mi Iglesia...»). El culto del santo, príncipe de los apóstoles y primer Papa, crucificado cabeza abajo en el lugar donde actualmente surge la grandiosa basílica romana, ha incrementado enormemente la difusión del nombre, uno de los más frecuentes en España. San Pedro Apóstol, celebrado junto con san Pablo el 29 de junio, es patrón de los pescadores, porque esta era su profesión en el momento de su encuentro con Cristo, pero también de los relojeros y herreros. Otras festividades: 23 de febrero, 19 de enero, 4 de diciembre, 2 de junio, 26 de noviembre, 3 y 31 de enero y muchas otras, imposibles de enumerar.

Este nombre parece resultar particularmente adecuado para los literatos, entre los que cabe destacar al francés P. Corneille.

Son igualmente famosos, aunque no en las letras, P. Perugino y P. della Francesca (pintores), así como el zar de Rusia, Pedro *el Grande*.

Pedro se convierte en *Piotr* en el este y en *Peer* en Escandinavia.

Variantes: *Pedrito, Pedrita, Perico, Periquito, Periquilla, Pierina*.

Carácter y destino

De naturaleza prudente y reflexiva, **Pedro** alcanza un merecido éxito con método y constancia. Se muestra leal, sincero en la amistad y devoto y estable en el amor, aunque en su interior experimente fuertes rebeliones, reveses y disputas contra las cuales combate solo, silenciosamente.

Como padre resulta bastante autoritario.

En femenino, el nombre revela un temperamento desenvuelto, vivaz, malicioso, pero muy simpático por sus impulsos y su alegría. Bajo su brillante barniz, **Petra** es leal y reflexiva, pero más dispersa e insatisfecha que Pedro.

La suerte

El número mágico de Pedro es el dos; para Petra, el cuatro. Los días de la suerte son, respectivamente, el lunes y el domingo. Colores propicios: blanco y amarillo. Los amuletos: para Pedro, una piedra blanca de río o bien cristal, alcanfor o malva; por su parte, Petra adoptará el diamante, una pepita de oro y perfume de azahar.

PENÉLOPE

Etimología e historia

Decir Penélope es decir paciente, fiel espera. Una espera distraída, tejiendo. Así nos describe la *Odisea* a Penélope, del griego *pêne* (= tejedora), la sensata mujer de Ulises que, considerada ya viuda, engañaba a sus numerosos pretendientes aplazando las bodas hasta el final de la tela que iba tejiendo de día y deshaciendo astutamente de noche. Ello le permitió ganar tiempo hasta el retorno de su marido que, tras diez años de guerra, peripecias y diversas aventuras, desembarcó nuevamente en Ítaca.

Fiesta: 5 de mayo.

Diminutivo de uso frecuente: *Penny*.

Carácter y destino

Paciente, serena y, como su nombre indica, fiel, Penélope aparece marcada por las vibraciones lunares. Cabe observar que en numerosas culturas es precisamente la mutable luna, con su crecer y menguar de mes en mes, el astro relacionado con la tejeduría y con todas las cuestiones femeninas en general. Bajo su aparente autocontrol, Penélope oculta un ánimo sensible y pasional. Buena, generosa y, por tanto, fácil de amar, tiende sobre todo a la tranquilidad, a la armonía del ambiente y de sus seres queridos. Altruista hasta el masoquismo. Frugal.

LA SUERTE

Número de la suerte: el siete. Día favorable: lunes. Color: blanco. Entre los talismanes: un pedazo de tela blanca, una media luna de plata, un diamante.

PETRONILA

ETIMOLOGÍA E HISTORIA

Petronila no procede como pretende la etimología popular de Pedro (hasta el punto de que se llegó a considerar a santa Petronila discípula de Pedro, incluso su hija) sino, junto con Petronio, de la voz etrusca *Petruna*, de significado desconocido. En cualquier caso, la *gens Petronia* pertenecía en la antigua Roma a la clase de los plebeyos, y el sufijo *onius* sugiere un origen toponomástico, es decir, «residente en el lugar de...».

Petronila, que se celebra el 31 de mayo, el 6 de septiembre y el 4 de octubre, tiene a sus espaldas una curiosa narración hagiográfica. Se cuenta que la santa, habiendo sido pedida como esposa por Flaco, obtuvo tres días para reflexionar, durante los cuales se puso el cilicio y dejó de alimentarse, hasta el punto de que el novio, al llegar, vencido el plazo, con amigos y parientes para celebrar las bodas, la halló muerta.

CARÁCTER Y DESTINO

Dulce, fuerte, sincera pero muy preocupada por la forma y por las apariencias, Petronila se presenta como una mujer poco comunicativa y poco combativa tanto en la vida como en el amor. Excelente colaboradora en el ámbito profesional, siempre que tenga a su lado un guía que compense su falta de iniciativa. Hallará la felicidad en el matrimonio.

LA SUERTE

Número favorable: cinco. Día propicio: miércoles. Color: azul celeste o amarillo canario. Entre los talismanes, Petronila podrá escoger una piedra ojo de gato, una nuez moscada o una mariposa. Una flor con influjos de Marte, como la dalia o la genciana, le aportarán una pizca de iniciativa y espíritu combativo.

PÍO - PÍA

ETIMOLOGÍA E HISTORIA

Pío, nombre de un grupo de Papas, deriva del latín *piare* (= borrar con el sacrificio), y por tanto «devoto», conforme a las reglas religiosas.

Fiestas: 30 de abril, 5 de mayo y 11 de julio.

CARÁCTER Y DESTINO

Como prescribe el nombre, **Pío** es persona de buen corazón, aunque apresurada, desordenada e inclinada a olvidar las promesas.

Pía es igualmente generosa pero más ahorradora, racional y dotada para las ciencias exactas. En el amor no conoce reservas: vive relaciones muy intensas, tratando de dar siempre lo mejor de sí misma.

La suerte

Número mágico para Pío: el solar cuatro; el ocho, marcado por Saturno, para Pía. Días propicios: domingo y sábado. Colores: amarillo, para él; todos los matices del marrón, para ella. Como talismanes, Pío adoptará una hoja de palmera, un objeto de oro o un canario; para Pía, plomo, asfódelo y perfume de incienso.

PRECIOSA

Etimología e historia

Nombre afectivo con el significado de «muy querida». Es un personaje de las *Novelas ejemplares*, de M. de Cervantes.
Fiesta: 1 de julio.
Una variante: *Preciosilla*.

Carácter y destino

Preciosa, ambiciosa y competitiva, es una mujer creativa, original, dotada de una voluntad férrea y de una sangre fría realmente excepcional. Desprecio por las convenciones sociales, sed de dinero y de poder. De personalidad extraodinaria pero tiránica, difícilmente admite sus errores. En amor ofrece dedicación absoluta pero exige en la misma medida.

La suerte

Número mágico: el uno. Día más propicio para las empresas arriesgadas: domingo. Colores: amarillo sol y anaranjado. Talismanes: esmeralda, canela o un broche de oro en forma de flor de loto.

PRIMO-PRISCO-PRISCA-PRISCILA

Etimología e historia

Aunque todos estos nombres derivan del latín *primus*, en el sentido genérico, se diferencian en que Primo designa el primer nacido de la familia, mientras que Prisco alude, junto con Priscila, al más vetusto, al primitivo entre los del mismo nombre. En la antigua Roma se distinguía por ejemplo entre los reyes Tarquinos al más antiguo de ellos.
Primo se festeja el 9 de febrero y el 9 de junio. Prisco se celebra el 15 de abril y el 1 de septiembre. Priscila, a la que se dedicaron las catacumbas romanas, el 18 de enero y el 8 de julio.
Entre las variantes femeninas: *Primia, Primicia, Primalia*.

Carácter y destino

Primo y Prisco, de naturaleza positiva y reflexiva, tienen un gran sentido del deber. Obstinados y decididos, ocultan tras una máscara de rudeza una vida afectiva sincera, estable y muy satisfactoria.
Tradicionales, reflexivas y prudentes, **Prisca y Priscila** se muestran más alegres, aunque poco expansivas. La escasa sensibilidad es compensada en los afectos por la fidelidad y el profundo apego a la pareja.

La suerte

Números mágicos: el ocho, para Primo y Prisco; el nueve, para Priscila, y el tres, para Prisca. Días favorables, respectivamente: sábado, martes y jueves. Colores: marrón y negro, rojo vivo, púrpura.
El talismán para Primo y Prisco: ónice, calcedonio, un fragmento de piedra procedente de unas ruinas; perfume de pino y ciprés. El amuleto para Priscila: un viejo objeto oxidado y una dalia. Para Prisca, en cambio, el talismán será el estaño, una amatista y un perrito de trapo o, mejor aún, vivo.

QUINTO - QUINTILIANO

Etimología e historia

Quinto y Quintiliano son dos apelativos que presentan una etimología común, la voz latina *quintus*, antiguo nombre atribuido por los romanos al quinto hijo, o bien a los nacidos en el quinto mes del año, en aquella época julio.

Fiestas: 27 de enero, 19 de marzo, 10 de mayo y 13 de abril, para Quinto; 14 de junio y 9 de septiembre, para Quintiliano.

Entre las celebridades, casi todas romanas: Quinto Lucio Cincinato, que rechazó los cargos públicos prefiriendo su tranquila vida campestre; Quinto Fabio Máximo, llamado el Temporalizador, vencedor de Aníbal; Quintino Sella, político y científico italiano; y Quentin Metsys, pintor flamenco.

Variantes: *Quintín, Quintilio, Quintila, Quintalina* y *Quentin*.

Carácter y destino

Carácter poco equilibrado para **Quinto** y **Quintiliano**. Orgullo, caprichos, frases poco afortunadas que, no obstante, se les perdonan de buen grado por la natural vivacidad, la alegría y la fantasía que los distingue. Simpáticos en sociedad, se muestran fríos y selectivos en las amistades. Atribuyen gran importancia a los sentimientos, que viven apasionadamente. Buena memoria, coraje, activismo.

La suerte

Número: seis. Día favorable: viernes. Colores: turquesa y rosa. Entre los talismanes, optarán por una pluma de paloma, jade y jaspe verde o bien un hilo de cobre.

QUIRINO

Etimología e historia

El apelativo latino *Quirinus* toma su nombre de una antigua divinidad guerrera (más tarde identificada con Rómulo), tal vez vinculada a los *Quirites* (los Sabinos), habitantes de la ciudad de Cures. Sin embargo, también puede derivar del latín *couirium* (= unión de los ciudadanos), o de *quiris* (= armado de lanza).

Fiestas: 25 y 30 de marzo, 4 de junio.

Variante: *Quirico*, derivado de un cruce de Quirino con Ciriaco.

Carácter y destino

Temperamento franco, sincero, siempre objetivo. A pesar de la intransigencia con que a menudo se trata a sí mismo y trata a los demás, Quirino resulta simpático a los amigos y a las mujeres. Por otra parte, es siempre un buen compañero, dulce, sólido y de pocas pretensiones.

La suerte

Número propicio: cuatro. Día afortunado: domingo. Color: amarillo oro. Entre los amuletos: oro, topacio, perfume de incienso. Romero o salvia.

Amuletos

RAFAEL - RAFAELA

Etimología e historia

En el episodio bíblico en el que el arcángel Rafael permite al joven Tobías curar a su padre ciego por medio de la hiel sacada de un pescado milagroso, está encerrada la explicación etimológica del nombre (del hebreo *rapha'él* = Dios ha vuelto a sanar). Rafael y Rafaela celebran su onomástica el 29 de septiembre y el 24 de octubre. Es patrón, según los preceptos etimológicos, de médicos, oculistas y emigrantes.

Carácter y destino

Poéticos, distraídos, siempre dispuestos a prodigarse por los demás, **Rafael** y **Rafaela** se presentan como individuos dulces, reservados y algo afectados. Antes de tomar su opción de vida pueden mostrarse en la adolescencia perezosos e indolentes, despertando algunas preocupaciones en los educadores; pero una vez hallado el camino adecuado se revelan tranquilos y seguros. Exuberantes en el amor, acaban sentando la cabeza hacia los treinta años. Frugalidad, algunos problemas relacionados con la salud.

La suerte

Número nueve, para Rafael; ocho, para Rafaela; días favorables respectivos: martes y sábado. Colores: rojo, para Rafael; gris oscuro, para Rafaela. Rafael escogerá como amuletos una anémona, un pececillo de hierro, perfume de sándalo y ciprés. Ciprés también para Rafaela, unido al asfódelo y al diamante.

RAMÓN - RAIMUNDO - RAMONA

Etimología e historia

Del germánico *Raginmund*, se compone de dos voces: *ragan* (= juicio, intelecto, consejo), y *munda* (= defensa), con el sentido de protección divina. Se trata de un nombre muy difundido entre los condes de Tolosa.

Fiestas: el 7 y el 23 de enero y el 31 de agosto.

Carácter y destino

Tenaces, racionales bajo una apariencia de poco carácter, **Ramón** y **Raimundo** tienen siempre una solución sensata para todos.

Dotados para el mando —que tienden a ejercer para la protección de los más débiles— y atraídos por los estudios profundos. Les gusta frecuentar a otras personas aunque no representan en absoluto al tipo de hombre mundano. Gran seriedad y dedicación en el amor.

En femenino, el nombre confiere un carácter simple e ingenuo.

Ramona, saturnina, manifiesta una personalidad fascinante, devota pero inquieta y obstinada. Exclusivista en los afectos. Aspiraciones artísticas.

La suerte

El número favorable: ocho. Día propicio: sábado. Color: negro. Podrán adoptar como talismán un muñeco en forma de búho, una hoja de hiedra o sauce, perfume de incienso.

RAQUEL

Etimología e historia

Del hebraico «ovejita», Raquel es la segunda esposa de Jacob, muerta al dar a luz a Benjamín, del cual procedió una estirpe de criadores de ovejas contrapuesta a la descendencia de su hermana Lía (primera esposa de Jacob), constituida por criadores de ganado bovino.

Fiestas: 11 de mayo, 2 y 30 de septiembre.

Carácter y destino

Muy femenina, vivaz e ilógica, Raquel presenta una naturaleza no mala, pero obstinada, rencorosa. A pesar de ello, haciendo uso de su encanto, logra atrapar cierto número de corazones.

Siendo emotiva, tiende siempre a enternecerse y a hacerse perdonar con sus impulsos. Gran ambición y nerviosismo.

La suerte

Es el siete, de influencia lunar, el número que incide en la personalidad de Raquel, llevándola a preferir el lunes y los colores claros e irisados. Entre los talismanes: una ovejita de plata o de porcelana, alcanfor, mirto y flor de trébol. Una piedra saturnal como el jaspe marrón podrá aportarle la estabilidad emotiva que le falta.

RAÚL

Etimología e historia

Tomado a comienzos del siglo XIX, del francés Raoul y difundido a través de la narrativa popular, el nombre, procedente del germánico *Radurulf* o *Radulf*, se compone de dos voces: *ratha* (= consejo) y *wulfa* (= lobo), con un significado que podría ser «valiente como un lobo en la asamblea»; es un nombre similar al inglés *Ralph* y al alemán *Ralf*.

Fiestas: 21 de junio, 16 de agosto y, por último, el 30 de diciembre.

Carácter y destino

Su inteligencia, voluntad y ternura de corazón hacen a Raúl simpático para todo el mundo. Fiel y afectuoso en el amor, práctico y conciliador a nivel profesional, parece realmente un ser carente de defectos. Sin embargo, no es perfecto; le caracteriza una total falta de ambición y una impresionante influenciabilidad.

La suerte

Raúl, marcado por el número cuatro, prefiere el domingo, los colores cálidos y solares, y entre los amuletos el oro, el ámbar, el incienso y el laurel.

Naturalmente, también es propicia la imagen del lobo, origen del nombre, o bien una piedra marciana como el jaspe rojo, que incremente su espíritu luchador.

REBECA

Etimología e historia

Rebeca, en hebreo *ribaq* (= red, cuerda) —probable emblema del vínculo entre Israel y Edom—, figura en el Antiguo Testamento como mujer de Isaac y madre de Jacob y Esaú. En literatura, da título a una obra de Daphne du Maurier llevada también al cine por A. Hitchcock (1940).

Fiestas: 25 de marzo, 30 de agosto y 23 de septiembre.

Carácter y destino

Afable y simpática, Rebeca aparece siempre sonriente. Una sonrisa, en realidad, utilizada para ocultar los verdaderos sentimientos más ocultos. Muy adaptable, sensible y dulce, es una madre cariñosa y una esposa condescendiente. Éxito en las profesiones relacionadas con el diseño y la moda.

La suerte

Influida por la vibración solar del número uno, Rebeca prefiere: entre los días de la semana, el domingo; entre los colores, el amarillo intenso; entre los amuletos, una cadena de oro, el diamante, el topacio y la perfumada flor de la manzanilla.

REGINA - REGINALDO

Etimología e historia

Regina surgió y se afirmó, con la devoción por la Virgen, reina del cielo (papel que, antes del advenimiento del cristianismo, correspondía a la luna). Sin embargo, también puede constituir un nombre afectivo impuesto para augurar a la hija que crezca bella, fuerte y rica como una reina (regina es femenino del latín *rex, regis* = rey). También es interesante el paralelismo con el alemán *ragin* (= consejo), de donde procede el masculino Reginaldo y Reinaldo, es decir, «aquel que domina con el consejo de los dioses». La onomástica de Regina se celebra el 2 de abril, el 1 de julio y el 7 de septiembre; la de Reginaldo, el 7 de mayo, el 4 y el 18 de agosto.

Una variante: *Reina*.

Carácter y destino

Activa, muy dedicada a la profesión y a la sociedad, **Regina** no pierde nunca esa impronta de dulzura que la caracteriza y que, unida a su capacidad de persuasión, le permite enfrentarse prácticamente a todo el mundo, aunque sin demostrarlo. Sin embargo, es impulsiva hasta la imprudencia, y a menudo alocada.

En **Reginaldo** se da un temperamento magnético, misterioso, dotado de una voluntad férrea, aunque cuidadosamente oculta. Comportamiento fingido en el campo afectivo.

La suerte

Número nueve, para ella; el cuatro, para él. Días favorables respectivos: martes y domingo. Colores: rojo y amarillo. Entre los talismanes, una coronita de hierro, una dalia y un rubí resultarán particularmente beneficiosos para Regina; para Reginaldo, incienso, oro y el narciso amarillo.

REINALDO

Etimología e historia

Difundido por los poemas del ciclo carolingio en los que encarna a Reinaldo de Montalbán, primo de Orlando y caballero de Carlomagno, Reinaldo tiene derivación germánica de *regin* (= consejo) y *waltan* (= mandar), con el significado de «aquel que gobierna con el consejo de los dioses».

El 17 de agosto se celebra la festividad de aquel san Reinaldo que procedió contra los templarios de forma bien poco santa.

Otras festividades: 5 y 9 de febrero, 7 de mayo.

Carácter y destino

Voluntad, sensibilidad y coraje puestos al servicio de la ambición son los rasgos destacados de la personalidad de Reinaldo, que tendrá una hermosa vida, llena de satisfacciones.

Personalidad excepcional pero tiránica, dispuesta a dar mucho tanto en la amistad como en el amor pero igualmente propensa a pretender. Altibajos financieros.

La suerte

Reinaldo, influido por el número uno, preferirá el domingo, los tonos cálidos y solares, y, como talismanes, ámbar, romero y la efigie de un toro o de una cebra.

REMIGIO

Etimología e historia

Remigio puede considerarse una alteración del poco armonioso apelativo latino *Remedius* (= medicina para el alma) o bien un derivado de *reme remegius* (= remero). Pero si se considera que san Remigio, cuya festividad se celebra el 1 de octubre como patrón de los escolares, fue conversor de los francos y obispo de Reims, no puede descartarse la hipótesis según la cual pueda tratarse de un nombre étnico en el sentido de nativo de Reims.

Carácter y destino

Firme, voluntarioso, pero en el fondo bueno, Remigio es un individuo que da mucha importancia a la cultura. Hallará la estabilidad profesional y afectiva bastante tarde en la vida, tras una juventud turbulenta y llena de problemas.

La suerte

Es el cuatro, influido por el sol, el número que armoniza con la personalidad de Remigio. Día propicio, domingo. Color favorable: amarillo oro. Como amuleto, un águila o un león de oro, una hoja de salvia y una varita de canela.

REMO

Etimología e historia

Derivado quizá del griego *rein* (= deslizarse o tal vez cruce), en la forma latina *Romulus*, atestiguada como apelativo de un rey de Alba Longa, con *Remulus*. Es el nombre de uno de los míticos gemelos fundadores de Roma, muerto, según la leyenda, por su hermano Rómulo por haber superado el surco sagrado de la ciudad (con un curioso paralelismo con el caso de los bíblicos Caín y Abel).

Carácter y destino

Temperamento tranquilo, estudioso, atraído por la literatura pero caprichoso; gruñón y susceptible. En el amor se muestra voluble y, a pesar del éxito que tiene con las mujeres, difícilmente alcanzará la felicidad afectiva. En efecto, puede verse atormentado por los celos que su actitud de calavera suscita en su compañera. Dotado de voluntad y ambición, logra ganarse sin grandes dificultades una posición de prestigio. Pretende mostrar a los demás la imagen del hombre perfecto que no es.

La suerte

Número seis para Remo, marcado por Venus. El viernes es su día mágico; el verde menta, su color. Un gato, un objeto de jade o una pulsera de cobre son los amuletos más adecuados.

RENATO - RENATA

Etimología e historia

Del latín *renatus* (= nacido dos veces), este nombre revela la carga iniciática contenida en el bautismo, que, con el rito de la inmersión (las aguas maternas) propone un segundo nacimiento, sobreentendido en la comunidad de los fieles. La festividad de san Renato se celebra el 6 de octubre y el 12 de noviembre.

Cabe recordar a: Renato D'Angiò, escritor y, durante poco tiempo, rey; R. Cartesio, filósofo y padre del racionalismo, y al novelista romántico R. de Chateaubriand.

Carácter y destino

Renato se presenta como un individuo tímido, cerrado y reservado. Tenaz e inteligente en el ámbito escolar y profesional, lleva sus asuntos con orden y método. Atento y dulce con su compañera es en la pareja el que empuja al matrimonio. Puede manifestar cierta violencia si se ve provocado.

Despierta y decidida, **Renata** es una mujer caprichosa pero delicada y sentimental. Menos tímida que su correspondiente masculino, se muestra vivaz y ligera, al menos en una observación superficial, porque en el fondo oculta un espíritu melancólico y meditativo.

La suerte

Número uno, solar, para él; el cinco, mercuriano, para ella. Los días más afortunados, respectivamente: domingo y miércoles. Colores: amarillo oro y amarillo limón. Como talismanes, Renato adoptará una hoja de palmera, una nuez moscada, azafrán y oro; Renata, en cambio, enebro, menta y un mono de peluche.

RICARDO

Etimología e historia

La etimología popular que ve, erróneamente, en Ricardo un derivado del adjetivo *rico*, ha incrementado la difusión de este nombre, considerado por muchos de buen augurio. Por el contrario, Ricardo, del germánico *rikja* y *hardhu*, significa potente, fuerte.

Fiestas: 7 de febrero, 3 de abril y 18 de septiembre. Es patrón de los carreteros. Además de Ricardo *Corazón de León* y Ricardo III, último rey de la dinastía angevina, este personaje está representado por los compositores R. Wagner y R. Strauss.

Las variantes: *Rickie, Rika, Dick*.

Carácter y destino

Frío en apariencia, Ricardo es un soñador solitario e incapaz de comunicar sus pensamientos. Impetuoso e impulsivo en el amor, le gusta crear auténticas novelas llenas de pasiones violentas. En el ámbito profesional se muestra agrio e intransigente; en suma, un verdadero tirano de corazón muy tierno.

La suerte

Número ocho, influido por Saturno. Día favorable: sábado. Color: negro. Los talismanes: una estatuilla que recuerde el oso y el lobo, plomo y una hoja de hiedra.

ROBERTO

Etimología e historia

Del germánico *hroth* (= gloria, fama) y *behrt* (= ilustre), es decir, «ilustre por su fama», documentado ya en la época longobarda.

Son varios los santos: san Roberto Belarmino (23 de mayo) y san Roberto de Molesmes (29 de abril). Otras festividades: 7 de junio y 17 de septiembre.

Entre los profanos: el legendario Robin Hood, héroe inglés de la época de Ricardo *Corazón de León*, defensor de los pobres y de los oprimidos, y el bandido escocés Rob Roy. Y, además, un poeta del siglo pasado, R. Browning, el compositor R. Schumann y una nutrida multitud de reyes y nobles.

Diminutivos y variantes: *Rob, Bobby, Robin, Robinson*.

Carácter y destino

Temperamento orgulloso, susceptible; dotado de franqueza y de una gran confianza en sí mismo. Roberto, elocuente y hábil, sabe apreciar también el lado económico de la existencia. Poco pasional, se muestra, no obstante, capaz de afectos duraderos. Escasa ambición, ideas tradicionales, cóleras subterráneas.

La suerte

Roberto, bajo el influjo del tres, número propio de Júpiter, prefiere el jueves, el azul eléctrico y, entre los amuletos, la amatista, el geranio y el perro (de carne y hueso o de trapo).

RODOLFO

Etimología e historia

Del germánico *hrod* (= gloria) y *wulf* (= lobo), significa a «lobo glorioso», un epíteto cargado de gratificantes significados dentro de la concepción nórdica del lobo, animal sagrado para Odín, de múltiples virtudes mágicas y guerreras.

Fiestas: 17 de febrero, 21 de junio y 17 de octubre.

Personajes célebres: Rodolfo de Habsburgo, protagonista de la tragedia de Mayerling, y el fascinador por antonomasia, Rodolfo Valentino.

Diminutivos y variantes: *Ralph, Rollo, Rudy, Rilke, Rodin, Raúl*.

Carácter y destino

Dotado de buen corazón y sentido común; reflexivo, sereno pero poco expansivo, Rodolfo constituye a menudo el tipo de rompecorazones más con palabras que con hechos. Orden, pragmatismo, frugalidad o avaricia.

La suerte

Número favorable: cuatro; día de suerte: domingo; colores: amarillo anaranjado, oro. Como talismán, Rodolfo podrá adoptar la efigie de un lobo, un girasol o un crisólito.

RODRIGO

Etimología e historia

Procedente del germánico *hrod* (= gloria) y *rikja* (= rico, potente), con el significado de rico en gloria, el nombre se afirmó en la época gótica. En efecto, Rodrigo es el nombre del Cid Campeador y del último rey visigodo en España, muerto por los árabes. Fiesta: 13 de marzo.

Variantes: *Roderich, Rodrik, Ruy, Rorich, Rurich*.

Carácter y destino

Personalidad curiosa, incansable, valiente. Rodrigo, sencillo y honrado, detesta los compromisos y las acciones engañosas, pero también los compromisos, las responsabilidades y las ataduras. Siempre preocupado por no perder su libertad, no duda en romper una relación en cuanto esta se vuelve vinculante, al menos hasta que se enamora de verdad. Gana mucho, pero no se enriquece.

La suerte

Número favorable: cinco. Día propicio: miércoles. Colores: anaranjado y celeste. Talismanes: el mineral llamado marcasita, una ramita de lavanda y la silueta de un mono.

ROGELIO - ROGER

Etimología e historia

Este es un nombre que nos habla de reyes y caballerescas aventuras. Derivado del germánico *hrodgar* (= lanza gloriosa), fue introducido en la península por los normandos. En efecto, Roger era el nombre de varios condes de Foix, entre los que por un motivo u otro han hecho hablar de sí Ruggero di Lauria, célebre almirante siciliano, y el teólogo inglés R. Bacone.

La onomástica se celebra el 16 de septiembre y 15 de octubre.

Las variantes: *Rogerio, Ruggiero, Gordon.*

Carácter y destino

Rogelio, de naturaleza práctica y positiva, a pesar de todas las buenas cualidades que posee en abundancia, lealtad, orden, coraje y tenacidad, acaba no siendo feliz. Ello se debe a su desmesurada sed de éxito, a su necesidad de destacar a toda costa sacrificando todas las pequeñas alegrías de la vida. En el estudio y en la profesión demuestra curiosidad, realismo y versatilidad, no exenta de cierta prudencia. Absolutista y pretencioso, pero igualmente generoso en los afectos.

La suerte

Número uno para Rogelio, que siempre quiere salir vencedor. Su día de suerte: domingo. Colores: amarillo oro, anaranjado. Como talismanes: un león de oro, incienso, laurel o una representación de la flor de loto.

ROLDÁN (véase ORLANDO)

ROMÁN - ROMANO - ROMANA - ROMINA

Etimología e historia

Sumamente complejo resulta el panorama etimológico de Román, Romano, Romana y Romina, nombres vinculados, evidentemente, al nombre de la capital italiana. Roma tiene su origen probablemente en *Rumon* (= Tíber), en *ruma* (= ubre, de ahí la leyenda de los gemelos amamantados por una loba), o en *rhome* (= fuerza). Román y Romano continúan, apoyados en el culto de varios santos, el sobrenombre latino de la época imperial *Romanus*, es decir, habitante de Roma y más tarde ciudadano del imperio.

San Romano de Ruán, famoso por haber devuelto el río a su cauce, se celebra el 23 de octubre.

Otras festividades: 28 de febrero, 18 de noviembre, 9 de agosto. San Romano de Rusia es patrón de Moscú.

Variantes: *Romy* y *Romilia.*

Carácter y destino

Hábiles, intuitivos y expeditivos, **Román, Romano** y **Romana** tratan de crear a su alrededor un entorno de personas sólo verdaderamente válidas. En el hombre se observa una larvada tendencia a la femineidad; en la mujer a la virilidad. Susceptibilidad, celos, caprichos de amor. Naturaleza estudiosa, reflexiva, dotada para el análisis y la introspección. **Romina**, tímida pero cariñosa y paciente, tiende a contraer un matrimonio precoz. En caso contrario, con los años se vuelve desconfiada, consciente de que sólo difícilmente podrá hallar un compañero adecuado para ella.

La suerte

Números favorables: cuatro, para Román y Romano; ocho, para Romana; siete, para Romina. Días propicios respectivos: domingo, sábado y lunes. Colores: amarillo, negro y gris perla. Los talismanes: para Román y Romano, oro, azafrán y una hoja de salvia; para Romana, una estrella de Navidad y un objeto de ónice; para Romina, una perla, una concha o un alga. Para todos, por último, la imagen de la legendaria loba.

ROMEO

Etimología e historia

Como el *hagg* para los musulmanes, Romeo (del griego *rhomâios*) era en la Edad Media quien había acudido en peregrinación a Roma o a Tierra Santa. Naturalmente, incrementó la difusión del nombre el drama shakespeariano ambientado en Verona, en el que Romeo y su infeliz amante Julieta hallan la muerte a causa de un odio implacable entre sus familias.

Fiestas: 25 de febrero, 4 de marzo y 21 de noviembre.

Carácter y destino

Romeo posee un temperamento impetuoso, romántico, sujeto a frecuentes decisiones precipitadas, aunque si se le deja tranquilo se muestra sensato, estudioso y es muy esforzado. No obstante, el sentimiento sigue siendo el tema central de su existencia. Cultiva ideales caballerescos, sueña con aventuras, astutas ganancias y en primer plano un único, eterno y gran amor.

La suerte

Número de la suerte: tres. Día propicio: jueves. Color: azul eléctrico. Entre los amuletos: una hoja de avellano o de serbal, una estatuilla que recuerde un delfín y un zafiro azul intenso.

ROMILDA

Etimología e historia

Nombre de origen germánico y de tradición longobarda compuesto por *hroma* (= gloria) e *hildja* (= batalla), con el significado de «gloriosa guerrera».

Carácter y destino

Romilda tiende generalmente a ocultar los sentimientos tras una fachada sonriente y simpática. Muy práctica y racional en todos los campos, sobre todo en el amor.

La suerte

Número favorable: cuatro; día propicio: domingo; color: amarillo intenso. Los talismanes: una peonia, un águila de oro y un collar de ámbar.

RÓMULO

Etimología e historia

Rómulo es, con su hermano Remo o Remulus, el mítico fundador de Roma, ciudad a la que está muy vinculado su nombre.

Fiestas: 27 de marzo y 6 de julio.
Variante femenina: *Romilia*.

Carácter y destino

De naturaleza buena y sencilla, Rómulo es el clásico bonachón alegre, generoso y un poco lento. En todas las situaciones trata de caer simpático, confiando como mejor puede en la suerte. Detesta las complicaciones sentimentales y por ello tiende a casarse pronto y a no pensar más en ello. Como padre, a menudo resulta bastante inmaduro.

La suerte

Número favorable: siete; día propicio: lunes; color: blanco. Como talismanes: la imagen de una loba (la mítica nodriza), una perla, una ostra o una hoja de lunaria.

ROQUE

Etimología e historia

Etimología muy complicada para este nombre, del escandinavo *hrokr* (= hombre de alta estatura), o del germánico *hruk* (= corneja: junto con el lobo y el águila, animal sagrado de la mitología nórdica); o también de *roke* (= cuidado, atención) o del provenzal *roc* (= rojo). San Roque es el peregrino que, tras liberar numerosas ciudades de la peste, contrajo la enfermedad y se retiró a una gruta, donde fue cuidado por un perro.

Fiesta: 16 de agosto.

Carácter y destino

Concentrado y aparentemente frío pero íntimamente fogoso e impetuoso, Roque es un individuo irónico, exasperante y egoísta. Dotado de gran encanto, manifiesta en el amor actitudes opuestas: o se lanza de lleno a la relación con un entusiasmo y una pasión realmente incendiarios, o bien se mantiene frío, desapegado, lleno de poses y sin sentimientos, poniendo así en una situación difícil a su compañera.

La suerte

Número favorable: nueve; día de la suerte: martes. Color: rojo vivo. Son sus amuletos: tabaco, lúpulo, un rubí y por supuesto la imagen de la corneja de la que parece derivar.

ROSA

Etimología e historia

La rosa, reina de las flores, ha dado origen al más difundido de los nombres florales. En efecto, Rosa, del griego Rodon, ocupa el cuarto puesto en el orden de popularidad de los nombres españoles. El nombre, que afirmó a comienzos de la Edad Media el valor simbólico de la rosa, emblema de juventud y amor, y apoyado en el culto de algunas santas, se celebra el 23 de agosto.

Entre las variantes y los diminutivos recordemos: *Rosita, Rosella, Rosana, Rosalina*, los compuestos *Rosalba* (Rosa blanca), *Rosaura* (Rosa de oro), *Rosa María* o *María Rosa*, y las formas sajonas *Rosemary* y *Romy*. Por último, Rosa puede considerarse diminutivo de otros nombres como *Rosamunda, Rosalinda, Rosalía, Rosario, Rosilda* y *Roswitha*.

Carácter y destino

Encanto y pasión pero también espinas son los rasgos que, como la flor del mismo nombre, definen a Rosa, la bella coqueta que llega, hechiza y luego huye para permanecer siempre independiente, dueña de sí pero poco feliz. Paradójicamente, si por azar se deja capturar, se transforma, de tenaz, distante y obstinada como era, en una esposa diligente y muy seria.

La suerte

Número de la suerte: ocho. Día favorable: sábado. Colores: todos los tonos del marrón y naturalmente del rosa. Una rosa también como talismán, o bien diamante, incienso, helecho y un anillo que recuerde la serpiente.

ROSALÍA

Etimología e historia

Son múltiples las hipótesis acerca del origen de Rosalía, compuesto de *Rosa* y *Lía*, o bien derivado del francés *Rocelin*, de importación normanda; o también vinculado a *Rosalía* (= corona de rosas), fiesta pagana adoptada por el cristianismo primitivo.

Fiestas: 15 de julio y 4 de septiembre.

Carácter y destino

Sensibilidad, reserva y encanto caracterizan a la dulce y poco expansiva Rosalía. Muy tímida, dotada de escasa voluntad, es capaz de dar mucho afecto. Pero escrutando en profundidad se podrá entrever la intención muy precisa, calculada, típica de las personas que nunca hacen nada por nada.

La suerte

Número mágico: tres; día de suerte: jueves; colores: púrpura, azul eléctrico. Como talismanes, un zafiro oscuro, estaño, una hoja de cedro o de tilo y, como es de suponer, una rosa.

ROSALINDA

Etimología e historia

No se trata de una rosa bien acicalada. En efecto, Rosalinda no tiene realmente nada que ver con la rosa. El nombre, de procedencia germánica, deriva quizá de *hroth* (= fama) y *linta* (= escudo de madera de tilo), con significado de «escudo que otorga gloria».

Carácter y destino

Personalidad tranquila, serena pero bastante ambiciosa, Rosalinda, debidamente estimulada, podrá obtener cierto éxito sobre todo en el campo literario y artístico. Dulce, entusiasta y adaptable a las novedades, es una mujer optimista, sociable y generosa. Además, sabrá hacer feliz incluso al compañero más depresivo.

La suerte

Es el tres, marcado por Júpiter, el número mágico para Rosalinda. Día favorable: jueves. Colores: azul oscuro, púrpura. Se beneficiará de una piedra turquesa, un clavo de olor o una pluma de faisán empleados como talismanes. De todas formas, el amuleto más adecuado para ella es un simpático y gran perro, aunque no sea de raza, siempre que se muestre lleno de energía.

ROSANA

Etimología e historia

Procedente de las historias medievales, noveladas, sobre la vida de Alejandro Magno; Rosana, en griego *Roxane*, corresponde al persa *Raushana* (= resplandeciente). En efecto, así se llamaba la esposa del macedonio asesinada con su hijito por un usurpador del trono.

Carácter y destino

Dulce, romántica, fundamentalmente enamorada del amor, Rosana es la seductora que acaba sufriendo mucho más en primera persona que todos los corazones rotos por ella, ya que son siempre razones sentimentales las que la inducen a abandonarse a frecuentes crisis depresivas. Muestra interés hacia las profesiones marcadas por la creatividad o el servicio social. Poco ambiciosa, desea sólo cierto bienestar.

La suerte

Es la vibración venusiana del seis la que mejor se adapta a la naturaleza de Rosana. Día propicio: viernes. Colores: rosa y verde manzana. Como amuletos, una esmeralda, un aguamarina, un cisne o un conejo de porcelana; perfume de rosa, ciclamen y jazmín.

ROSARIO

Etimología e historia

Se trata de un apelativo que refleja la devoción por la virgen del Rosario, invocada con las oraciones recitadas por medio de este místico objeto. El rosario, simbólicamente asociable a una guirnalda de rosas, consiste en una corona de 150 oraciones introducidas, se dice, por el papa Sixto IV, pero en realidad de más arcaico origen budista. Rosario y Rosalía eran hasta la Edad Media las coronas de rosas con que se adornaban los sepulcros, herencia de un paganismo actualmente destronado. Rosario se celebra el 7 de octubre.

Carácter y destino

Pasión, fuego, una fiebre emotiva se agitan dentro de estos hipersensibles e impresionables personajes, dotados de escasa voluntad. Muy leales en amor, sentimiento al que atribuyen una importancia excesiva, casi destructiva. Destino poco afortunado.

La suerte

Rosario, marcada por el número cinco, podrá corregir los sinsabores de una suerte poco benigna reservando el miércoles para las decisiones más importantes, vistiéndose de celeste y llevando ágata, cornalina, semillas de anís o la imagen de un ibis. También le resulta propicio un rosario de madera.

S

SABINO - SABINA

ETIMOLOGÍA E HISTORIA

Sobrenombre étnico con el significado de «perteneciente al pueblo de los sabinos», de cuyas mujeres todo el mundo recordará el famoso rapto. Hay quienes, por el contrario, pretenden asociarlo al germánico *sippe* (= *tribú*), o *swoba* (= suabio), aunque con hipótesis que aparecen muy poco documentadas.

También son múltiples, como las fuentes etimológicas, las fechas de la onomástica: 17 y 30 de enero, 7 y 11 de julio, 29 de agosto, 9 y 27 de octubre y 11 de diciembre.

CARÁCTER Y DESTINO

El nombre confiere en masculino una notable inteligencia y una naturaleza dulce, casi afeminada, que se transforma en su variante femenina en fuerza y decisión. En ambos, atracción por el arte, frecuentes caprichos. Mucha meticulosidad en la elección de la pareja.

LA SUERTE

Números favorables: para Sabino, el seis; para Sabina, el uno. Días favorables respectivos: viernes y domingo. Los colores: verde y amarillo. Entre los talismanes, el más adecuado para Sabino será el jade, el cobre y el mirto; canela, oro y un collar de ámbar para Sabina.

SABRINA

ETIMOLOGÍA E HISTORIA

Apelativo de reciente difusión procedente de la película de B. Wilder, *Sabrina* (1954), personaje al que dio vida Audrey Hepburn.
Fiesta: 29 de enero.

CARÁCTER Y DESTINO

Personalidad ambiciosa, competitiva, nunca mediocre. Capaz, de voluntad y sangre fría, Sabrina es una persona destinada al éxito. Es orgullosa, independiente y huye de la rutina. No admite sus errores. Éxito en la profesión, algo menos en el amor.

LA SUERTE

Número mágico: uno. Día feliz: domingo. Colores: amarillo oro, anaranjado. Entre los talismanes: girasol, cactus, la imagen de un cocodrilo o de una cobra. Un objeto de oro.

SALOMÓN - SALOMÉ

Etimología e historia

Del hebreo *Shelomon* (= pacífico), es el nombre del rey hijo de David, proverbial por su sabiduría y al que se atribuyen algunos libros del Antiguo Testamento. En femenino, el nombre se transforma en Salomé, apelativo de la madre de los dos apóstoles Santiago y Juan, pero también de la cruel hija de Herodes, la que pretendió como regalo la cabeza de san Juan Bautista. Salomé puede considerarse, como Salomón, un derivado de *shalóm* (paz), o bien apelativo de agradecimiento utilizado para el segundo hijo tras la muerte del primogénito (en hebreo *shalam yah* = Dios ha sustituido).

La onomástica se celebra para Salomón el 3 y el 13 de marzo, el 25 de junio, el 28 de septiembre y el 17 de noviembre. Para Salomé, el 29 de junio y también el 22 de octubre.

Salomón es un apelativo apreciado por quienes se acercan al mundo esotérico. En efecto, al parecer el rey de Israel era también un mago dotado, a través de particulares fórmulas y secretos, de extraños y maravillosos poderes.

Entre las variantes: el turco *Suleyman* y el árabe *Selim*, en masculino; *Selima* en femenino.

Carácter y destino

Estudioso, práctico, bastante frugal y vengativo, **Salomón** presenta un aspecto robusto, una actitud áspera tras la que esconde originales y sutiles cualidades. Muy fiel en el amor, se le puede comparar con la hiedra: donde se adhiere, muere.

En femenino el nombre **Salomé** parece conferir astucia, habilidad e intuición bajo un aparente candor. Iniciativa y voluntad. El pudor tiende a frenar los sentimientos.

La suerte

Números mágicos: cuatro, para Salomón, marcado por el sol, y dos, para la lunar Salomé; los días favorables respectivos: domingo y sábado; colores: amarillo intenso, para él, y muy pálido, para ella. Entre los amuletos, Salomón escogerá canela, azafrán y oro; Salomé, laurel, plata y un ópalo.

SALVADOR

Etimología e historia

El hebreo *yasha* (= él salvó) se tradujo al griego como *soter*, de donde procede el apelativo de carácter devocional Salvador y el poco frecuente correspondiente femenino Salvadora.

Salvador celebra su onomástica los días 18 de marzo, 6 de agosto y 9 de noviembre.

Entre las variantes: *Salvo, Salva, Salvio, Salviano, Selviano, Salvino, Salvina* y *Salve*, procedente de la fórmula inicial de la oración mariana *Salve, Regina*.

Carácter y destino

Despierto, hábil e ingenioso, Salvador representa el clásico tipo de hombre capaz de sacar ventaja de cada situación. Sin embargo, consciente de sus dotes, tiende a subestimar a los demás pecando de presunción. A pesar de ello, aprecia la alegría y el jolgorio. Voluble, pero sentimental en el amor.

La suerte

Es el cinco, de influencia mercuriana, el número que mejor se adapta a la personalidad de Salvador. Día favorable: miércoles. Colores: celeste y anaranjado. Como talismanes: un objeto de platino y una cornalina; prímula y verbena, entre las plantas; un mirlo o un loro de colores, entre los animales.

SAMANTHA

Etimología e historia

Documentado en Estados Unidos desde finales del siglo XVIII, Samantha aparece en el siglo pasado como nombre de una bruja. Aunque es inglés, parece conservar una vaga impronta hebrea con un significado que podría ser el de «escuchadora».

Carácter y destino

Personalidad curiosa, muy vivaz; siempre en busca de problemas, Samantha es una mujer activa, incansable, muy sincera. Probablemente obtendrá cierto éxito en el mundo del espectáculo gracias a su constancia y a su valiente capacidad de arriesgar. También en el amor le gusta la competición y el juego, mientras sea juego. De lo contrario, soportando mal relaciones serias y vínculos comprometedores, acabará dirigiendo a otro lado su atención entre sus numerosas conquistas.

La suerte

Número favorable: el cinco; día de suerte: miércoles. Colores: amarillo canario. Entre los talismanes, los más adecuados serán: cinco bayas de enebro, una esmeralda y perfume de lavanda.

SAMUEL

Etimología e historia

Del hebreo *Shemu'el*, es decir, «su nombre (del que lo ha dado) es Dios» o bien «pedido por Dios», Samuel es el profeta y juez de Israel que consagró a David.

Fiestas: 20 de agosto y 10 de octubre.

Cabe recordar a: S. Johnson, escritor inglés del siglo XVIII; al novelista S. Richardson, y al poeta S. Coleridge.

Variantes y diminutivos: *Sammy, Sam*; es curioso el femenino *Samuela*.

Carácter y destino

Samuel, cerrado y desconfiado, guarda celosamente su intimidad. Generalmente más culto de lo que parece, es elocuente, hábil y ahorrador. Muy dotado para los negocios, especialmente si se relacionan con el arte. Profundo apego a la familia, dentro de la cual cambia completamente de rostro, mostrándose tierno y romántico, excelente consejero y maestro para sus hijos.

La suerte

El número seis, marcado por Venus, le traerá suerte a Samuel. El día más favorable: viernes. Verde y rosa son los colores predilectos. Entre los talismanes: una estatuilla de jade, una hoja de mirto, una pluma de gorrión o paloma.

SANCHO - SANTOS - SANTINA

Etimología e historia

Sancho y Santina continúan el latín *sanctus* (= santo), consagrado a Dios. Santos, con el francés Toussaint, deriva en cambio de *Dies omnium sanctorum*, es decir, fiesta de todos los santos. También hay quien pretende asociar esta serie de apelativos con el alemán *sand* (= verdad). La onomástica, primero celebrada el 13 de mayo, se trasladó más tarde al día de Todos los Santos. Una excepción para Santina (2 de mayo y 11 de octubre).

CARÁCTER Y DESTINO

Inteligentes y asimiladores, pero dotados de escasa voluntad, **Sancho, Santina** y **Santos** son individuos sinceros, dinámicos y algo presumidillos. Les cuesta decidirse en el amor; pero cuando por fin forman una familia, lo hacen sin moderación, y dado que les gustan los niños tendrán una descendencia muy numerosa.

LA SUERTE

Números favorables: cinco, para Sancho; seis, para Santos y Santina. Los días propicios, respectivamente: miércoles y viernes. Colores: anaranjado y verde. Amuletos: Sancho adoptará el ágata y la menta; Santos y Santina, una rosa, coral y cobre.

SANTIAGO (véase JAIME)

SANTOS (véase SANCHO)

SARA

ETIMOLOGÍA E HISTORIA

Tomado del Antiguo Testamento en el que Sarah es esposa de Abraham y madre de Isaac, significa princesa (*sarar* = mandar).
 Fiestas: 9 de octubre, 10 de diciembre.
 Un personaje: la célebre actriz francesa S. Bernhardt, o la española S. Montiel.

CARÁCTER Y DESTINO

Curiosa, chismosa pero al mismo tiempo aristocrática, distante y poco comunicativa. Sin embargo, interiormente Sara es mucho mejor de lo que parece. En las relaciones afectivas se muestra sumamente celosa, a pesar de que su compañero la cubre de atenciones y afecto. Suerte constante en los negocios, que sabe administrar muy bien.

LA SUERTE

Número de la suerte: tres; día propicio: jueves. Sara se beneficiará llevando prendas de color púrpura y azul, y utilizando como talismán una avellana, hilo de estaño o un zafiro. Un perro podrá aumentar su suerte.

SEBASTIÁN

ETIMOLOGÍA E HISTORIA

Sebastián se compone de una voz griega completada por un sufijo latino, con el significado de «venerable». El santo es el célebre mártir tan apreciado por los pintores del pasado como tema religioso y profano al mismo tiempo. La leyenda narra que Sebastián, condenado al martirio de las flechas y creído muerto, fue abandonado aún con vida, hallado y cuidado por una piadosa mujer. Tras volver junto al emperador Diocleciano para reprocharle su ferocidad contra los cristianos, fue decapitado y arrojado a una cloaca. Es patrón de los guardias urbanos.
 Fiestas: 12 y 20 de enero.
 Entre las celebridades destaca el gran compositor J. S. Bach.

CARÁCTER Y DESTINO

Dotado de un temperamento sensato, metódico y muy ponderado, Sebastián parece viejo incluso cuando es joven. Inteligente e ingenioso; un poco influenciable, gusta de la vida familiar. Se muestra comedido, distante y poco partícipe incluso en el amor.

La suerte

Es el seis, de influencia venusiana, el número capaz de mejorar la suerte de Sebastián. Día favorable: viernes. Colores: rosa y turquesa. Como talismán será favorecido por la piedra turquesa, la rosa y el muguet, entre las flores, y el gato y la tórtola, entre los animales.

SERAFÍN - SERAFINA

Etimología e historia

Del hebreo *saraf* (= arder, quemar, pero en hebreo bíblico también «serpiente»), el nombre refleja el culto por los serafines, los ángeles más cercanos a Dios, descritos por Isaías como criaturas aladas que despedían fuego por la boca y que constituían el primero de los nueve coros angelicales.

Fiestas: 3 y 29 de septiembre, 12 de octubre y 25 de julio.

Carácter y destino

Temperamento cerrado, presuntuoso. Intelectualmente lentos pero profundos asimiladores, flemáticos y realistas, **Serafín** y **Serafina** desean siempre hacer hablar de sí, tanto para bien como para mal. Les gustan las cosas bellas, los compañeros atractivos y la vida cómoda. Tienden a «pinchar» a amigos y conocidos ironizando sobre todo y todos.

La suerte

El seis, venusiano, es el número mágico para Serafín; el uno lo es para Serafina. Los días afortunados son viernes y domingo, respectivamente. Colores: verde y amarillo. Talismanes: para él, una serpiente de jade, una hoja de mirto o un ciclamen; para ella, un anillo de oro, un girasol y un rubí.

SERENA

Etimología e historia

Del griego *xeros*, que significa seco, no lluvioso y por tanto límpido, ha acabado indicando un estado de ánimo tranquilo, sin contradicciones. Serena es recordada el 2 y el 16 de agosto, el 30 de enero y el 23 de febrero.

Carácter y destino

Carácter tranquilo, feliz con poca cosa, resistente y tenaz, Serena se concede muy pocas debilidades. Tiene siempre en mente un proyecto nuevo, creativo y original en espera de realización.

Es buena, altruista e intensa en los afectos pero, ¡cuidado con pincharla! Se revuelve y muerde.

La suerte

Es el número ocho, marcado por Saturno, el que mejor se adapta a la vibración de Serena. Día favorable: sábado. Colores: los tonos oscuros combinados con el celeste que tanto recuerda su nombre y que, por la influencia de Venus, le proporcionará esa vena romántica que no está de más. Entre los talismanes: un osito de peluche, un anillo que recuerde la serpiente, un escarabajo. Perfume de incienso y de pino.

SERGIO

Etimología e historia

Sergio, gentilicio romano de origen etrusco, olvidado en la Edad Media, no volvió a ponerse de moda hasta finales del siglo pasado a través de la literatura rusa. La *gens Sergia*, que indicaba en Roma una familia patricia llegada del campo, ocultaba quizás en el nombre un significado equivalente a «guardián de rebaños», aunque sus miembros afirmasen que derivaban de aquel Sergesto, el compañero de Eneas mencionado por Virgilio.

La onomástica se celebra el 24 de febrero y el 9 y el 25 de septiembre.

Entre las celebridades: Sergio Lucio Catilina, que supo levantarse contra la aristocracia romana; S. Diáguilev, famoso coreógrafo de ballets rusos, y S. Prokófiev, músico.

Una variante: *Sergej*.

Carácter y destino

De carácter influenciable, cerrado pero simpático, inteligente y lógico, Sergio es un individuo adaptable, agradable, amante del deporte y de la vida al aire libre; a menudo sometido a la envidia ajena.

Apasionado pero brusco y bastante celoso, en el amor nunca logra expresar la ternura que siente. Por este motivo sufre numerosas desilusiones sentimentales antes de casarse, cosa que hace en la madurez.

La suerte

Número uno, de influencia solar, para Sergio, que prefiere el domingo, los colores cálidos, dorados y, entre los talismanes, un objeto que recuerde un carnero, un topacio, una hoja de granado o de palmera.

SEVERO - SEVERINO - SEVERIANO

Etimología e historia

Del latín *severus* (= severo, inflexible), Severo con Severino y Severiano ha llegado hasta nosotros incentivado por el culto de numerosos santos.

San Severo, patrón de los curtidores, es celebrado el 6 de noviembre, también el 8 de enero, el 11 y el 21 de febrero, el 30 de abril, el 6 y el 8 de junio, el 7 de julio y, por último, el 23 de octubre.

San Severino se conmemora el 7 de agosto y San Severiano el 9 de septiembre.

Entre los personajes célebres: el emperador romano Septimio Severo, Casio Severo, orador satírico, y el médico Severo Ochoa.

Carácter y destino

Severo se presenta como un individuo emprendedor, susceptible, muy valiente e irreflexivo. Cree en el destino y ama la justicia. En el amor tiende a mostrarse ampuloso y ligeramente narcisista: en suma, un donjuán incapaz de encariñarse realmente con alguien. Más severo, serio y rígido resulta Severino; combativo e idealista hasta el exceso, **Severiano**.

La suerte

Número tres, marcado por Júpiter, para Severo; el saturnal ocho, para Severino; el nueve, para Severiano. Días favorables: jueves, sábado y martes, respectivamente. Entre los colores: violeta, negro y rojo. Como talismán, Severo adoptará hilo de estaño y amatista; Severino preferirá la cornalina, el plomo y el ciprés; Severiano se inclinará por un ranúnculo, una bolsita de tabaco, una estatuilla o un muñeco de peluche que recuerde el tigre o el leopardo.

SIBILA

Etimología e historia

Sibila, muy frecuente en Francia y Suiza, entre nosotros bastante poco habitual, es un bonito nombre a tener en cuenta.

Del dialecto dórico *Sios* (= Júpiter) y *ballo* (= voluntad) significa propiamente «aquella que da a conocer la voluntad de Dios». Y, en efecto, todo el mundo habrá oído mencionar a la Sibila cumana, la hermosa muchacha adornada con una luna en cuarto creciente que predecía el futuro en una caverna de Cumas.

Fiesta: 19 de marzo.

Carácter y destino

Personalidad original, creativa y muy cerebral. Capaz de impulsos, de sentimientos surgidos ilógicamente, de repente. Sibila es una mujer de grandes pasiones, categórica, segura de sí misma; una de esas que se admiran o se detestan, pero sin duda nunca se toleran. Entre los defectos, cierto oportunismo enmascarado con habilidad.

La suerte

Número favorable: uno; día propicio: domingo; colores: amarillo oro, anaranjado. Talismanes: una esmeralda, una ramita de verónica y una varita de canela. Perfume de incienso.

SILVIO - SILVIA - SILVANO - SILVANA - SILVERIO - SILVESTRE

Etimología e historia

Aún más que la Rea Silvia, hija del rey de Alba Longa y madre de los dos legendarios gemelos fundadores de Roma, Silvia tiene el poder de evocar a la «muchacha leopardiana de ojos sonrientes y fugitivos» que ha contribuido ampliamente a difundir este hermoso nombre que sabe a bosque y a frescura. Y, en efecto, Silvio y Silvia derivan, como Silvano, Silvestre y Silverio, de *silva* (= bosque), o del griego *xilon* (= madera). Según la leyenda, el nombre fue atribuido por primera vez a un hijo de Eneas, nacido en un bosquecillo, del que descienden todos los reyes de Alba Longa. Y también relacionado con los bosques y los rebaños está Silvano, la divinidad agreste paralela al griego Pan, aún presente, como duendecillo, en algunas sagas.

Silvia celebra su onomástica el 31 de agosto, el 21 de abril y el 3 de noviembre; Silvio, el 3 de noviembre. Para Silvano y Silvana, el 10 de febrero, 3 de mayo, 10 de julio y 22 de septiembre; 20 de junio para Silverio, 20 y 26 de noviembre y sobre todo el celebrado 31 de diciembre para Silvestre, el papa que introdujo en Occidente las cifras árabes. San Silvestre es patrón de los cocineros.

Carácter y destino

Luces y sombras, como en los bosques, caracterizan la personalidad de la variable e inestable **Silvia**, amante de la evasión, de los viajes y de las locuras, pero atraída, en lo más profundo, por ese rincón de sosiego que su nombre le sugiere continuamente. Temperamento ingenioso, altruista, versátil y muy combativo que la dirige hacia profesiones liberales, dinámicas y hacia un compañero comprensivo y poco celoso, que es capaz de adaptarse a su espíritu independiente.

Silvio, variable y muy hábil en tratos y comercios, es un individuo poco casero, aunque las apariencias le pintan atraído por la paz y por la tranquilidad. Cultiva en realidad un inquieto fondo de ensueño en el que viajes, movimiento y amores siempre nuevos son los protagonistas. Extrovertido y comunicativo, le gustan los contactos humanos, pero tiende a dejarse guiar por los demás. Es dulce, amoroso y simpático; sin embargo, atribuye escasa importancia al corazón.

Silvano se caracteriza por una doble personalidad, una doble vida. Activo pero desordenado, pródigo, le gusta mucho el juego. Ambicioso, orgulloso, dotado de un concepto de sí mismo demasiado elevado, se muestra frío en el amor.

Silvana, alegre, pacífica, atraída por el campo y por los animales, es más sentimental y está dotada para las profesiones artísticas, literarias o, en cualquier caso, vinculadas a lo social.

Silvestre, ordenado, racional y práctico, se presenta como un individuo obstinado y planificador incluso en el amor. Aptitud para el ahorro y ponderación en el ámbito económico y financiero.

Por el contrario, **Silverio**, más ambicioso y competitivo, no vacila en arriesgar; sobre todo si lo que está en juego es éxito o dinero. Celoso y tiránico, pretende dedicación absoluta en el amor pero es capaz de ofrecer mucho a cambio.

La suerte

Números: nueve, marcado por Marte, para Silvia; cinco, para Silvio; dos, para Silvano; seis, para Silvana; uno, para Silverio; cuatro, por último, para Silvestre. Días favorables, respectivamente: martes, miércoles, lunes, viernes y, para los dos últimos, domingo. Colores: rojo, anaranjado, amarillo pálido, verde y amarillo oro; tonos relacionados con el bosque.

Talismanes: un rubí, una genciana, una anémona y un fragmento de corteza, para Silvia; platino, una prímula o una ramita de avellano, para Silvio; helecho, malva y plata, para Silvano; lapislázuli, coral, ciclamen y narciso, para Silvana; por último, para Silverio y Silvestre, retama, árnica y perfume de incienso.

SIMÓN · SIMONA · SIMONETA

Etimología e historia

Dos etimologías para dos nombres que, actualmente casi están unificados: el hebreo Simeón, de *shamah* (= consentimiento), y el griego Simón, con Simona y Simoneta, de *simos* (= chata, de nariz aplastada). Simeón es en el Antiguo Testamento hijo de Jacob; en el Nuevo, el primo y discípulo de Jesús (5 de enero, 18 de febrero, 1 de julio y 3 de septiembre). Simón es el nombre de varios personajes en el Nuevo Testamento, destacando uno de los doce apóstoles (23 de marzo y 28 de octubre).

Cabe recordar, aunque nunca fue santo, a aquel popular Simón *el Mago* que, pretendiendo combinar los negocios con la religión, trató de adquirir de los apóstoles el poder de realizar milagros, motivo por el que el tráfico de las cosas del espíritu se denomina desde entonces simonía. Otros célebres personajes: el escultor griego Simón de Egina; Simón Boccadoro, primer dux de Génova; Simón Bolívar, héroe de la independencia venezolana, y la escritora francesa Simone De Beauvoir.

Carácter y destino

Simón es un individuo pacífico, ponderado, sereno y muy serio. No obstante, aunque se muestra culto y estudioso, no le gustan demasiado los libros. En el amor es indiferente e imperturbable. Muy fascinante pero frágil de sentimientos. El nombre parece dirigir a la longevidad.

En femenino, confiere una personalidad imaginativa, sensible y agitada; Simona es caprichosa, fascinante y sensual. Hábil y astuta, no desdeña la intriga.

Muchas pretensiones, precoz sentido de la independencia, clase e innata elegancia.

Simoneta resulta, en cambio, más desenvuelta y avispada. Es la eterna muchachita enamorada del amor. Atracción por la música y el arte. Hallará felicidad y satisfacción en la educación de los hijos.

La suerte

Números: tres, para Simón; siete, para Simona; ocho, para Simoneta. Días favorables respectivos: jueves, lunes y sábado. Colores: azul eléctrico, blanco y marrón. Talismanes: Simón preferirá una bellota, un zafiro y una estatuilla que recuerde el cisne o el delfín; Simona se decantará por perlas, ópalo, un pececillo o una rana de plata; Simoneta optará por un osito de peluche, un jaspe marrón y perfume de helecho.

SIRO

Etimología e historia

Del latín *syrus* (= oriundo de Asiria), se relaciona con el nombre de una hermosa estrella muy luminosa, Sirio (en griego, *seirios* = ardiente).

San Siro, patrón de Pavía, es recordado el 9 de diciembre. Otras festividades: 8 y 29 de junio.

Las variantes: *Sirio, Siria, Siriano, Siriana*.

Carácter y destino

De temperamento tranquilo, inteligente y predispuesto al estudio, aunque bastante caprichoso, Siro resulta simpático a todo el mundo por su actividad y coraje. Tiende a atribuir una excesiva importancia al amor, sufriendo a menudo inútilmente por las numerosas desilusiones sentimentales a que le somete su idealismo.

La suerte

Es el siete, número lunar, el que marca la reflexiva personalidad de Siro. El día más adecuado para emprender algo nuevo: lunes. Colores: blanco y plata. Talismanes: una estrellita, siempre de plata o platino, o bien una estrella de mar, una concha o una hoja de mirto.

SOFÍA - SONIA

Etimología e historia

Sofía, término griego que significa «conocimiento», ha hallado un amplio consenso en el ambiente cristiano como sinónimo de divina sabiduría, encarnación del Verbo. Lo ha sostenido además el culto de la mártir Sofía con sus hijas Fe, Esperanza y Caridad.

Fiestas: 30 de abril, 4 de junio y 30 de septiembre.

Sonia, variedad afectuosa de Sofía, se hizo popular a través de la novela *Crimen y castigo*, de F. Dostoievski, y *El tío Vania*, de A. P. Chéjov.

Carácter y destino

Sofía, vibrante y pasional, tiende a ocultar un ánimo sumamente femenino tras una corteza áspera, casi masculina, de un orgullo que aleja. Es inteligente, fuerte, tenaz, sensata e intuitiva. Bastante positiva, persigue pocos sueños, pero esos pocos los realiza siempre. Posesiva como madre, sometida a su compañero como novia y como esposa.

Sonia, por el contrario, ni siquiera intenta enmascarar sus pasiones más desenfrenadas, sus impulsos sentimentales repentinos, los celos, los rencores que se amontonan tumultuosamente en su interior. Indecisa, influenciable, muy dulce en el amor, siente constantemente la necesidad de sentirse ocupada porque no soporta quedarse sentada mano sobre mano. Excelentes posibilidades de éxito, altibajos financieros.

La suerte

El cinco es el número de la suerte para Sofía, y el cuatro, para Sonia. Días favorables respectivos: miércoles y domingo. Colores celeste y amarillo. El talismán más adecuado para Sofía consiste en un objeto de platino, un mono de peluche o una ramita de lavanda; para Sonia, los amuletos serán un girasol, un anillo de oro o una estatuilla que recuerde el león.

SOLANGE

Etimología e historia

De derivación céltica, en el sentido de única, elegida, o procedente del latín *solemnia* (= solemne), hoy en día es común sobre todo en francés o, en cualquier caso, en los países francófonos.

Santa Solange, invocada para obtener la lluvia, es recordada el 10 de mayo.

Carácter y destino

Personalidad abierta, simpática y sonriente. Atracción por el arte; magnetismo, éxito profesional y sentimental. Nunca intente imponerle su punto de vista: Solange no acepta órdenes de nadie; ni siquiera del hombre que ama.

La suerte

Número mágico: uno. Día de la suerte: domingo. Colores: amarillo oro, anaranjado. Talismán: un topacio, una esmeralda y una ramita de mimosa o retama.

SONIA (véase SOFÍA)

SUSANA

Etimología e historia

Como el nombre (del hebreo *sushan* = lirio, o del egipcio *soshan* = flor de loto) impone, Susana acaba siempre haciendo el papel de casta. Así le sucedió a la bíblica Susana, acusada de adulterio por los dos ancianos por haber rechazado sus proposiciones, pero juzgada inocente por el profeta Daniel.

Fiestas: 18 de enero y 11 de agosto.
Variantes: *Susy, Susette*.

Carácter y destino

Al agradable aspecto que nunca le falta, Susana tiene casi siempre la suerte de unir una gran dulzura, una inteligencia vivaz y una irresistible sencillez. Práctica, reservada y siempre correcta, Susana aparece realmente como una suma de virtudes pero, en contrapartida, se muestra irreflexiva, despreocupada en exceso y también bastante coqueta.

La suerte

Número favorable: ocho; el día más adecuado para las decisiones importantes: sábado; colores: marrón y gris. Como talismanes, además de los previsibles lirio y flor de loto, un helecho o una hoja de mirto, una cajita de ónice y un muñeco que recuerde el búho o el mochuelo.

TACIO - TATIANA - TANIA

Etimología e historia

Tania como diminutivo y Tatjana como forma eslava de Taciana tienen, a pesar de su sonido exótico, una precisa derivación latina de *Tatius*, rey de los sabinos. Tacio fue puesto de moda por Thomas Mann.

Tatiana y Tania, en cambio, han llegado hasta nosotros a través de la literatura rusa y por medio de una actriz, también rusa, de fama europea: Tatiana Pavlova.

Fiestas: 5 y 12 de enero, 16 de marzo.

Carácter y destino

Tacio, egocéntrico y obstinado, manifiesta desde niño una personalidad de líder. Magnético y autoritario, es capaz de subyugar y de convencer. Resistencia, creatividad y autocontrol completan el panorama. Eficiente en la profesión, intenso y profundo en el amor.

Tatiana, más jovial y serena, se presenta como persona hábil, dulce y optimista. La emotividad le condiciona la vida afectiva, agitada en la juventud, pero sosegada a partir de los 30 años. Adaptabilidad, entusiasmo.

En **Tania**, marcada por el número nueve, están presentes cualidades de Marte marcadas por el espíritu combativo y el coraje. Idealismo, orgullo, sentido de la amistad. Incomprensiones en amor.

La suerte

Números mágicos: el ocho, para el melancólico Tacio, marcado por Saturno; el tres, para Tatiana; el nueve, para Tania. Días favorables respectivos: sábado, jueves y martes. Colores: negro, azul eléctrico y rojo. Como amuletos: ónice, ciprés y carey, para Tacio; la piedra turquesa y un broche que recuerde el ciervo o la jirafa, para Tatiana; rubí, una dalia y un tornillo de hierro, para Tania.

TAMARA

Etimología e historia

Del hebreo *tamar* (= palma), ha adquirido popularidad no tanto por sus orígenes bíblicos (Tamara es la hermana de Absalón) como por motivos literarios y artísticos. En efecto, Tamara está presente en *Los endemoniados*, de F. Dostoievski.

Fiesta: 10 de noviembre.

Carácter y destino

Tamara, idealista y perfeccionista, pertenece a ese género de personas melancólicas y reservadas. Capaz de comprender a fondo los problemas ajenos, es una excelente amiga y valiosa consejera. Gran interés por los temas especulativos y filosóficos, y menor por las cuestiones financieras. A menudo incomprendida en el amor, siente profundamente la relación de pareja, que lleva con afecto y fidelidad. Difícilmente un encuentro con Tamara deja indiferente: o se la adora de inmediato, o bien se la detesta por su encanto. Posibles poderes ocultos.

La suerte

Es el número nueve, con influencia de Marte, el que marca la suerte de Tamara. Día favorable: martes. Colores: rojo llama, rosa carne. Como amuletos: un granate y la piedra llamada hematites, además de la genciana, la fucsia y, como es de suponer, una hoja de palmera.

TANCREDO

Etimología e historia

Tancredo es el príncipe guerrero de la familia normanda de Hauteville, héroe de la primera cruzada cantado por T. Tasso en *Jerusalén liberada*. Deriva del germánico *thank* (= pensar, meditar) y *rat* (= consejo), con el significado de «aquel que decide con reflexión».
Fiesta: 9 de abril y 9 de septiembre.

Carácter y destino

Carácter intuitivo, imaginativo y simpático. Su aguda sensibilidad le hace susceptible y exclusivista en el amor. Celos exagerados. Atracción por los estudios relacionados con las finanzas y el comercio.

La suerte

Número de la suerte: dos; día favorable: lunes. Colores: blanco, verde muy pálido. Entre los talismanes: aguamarina, berilo, un helecho.

TANIA (véase TACIO)

TARSICIO

Etimología e historia

Tarsicio, que significa nativo de Tarso y cuya onomástica se celebra el 15 de agosto, es recordado por la hagiografía como el joven muerto mientras llevaba la eucaristía a las catacumbas.
Variante en femenino: *Tarsila*.

Carácter y destino

Tarsicio, tranquilo y soñador, es un individuo dotado de mucho sentido común pero de poca voluntad. Las apariencias no le preocupan. Parco y controlado incluso en los sentimientos.

La suerte

Número de la suerte: cuatro. Día propicio: domingo. Color: amarillo oro. Un girasol, una moneda de oro o un canario como amuletos.

TEO - TEA

Etimología e historia

Constituye con toda probabilidad una abreviación de Doroteo, Teodoro o Teófilo.
En efecto, aunque el nombre puede asociarse con las palabras griegas *theos, thea* (= dios, diosa), nunca se ha documentado, por reverencia, como apelativo independiente.
Fiesta: 25 de julio.

Carácter y destino

Práctico, racional y ordenado hasta la pedantería, **Teo** manifiesta un carácter reservado, discreto, a menudo esclavo de la rutina. Poco diplomático, puede transformarse en un ser agresivo y provocador frente a situaciones que considera insostenibles. Conservador y planificador incluso en amor. Dotado para las ciencias exactas y para las profesiones legales.

Igualmente obstinada, decidida, activa y, como el correspondiente masculino, carente en cuestión de diplomacia, **Tea** resulta, sin embargo, más impulsiva y original. Teme la monotonía, los horarios fijos y las actividades repetitivas. Interiormente pasional pero controlada, tiende a aislarse a pesar de la admiración que despierta. Capacidad de arriesgar e invertir.

La suerte

Números de la suerte: el cuatro, para él, y el ocho, para ella. Días favorables respectivos: domingo y sábado. Colores: todos los tonos del amarillo y del marrón. Entre los amuletos, Teo escogerá una cadena de oro, azafrán e incienso; Tea preferirá el plomo, la ruda y el aroma de pino.

TEODORO - TEODORA

Etimología e historia

Del griego *theos dóron*, es decir, «regalo de Dios». Teodoro, quizá por las numerosas variantes, celebra su onomástica prácticamente todos los meses: el 17 y el 24 de enero, el 7 y el 11 de febrero, el 26 y el 29 de marzo, el 22 y el 28 de abril, el 5 de junio, el 19 de septiembre, el 9 y el 12 de noviembre y el 28 de diciembre. Es el patrón de los reclutas.

Entre las celebridades: T. Körner, poeta; el escritor ruso F. Dostoievski (Fiódor) y Teodora, la esposa del emperador Justiniano.

Son numerosas las variantes, entre las que destacan *Theo, Thea, Fiódor, Fedora, Tudor, Todaro, Thierry*, con el diminutivo anglosajón *Teddy*. Cabe recordar que el inverso, Doroteo, de idéntico significado, se emplea actualmente sólo en femenino con los diminutivos *Dora* y *Dolly*.

Carácter y destino

Dotado de una imaginación muy viva pero de una voluntad mediocre, **Teodoro** posee una personalidad inquieta y original siempre dispuesta a desafiar las convenciones.

Indiferente y desconfiado en el amor, se ata difícilmente porque se siente atraído por una vida independiente, «distinta», pero lleva las relaciones con sinceridad.

Teodora, más tranquila, sensible y dulce, no cultiva grandes ambiciones. Sus sueños se centran casi exclusivamente en el amor, pero si no lo obtiene puede sufrir graves crisis de abatimiento.

La suerte

Número dos, de influencia lunar, para él; el seis, marcado por Venus, el planeta del amor, para ella. Días favorables respectivos: lunes y viernes. Colores: amarillo muy pálido y verde manzana. Una concha y un objeto de cristal resultarán valiosas ayudas para Teodoro. Teodora, por su parte, mejorará su suerte con el aguamarina, el jade y un perfume de violeta.

TERENCIO - TERENCIA

Etimología e historia

Son múltiples y a menudo contradictorias las etimologías que se acumulan para explicar el origen de este apelativo derivado, al parecer, de *Tarentum* (Tarento), o de *terenus* (= blando), o también de *terere* (= trillar, frotar), de donde procede el nombre de la diosa romana Terensis, que presidía la trilla del trigo. Es célebre el comediógrafo latino.

Terencio es recordado el 10 de abril, el 15 de julio y el 24 de septiembre.

Carácter y destino

De inteligencia brillante, práctico, el ordenado Terencio es un individuo servicial y altruista.

En femenino, se observa un agudo pesimismo, causa frecuente de fracasos y renuncias. Gran deseo de amor, aunque siempre vivido con desconfianza y sospecha.

La suerte

Números mágicos: Terencio experimenta la influencia del solar número cuatro; Terencia, por su parte, la del ocho, marcado por Saturno. Días y colores favorables: domingo y amarillo, para él; sábado y marrón o gris, para ella. Entre los amuletos, los más adecuados para Terencio son el oro, la esmeralda, el incienso y una espiga de trigo; para Terencia, un broche en forma de helecho, un objeto de ónice o un búho de peluche.

TERESA

Etimología e historia

De origen oscuro, quizá del griego *therasia* (= cazadora) o de *tharasia* (= nativa de Thera, actualmente Santorino), o también compuesto germánico de *thier* (= querido) y *sin* (= fuerte), Teresa se difundió enormemente en el siglo XVI con el culto a santa Teresa de Jesús, la mística de las visiones, recordada el 15 de octubre. Teresa celebra su onomástica también el 3 del mismo mes y el 7 de marzo. Otra santa, aunque aún no de nombre, es Teresa de Calcuta, la incansable misionera en la India, recientemente fallecida.

Abundan las variantes: *Tessa, Thera, Terry, Teta, Thèrese, Theresia, Resi, Teresita, Teresiana, Sita*. También es usual la combinación con María.

Carácter y destino

Carácter muy sensible, cariñoso y expansivo. Teresa, pasional pero al mismo tiempo amable y delicada, une a una gran voluntad una inteligencia vivaz e imaginativa. El nombre comporta posibles crisis místicas, una sensualidad excesiva y un entusiasmo exagerado e ingenuo, fuente continua de desilusiones, útiles sin embargo para reforzar su personalidad. Activismo, gran amor por la infancia. Franqueza y devoción en los afectos.

La suerte

Número de la suerte: cinco. Día favorable: el miércoles. Colores preferidos: amarillo limón, azul celeste. Talismanes: cornalina, nuez moscada, una prímula y un loro multicolor. Un perfume de matriz saturnal, como el pino, podría resultar útil con el fin de calmar ligeramente el ardiente espíritu de esta pasional «cazadora».

TITO - TICIANO

Etimología e historia

Tito deriva, con el patronímico Ticiano, de un nombre romano quizá relacionado con *tutus* (= protegido), quizá del nombre de una paloma silvestre; o quizá también del griego *tio* (= honrado).

Fiestas: para Tito, los días 4 y 26 de enero, 6 y 21 de febrero, 2 de abril, 2 de junio y 16 de agosto. Para Ticiano, 12 y 16 de enero, 14 de julio.

Entre los personajes célebres, un par de emperadores, y aquel Tito Flaco Vespasiano que, a pesar de hacerse llamar «delicia del género humano», no renunció a destruir Jerusalén; el historiador Tito Livio, el pintor Ticiano, además de aquel mítico Ticio, hijo de Zeus, muerto por las flechas de Artemisa y Apolo, por haber intentado violar a la madre de estos.

Carácter y destino

Tito presenta, como **Ticiano**, una naturaleza tranquila, inteligente pero a menudo variable, sujeta a simpatías repentinas e injustificadas. Impulsivos pero fieles en los sentimientos. Bastante desorientados y confusos en su juventud, optan luego por profesiones que requieren esfuerzo.

La suerte

Número uno para Tito, y cuatro, para Ticiano, ambos marcados por el sol. Día favorable: domingo. Color preferido: amarillo brillante. Como amuletos: una estatuilla que recuerde un carnero o un toro, una hoja de laurel o un objeto dorado.

TOBÍAS

Etimología e historia

Del hebreo *Tobjah* (= Dios es bueno), Tobías representa precisamente a ese personaje del Antiguo Testamento proverbial por su bondad y que predijo el final de la esclavitud de Israel y la destrucción de Nínive, y que, tras quedarse ciego, fue curado por su hijo con la hiel de un pescado milagroso.

Fiestas: 12 de septiembre y 2 de noviembre.

Carácter y destino

Tobías es un charlatán, un fanfarrón dispuesto a ser el primero en creer sus ocurrencias. Le resulta fácil conmoverse y prodigarse por los demás; tiende a exagerar con un altruismo que acaba creándole dolor. Místico, impresionable y muy tierno, se comporta como un ingenuo incluso en el amor; aunque luego se queja, a cada decepción, de su sencillez.

La suerte

Es el dos, marcado por la luna, el número mágico para Tobías; día propicio: el lunes; color: el gris perla; talismanes: el cristal, el nenúfar, el alcanfor y el perfume de laurel y mirto.

TOMÁS

Etimología e historia

Tomás deriva del arameo *toma* (= gemelo). El nombre, probablemente introducido del bizantino en la forma griega *Tomás*, ha arraigado por apoyarse en el culto de numerosos santos, entre ellos el apóstol Tomás, patrón de los carpinteros de obras, de los albañiles y de los agrimensores (21 de diciembre, 3 de julio), y santo Tomás de Aquino, filósofo y doctor de la Iglesia, patrón de las escuelas católicas y de los estudiantes (28 de enero). Otras festividades: 29 de diciembre, 8 de septiembre y 6 de julio.

En cuanto a las celebridades, son incontables: de T. Grossi, poeta lombardo, al economista Robert T. Malthus; de T. Edison (inventor, entre otras cosas, del fonógrafo), al escritor T. Mann; de los filósofos T. Campanella, T. Moro y T. Hobbes, al tristemente famoso T. Torquemada, el *Verdugo*, de profesión inquisidor.

Variantes: *Tom, Tommy*.

Carácter y destino

De naturaleza influenciable, pasiva, Tomás muestra una gran docilidad en todos los ámbitos de la existencia. Conservador, desconfiado, a pesar de su viva inteligencia tiende a ir a remolque de personas más activas y valientes. Atraído por las profesiones de carácter filantrópico, detesta el comercio y los negocios. Temor a la vejez, y frecuentes desilusiones amorosas.

La suerte

Número seis, con influencia del planeta Venus. Día favorable: viernes. Colores: rosa, turquesa y verde. Talismanes con influjos de Venus: un objeto de jade, una hoja de higuera, una figura que recuerde el conejo o el cisne. Sin embargo, también es favorable un amuleto con influencia de Marte que incremente el escaso espíritu luchador de Tomás: el jaspe rojo, la peonia y la flor del lúpulo.

TOSCA

Etimología e historia

Nombre de la protagonista de la popular ópera lírica de G. Puccini. No obstante, también se tiene noticia de una santa Tosca, venerada en Verona el 5 de julio y el 27 de junio. En cuanto a la etimología, resulta bastante evidente: Tosca deriva del término latino *tuscus* (= toscano, etrusco).

Carácter y destino

Personalidad práctica y ordenada, siempre guiada por la razón pero sujeta, de vez en cuando, a impulsos de nerviosismo. Escasa diplomacia, obstinación e intransigencia. Exigencia de ponderar y planificar todos los ámbitos de la existencia, incluso el amor.

La suerte

Número favorable: cuatro. Día propicio: domingo. Color: amarillo oro. Talismanes: una hoja de palmera o naranjo, un topacio, perfume de incienso.

TRISTÁN

Etimología e historia

Apelativo de origen literario y teatral procedente de la leyenda medieval del infeliz amor de Tristán e Iseo elaborada por los poemas del ciclo bretón y luego recuperada por R. Wagner en la ópera *Tristan e Isolda*. El nombre parece proceder del antiguo escocés, *Drustan* o *Drystan*, con el probable significado de pacto o de consolación.

Fiesta: 15 de junio.

Carácter y destino

Tristán es un individuo magnético, creativo, fascinante pero muy reservado; triste y pesimista. Rígido, intransigente y siempre controlado, se declara dispuesto a defender una causa justa en cualquier circunstancia. El amor por el riesgo y su deseo de éxito le hacen detestar la vida monótona, sin aventuras ni luchas. Si es comprendido, está destinado a vivir amores muy intensos; en caso contrario, opta por la soledad.

La suerte

Es el saturnal ocho el que marca la vida de Tristán, y el sábado es su día favorable; colores: marrón o gris; talismanes: helecho, asfódelo, un búho o un mochuelo de peluche, o bien un escarabajo; también le es propicio el jaspe marrón. Perfume de pino.

TULIO - TULIA

Etimología e historia

Se trata de un apelativo latino de probables orígenes etruscos. Nombre de dos reyes de Roma (Servio Tulio y Tulo Hostilio) presenta una etimología bastante controvertida, ya que se puede asociar con el griego *tuleo* (= inflar), o con el etrusco *tul* (= chorro, lluvia violenta), o también con el latín *tollere* (= alzar, con referencia a la antigua costumbre de levantar al recién nacido para reconocerlo como miembro de la familia). Santa Tulia es recordada el 19 de febrero y el 5 de octubre.

Otras variantes: *Tulo, Tuliano, Tula, Tuliana*.

Carácter y destino

Temperamento retorcido, problemático y aventurero. Dotados de una brillante inteligencia y de una charla vivaz, **Tulio** y **Tulia** se ganan las simpatías de todo el mundo. Generalmente tienden a emplear cualquier medio, aunque no siempre lícito, con tal de elevarse, sin darse cuenta de que el éxito puede favorecerles igualmente sin esfuerzo. Poco felices en el amor, al menos hasta los treinta años, acaban abandonándose en la madurez a un afecto estable. No les gustan los estudios profundos y demasiado difíciles.

La suerte

Para Tulio: número favorable, el ocho; día propicio, el sábado; color, el marrón. Para Tulia: tres, jueves y azul eléctrico, respectivamente. Talismanes: calcedonia, plomo y una hoja de hiedra, para él; estaño, amatista, una avellana y una pluma de pavo real, para ella.

UBALDO

Etimología e historia

Ubaldo, de la antigua forma *Hugibáld*, luego abreviada en Hubald, significa literalmente «hombre genial (*hugi*) y valiente (*bald*)», es decir, «brillante, osado, en cuanto a intelecto».

San Ubaldo se celebra el 16 de mayo.

Carácter y destino

Ubaldo es un filósofo nato, sin duda pesimista pero también valiente, temerario incluso, porque deposita una excesiva confianza en su propia capacidad. Ama la vida libre, el deporte y la poesía. En amor pretende la libertad absoluta, atribuyendo poca importancia a los sentimientos. También el dinero y la carrera profesional le preocupan poco. Por ello, Ubaldo no dudará en abandonar el trabajo o una cita amorosa para dar un buen paseo por el bosque.

La suerte

Número propicio: uno. Día favorable: domingo. Color: amarillo intenso o anaranjado. Entre los talismanes: la imagen de un cocodrilo o de una cebra, una peonia, musgo.

ULDERICO - ULRICO

Etimología e historia

Del germánico *aud* (= patrimonio, poder), y *rikja* (= señor, amo), significa literalmente «poderoso señor», o bien «señor de posesiones hereditarias». Ulrico es el nombre de Zwingli, reformador de la iglesia alemana junto con Lutero y Calvino.

Fiestas: 1 y 14 de enero, 20 de febrero, 2 de marzo y 4 de julio.

Variantes: *Ulrike* y *Ulla*.

Carácter y destino

Marcados ambos por Venus, Ulderico y Ulrico se muestran tiernos y románticos. De carácter dulce y fiel, dejan mucho espacio a los sentimientos, que tienden a mitificar. Aman la música y el arte, rodeándose de amigos y admiradoras porque temen profundamente la soledad. Poco ambiciosos, no aspiran al éxito; se conforman con un tranquilo bienestar, con una vida tranquila y cómoda, a condición que los afectos ocupen en ella, naturalmente, el lugar de honor.

La suerte

Seis es el número propicio; viernes, el día más afortunado. Colores: verde y turquesa. Como amuletos, Ulderico y Ulrico podrán utilizar una estatuilla de jade o unas flores de saúco que mejorarán su suerte.

ULISES

Etimología e historia

En griego, *Odisseus* de *odissomai* (= estar irritado). El astuto héroe de Ítaca, protagonista de la *Odisea*, compuesta por Homero, al parecer fue llamado así por la ira de su abuelo cuando nació el niño. *Ulises* es también el título de una excelente novela de Joyce.

Carácter y destino

Como su legendario antepasado, Ulises se presenta como un individuo aventurero, frenético e incansable, siempre debatido entre mil deseos y proyectos distintos. Llamaradas súbitas y sinceras pero pronto apagadas en amor.

La suerte

Número de la suerte: cuatro; día favorable: domingo; color: amarillo oro; talismanes: un topacio, una rama de calicanto y un león de oro o, si no es posible, de trapo.

URSO - ÚRSULA

Etimología e historia

Urso, muy poco frecuente en masculino, se transforma en femenino en el más común Úrsula. El nombre, derivado de un sobrenombre muy extendido en la época imperial, fue difundido por el culto a ocho santos.

En particular, en femenino se celebra santa Úrsula, fiesta el 21 de octubre; legendaria mártir, cuando apenas contaba ocho años, con once compañeras. En cambio, san Urso es recordado el 13 de abril.

Entre las variantes: *Ursino* en masculino; *Ursina, Ursulina* y el nórdico diminutivo *Ulla* en femenino.

Carácter y destino

Práctico, racional y calculador, **Urso** es un individuo capaz de reflexionar y ahorrar. Desea más que nada la estabilidad, la solidez de una familia dedicada a él, de un piso de propiedad y quizá de una cuenta en el banco bien provista.

Sin embargo, carece de diplomacia y puede transformarse en un individuo agresivo e irascible cada vez que alguien atente contra estos ideales.

Sombría, desconfiada y salvaje como una verdadera osezna, **Úrsul**a, parca en gestos y palabras, prefiere con mucho la soledad a la compañía. No obstante, siendo altruista, se preocupa por los demás comprometiéndose a fondo por la justicia social. Misticismo, religiosidad, interés por la arqueología y las matemáticas.

La suerte

Número cuatro, para Urso, y el saturnal ocho, para Úrsula. Días favorables respectivos: domingo y sábado. Colores: todas las tonalidades del amarillo, para él, y del marrón, para ella. Talismanes: además del imprescindible osito de peluche, útil para ambos, Urso preferirá el oro, la celidonia y la nuez moscada; Úrsula, por su parte, se decantará por el lignito y ramitas de pino y musgo que le recuerdan los bosques; no obstante, un zafiro oscuro y una hoja de higuera, de influencia jupiterina, contribuirán a darle un poco de sociabilidad, que no le vendría mal.

VALDO (véase WALDO)

VALENTÍN - VALENTINA

Etimología e historia

Probablemente la base de Valentín es un gentilicio etrusco, *Vala* o *Valius*, de significado desconocido. Sin embargo, es más habitual relacionarlo con el verbo latino *valere* en la acepción de «aquel que está bien, que goza de buena salud».

Demasiado evidente resulta hoy en día la asociación de san Valentín con la profusión de flores y corazoncitos que puntualmente, y según la tradición anglosajona, invade comercios y publicidad cada 14 de febrero.

San Valentín se celebra, además de en la fecha mencionada, el 3 de junio, 18 y 26 de julio, 23 de octubre, 3 de noviembre y 16 de diciembre. Hoy en día, Valentino, en italiano, evoca de inmediato al misterioso hechicero que enloqueció a todas las mujeres de los años veinte; Valentina, a la extrovertida y despreocupada fotógrafa, protagonista de una serie de divertidas historietas de los años sesenta de G. Crepax.

Las variantes principales son: *Valente, Valia* y *Valeska*.

Carácter y destino

Desenvuelto, laborioso pero poco inclinado al esfuerzo, **Valentín** es un individuo sentimental y apasionado. Basta cualquier menudencia para exaltarle o deprimirle. Dotado para las profesiones que requieren fantasía y buen gusto.

Más cauta y racional, pero no menos fascinante es **Valentina**, aunque, como su correspondiente masculino, resulta poco diplomática. Rígida e intransigente en el plano profesional, resiste bien a la fatiga revelándose la mayoría de las veces como una persona de éxito. Muy admirada, vive, si es comprendida, amores muy intensos y duraderos. Gana mucho, sobre todo porque sabe arriesgar e invertir con provecho.

La suerte

Los números afortunados: el cuatro, para él; el ocho, para ella. Días favorables, respectivamente: domingo y sábado. Colores: amarillo y marrón. Los talismanes: para Valentín, un crisólito y flor de manzanilla; para Valentina, un diamante, una hoja de hiedra o la hermosa planta llamada flor de la Pascua; para ambos, un pequeño corazón de oro.

VALERIO - VALERIA

Etimología e historia

La misma etimología de Valentín (del latín *valere* = estar bien) se repite en Valerio, celebrado el 16, el 19 y el 29 de enero y el 14 de junio. Valeriano se celebra el 14 de abril, el 27 de noviembre, y el 15 de diciembre. Personajes: el general Valerio Corvo, el historiador Valerio Flaco y el senador Valerio Máximo.

Etimología e historia

Temperamento impulsivo, apresurado en toda manifestación. Muy sensible y emotivo, Valerio tiende a casarse pronto porque teme la soledad y el futuro. En la variante femenina, se observa una notable curiosidad, gusto por el riesgo y la aventura. Superficialidad y múltiples relaciones sentimentales, aunque ninguna de ellas es seria y duradera.

La suerte

Número de la suerte: para él, el uno, de influencia solar; para ella, el cinco, de influencia mercuriana. Días favorables: domingo y miércoles. Colores preferidos, respectivamente: amarillo oro y amarillo limón. El destino de Valerio será apoyado favorablemente por un topacio, una varita de canela o la imagen de un toro; Valeria preferirá la lavanda, la menta, el ágata y la esmeralda como amuletos.

VANESA

Etimología e historia

Puesto de moda en los años setenta, es el nombre inventado por J. Swift para su poema autobiográfico *Cadenus y Vanesa*. Vanesa es también el nombre de una bella mariposa azul.

Carácter y destino

De temperamento exuberante y pasional, Vanesa es una idealista, una perfeccionista que sufre por la mínima falta de armonía que encuentra en su camino. Sabe comprender a fondo los problemas ajenos, resultando una excelente psicóloga o asistente social. Dinero y carrera le importan poco. No puede decirse lo mismo del amor: Vanesa atribuye una gran importancia a la relación de pareja, motivo por el cual tiende a atarse tarde y sólo cuando está segura de haber hallado por fin a la persona adecuada.

La suerte

Es el nueve, con influencia de Marte, el número mágico para Vanesa. Día favorable: martes. Color: rojo vivo. Como amuletos, además de la mariposa del mismo nombre, una gencianilla, un rubí o una moneda de oro.

VASCO

Etimología e historia

Sobrenombre construido sobre la variante de Basco, con valor tanto étnico (de gascón, oriundo de Gascuña) como simbólico (de «tipo extravagante, original»). Personajes que recordar: V. de Gama, el navegante portugués que fue el primero en alcanzar la India navegando alrededor de África, y el descubridor V. Núñez de Balboa.

Carácter y destino

Romántico, aventurero, dotado de gran encanto, Vasco es un individuo sociable, muy buscado por los amigos y mimado por las mujeres. Bondadoso y tranquilo, aunque si pierde los estribos puede sufrir estallidos de ira furibundos; aunque, con mayor facilidad, ingenuo e hipersensible como es, se abandona a la tristeza y a la depresión. Entre las profesiones se dirigirá hacia las que le permitan poner de manifiesto sus impulsos altruistas (medicina, enseñanza) o expresar sus innatas tendencias artísticas.

La suerte

Número de la suerte: seis; día favorable: viernes; colores: rosa y verde. Entre los talismanes: jade, cobre, mirto y ciclamen. También resulta útil un mechón de pelo de cabra.

VELIA

Etimología e historia

Velia deriva del nombre latino *Velius*, probablemente relacionado con el nombre de una ciudad de Lucania, Elea. Ha incrementado el uso de este apelativo una novela de Cicognani, *La Velia* (1923), en la que la protagonista, Velia, representa a una aldeana florentina.
Una variante: *Velina*.

Carácter y destino

Personalidad tranquila, metódica, amante del orden y de la organización en todos los ámbitos, amor incluido. Muy apreciada por amigos y colaboradores, Velia carece quizá de algo de fantasía; es conservadora y tradicionalista, pero sabe mostrarse agresiva si alguien se atreve a poner en duda los puntos firmes de su vida. Más intransigente consigo misma que con los demás; hábil ahorradora.

La suerte

Es el solar número cuatro el que mejor se adapta a las vibraciones de Velia. Día de la suerte: domingo. Color: amarillo oro. Entre los talismanes, resultarán particularmente adecuados el incienso, el diamante y la flor del árnica.

VERA

Etimología e historia

Evolucionado del apelativo latino *verus*, vera (en el sentido de «que es verdadero», «que dice la verdad»), hoy se considera nombre exótico de origen eslavo. En efecto, Vera (la fe) es en la iglesia ortodoxa una de las tres hijas de Sofía (la sabiduría) que, junto con Liuba (caridad) y Nadja (esperanza), representan las tres virtudes teologales.
Fiestas: 24 de enero, 1 de agosto, 17 y 30 de septiembre y 23 de octubre.

Carácter y destino

Vera, de naturaleza dulce y afable, representa el tipo de mujer sólida, práctica y reservada con la que siempre se puede contar.
Atraída por el arte y por la moda, viste elegantemente y posee modales refinados que llaman la atención masculina. Libre e inconformista en el amor, tiende a unirse a hombres más jóvenes para los que se convertirá en una mamá enérgica y estimulante.

La suerte

Número propicio: uno; día favorable: domingo; color: amarillo. Talismanes: una alianza de oro, una esmeralda y un broche que recuerde la flor del loto.

VERÓNICA

Etimología e historia

Los Evangelios, salvo los apócrifos más recientes, no hacen mención alguna de

Verónica, la piadosa mujer que habría limpiado, a lo largo de la marcha hacia el Calvario, el rostro de Cristo surcado de sangre con un paño en el que habría quedado marcada la imagen venerada hoy en día como Sábana Santa. En el plano etimológico, si la hipótesis no resulta demasiado fantástica, Verónica podría constituir un compuesto, construido sobre esta leyenda, de *vera* y *eicon*, es decir, «verdadera imagen». Sin embargo, es más probable que el apelativo proceda de una contracción del griego *phere nike* (= aportadora de victoria). La legendaria Verónica que socorrió a Cristo, patrona de los fotógrafos y de las lavanderas, es recordada los días 3, 4 y 27 de febrero. Otras festividades: 13 y 28 de enero, 9 y 12 de julio.

Carácter y destino

De inteligencia rápida y vivaz, Verónica se muestra algo perezosa e imaginativa. Tiende a una existencia cómoda, a cierto bienestar y una agitada vida social. Orgullosa y egocéntrica, trata de mantener las distancias en el amor... al menos mientras puede, porque cuando cae en la red se transforma en una esposa tierna y afectuosa. Excelente educadora.

La suerte

Número de la suerte: seis; día favorable: viernes; colores: rosa y verde. Entre los amuletos Verónica se beneficiará del coral, el ciclamen y un hermoso gato rojizo y muy peludo.

VICENTE - VICENTA

Etimología e historia

Del participio latino *vincens*, constituye un nombre de buen augurio sinónimo de Víctor, con el significado de «aquel que está destinado a vencer», en el sentido cristiano del pecado, al demonio. Vicente y Vicenta, representados por una gran multitud de santos, tienen la suerte de poder escoger entre muchas la fecha de su onomástica: el 22 de enero, el 5 de abril, el 24 de mayo, el 9 de junio y el 19 de julio. El más importante y conocido entre los santos tanto por su azarosa vida como por sus obras caritativas es san Vicente de Paúl. Se narra que, habiendo sido hecho prisionero por los piratas y vendido como esclavo, logró convertir a su amo. Igualmente célebres, quizá por sugestión del nombre que según la tradición prevé éxito, el escultor V. Gemito, el escritor V. Blasco Ibáñez, el pintor V. Van Gogh, el poeta V. Monti y el músico V. Bellini, autor de numerosas óperas.

Carácter y destino

Vicente y **Vicenta** se presentan como una perfecta amalgama de dulzura y energía, de voluntad y de absoluta bondad. Hábiles, laboriosos y sinceros, a todo el mundo le resultan simpáticos gracias a su lealtad y a la carga humana que desprenden. Astutos y muy diplomáticos, se muestran particularmente agudos en los asuntos comerciales. Ardientes amantes.

La suerte

Números de la suerte: para Vicente, el nueve, marcado por Marte, planeta de la lucha y la victoria; para Vicenta, el cuatro. Días favorables respectivos: martes y domingo. Colores: rojo vino, para él; amarillo anaranjado, para ella. Amuletos: Vicente adoptará el jaspe rojo, el hematites, el hierro o nueve granos de pimienta; Vicenta se inclinará por el oro, el topacio y una nuez moscada.

VÍCTOR - VICTORIA

Etimología e historia

Víctor tiene su origen en el sobrenombre y luego nombre latino de la época imperial *Victorius*, del latín *vincere* (= victorioso), incluso en el sentido cristiano de victoria sobre el mal. El nombre, apoyado en el culto de numerosos santos, ha obtenido un notable éxito gracias, en parte, a la masiva presencia de este apelativo en la casa real de Saboya. Entre los santos: san Víctor, mártir en Marsella, cuya festividad se celebra el 21 de julio. Otras festividades: 22 de enero, 21, 24 y 28 de julio, 26 de agosto, 14 de mayo y 30 de septiembre. La onomástica de Victoria se celebra el 11 de febrero, el 17 de noviembre y el 23 de diciembre.

Entre los personajes célebres: la reina Victoria de Inglaterra.

Variantes de este nombre: *Victorio y Victoriano,* en masculino; *Victoriana* con el diminutivo *Viki,* en femenino.

Carácter y destino

Satisfecho de sí mismo, pero absolutista, brusco y distante, **Víctor** no logra comunicarse ni siquiera con sus seres queridos. Es un realizador frío, controlado; duro y poco sentimental, alcanza casi sin duda el éxito gracias a su indómita voluntad. Incapaz de demostrar ternura aunque quisiera, en su interior guarda grandes fuegos subterráneos. Vanidad.

También **Victoria** es voluntariosa e implacable tras una fachada tranquila y sonriente. Consciente de su personalidad, distante, no confía a nadie sus dolores. Espíritu analítico. Viva imaginación.

La suerte

Números propicios: el dos, para Víctor; el seis, para Victoria. Días mágicos respectivos: lunes y viernes. Colores: gris perla, turquesa. Amuletos: Víctor adoptará un berilo, la flor de la malva o un pececillo de plata; Victoria, un aguamarina, una margarita o bien la rosa roja. También le es favorable el perfume de jazmín.

VIOLANTE (véase YOLANDA)

VIOLETA

Etimología e historia

Violeta constituye un nombre de buen augurio impuesto a las niñas para que encarnen las virtudes intrínsecas de la flor del mismo nombre, símbolo de pudor y modestia.
Variante: *Violet*.

Carácter y destino

Violeta, modesta y reflexiva, dotada de una imaginación febril, se muestra muy simpática y altruista.

Sin embargo, bajo su pudorosa apariencia oculta un alma ardiente y muy vengativa.

Exclusividad y muchos celos en el amor.

La suerte

Número de la suerte: el cinco. Día favorable: miércoles. Colores: celeste y, naturalmente, violeta. Entre los talismanes, además de la imprescindible flor del mismo nombre, la verbena, una margarita y un mono de peluche.

VIRGILIO

Etimología e historia

Se trata de una recuperación clásica del nombre del gran poeta latino Publio

Virgilio Marone, quizá procedente de *virens* (= lozano). Cabe destacar que el nombre de las Pléyades era, antiguamente, *Vergiliae*.

Fiestas: 5 de marzo, 10 de octubre y 27 de noviembre.

Carácter y destino

Virgilio, contemplativo y reflexivo, desarrolla con el tiempo un auténtico culto del deber que le lleva a esforzarse excesivamente en la profesión.

Algo presuntuoso y con un evidente complejo de superioridad, se muestra, en contrapartida, un compañero tierno, apegado a la familia y, a pesar de su petulancia, a menudo dominado por la mujer. Nerviosismo.

La suerte

Número de la suerte: el dos. Día propicio: el lunes. Entre los colores preferidos: amarillo pálido. Entre los talismanes: el cristal, el nenúfar y la perla. También son propicias las imágenes de un cangrejo y un castor.

VIRGINIO - VIRGINIA

Etimología e historia

Aunque tradicionalmente ha sido relacionado con el latín *virga* (= bastón), o con *virgo* (= muchacha honesta, término que designaba en su origen a la joven casadera, destinada al matrimonio); el nombre parece proceder, en cambio, del gentilicio etrusco *Vercna*, de significado poco claro (probablemente «fuego»). La popularidad de este nombre se debe a la historia de la joven hija de Lucio Virginio, asesinada públicamente por su padre para sustraerla al ultraje del decenviro Apio Claudio. También es el nombre de dos estados de los Estados Unidos de América (Virginia y West Virginia), que juntos constituían en su origen una colonia británica, llamada así en honor de Isabel I de Inglaterra, la Reina Virgen.

La onomástica se celebra el 6 de abril y el 5 y el 14 de agosto.

Carácter y destino

Virginio esconde, tras su aparente imperturbabilidad, un ánimo confuso y agitado. En suma, es un individuo complicado, sin sentido de las proporciones, aunque bueno y generoso. Se inclina hacia las actividades que presuponen intuición y buen gusto, como fotografía y decoración. Rutinario en el amor. Salud imperfecta. Amor propio, susceptibilidad.

Virginia se muestra llena de encanto y, por tanto, es muy admirada, aunque también reflexiva, solitaria y reservada.

La suerte

Números: el cuatro, de influencia solar, para Virginio; el ocho, de influencia saturnal, para Virginia. Días favorables, respectivamente: domingo y sábado. Entre los colores: todas las tonalidades del amarillo, para él; tonos del marrón, para ella. Como talismán, Virginio adoptará una hoja de laurel, una cadena de oro, la efigie de un carnero o de un toro; Virginia, por su parte, una varita de madera de saúco, hiedra, ruda o bien un anillo en forma de serpiente. También es favorable un escarabajo.

VIRIDIANA

Etimología e historia

Viridiana deriva del latín *viridis* en el sentido de fresco y juvenil. Es el nombre de una virgen del siglo XIII.

Fiesta: 1 de febrero.

Carácter y destino

Sensible y altruista pero al mismo tiempo avara, Viridiana es reservada, introvertida, inclinada a la reflexión. Sutilmente masoquista pero romántica y apasionada, representa la esposa ideal, siempre serena, capaz de mantener la relación sólida en el tiempo. En la profesión se esfuerza mucho pero carece de espíritu combativo.

La suerte

Es el seis, de influencia venusiana, el número de la suerte para Viridiana. Día favorable: viernes. Color: verde esmeralda. Su talismán ideal es la esmeralda, el jade, el mirto y el saúco. Además, podrá contrarrestar la falta de espíritu combativo con la flor del lúpulo.

VITO - VITAL

Etimología e historia

Vito, con Vital, manifiesta de forma evidente la raíz *vita* en sentido de buen augurio, tanto pagano de longevidad como cristiano de vida eterna. Sin embargo, hay quien también ve en este nombre una conexión con el germánico *wido-wito* (= madera, bosque). A partir de la danza campestre que tenía lugar en torno al solsticio de verano nació la famosa locución que designa el baile de san Vito. La difusión del nombre Vito se debe al culto del santo que, habiendo sido educado cristianamente contra la voluntad de su padre, realizó numerosos milagros —entre ellos la curación del hijo del emperador Diocleciano—, pero que luego, habiéndose negado a adorar a los ídolos, fue martirizado, desde luego con muy poco agradecimiento.

Su festividad se celebra el 15 de junio. En cuanto a Vital o Vidal, protector del servicio doméstico, es recordado los días 11 de enero, 28 de abril y 4 de noviembre.

Variantes y diminutivos: *Vida, Vita, Vitalina, Vitalia, Vitaliano, Vitaliana*.

Carácter y destino

Vito se presenta como un individuo bastante arrogante, antipático y ambicioso, siempre dedicado a destacar sus propias capacidades. Buena carrera aunque lenta. Con las mujeres se muestra sumiso, indefenso; moderado espíritu de aventura, sentido del humor. **Vital**, dinámico, activo y seguro de sí mismo, presenta un carácter irónico e intolerante. Determinación y decisión. Excelente capacidad de inversión financiera.

La suerte

Números de la suerte: tres, para Vito; seis, para Vital. Días favorables respectivos: jueves y viernes. Colores: púrpura y verde esmeralda. Para Vito, un buen amuleto será una amatista, una ramita de avellano o un simpático perro; para Vital, el gato, el jade, el mirto y el ciclamen.

VIVIANA

Etimología e historia

Variante de *Bibiana* o continuación del apelativo latino *Vivianus* (de *vivere*), Viviana es el hada del ciclo bretón y el nombre de varios personajes del ciclo carolingio.

Fiesta: 10 de marzo.
Variante: Vivien.

Carácter y destino

Temperamento romántico, bondadoso, altruista. Fascinante, Viviana colecciona siempre nuevas aventuras amorosas que vive con intensidad y llora en cuanto las pierde. Dotada para las profesiones que impliquen filantropía y creatividad. Poco ambiciosa, no persigue el éxito sino la tranquilidad económica y afectiva que en general alcanza.

La suerte

Es el seis, marcado por Venus, el número que influye en la personalidad de Viviana. Día favorable: viernes. Color: verde brillante. Como talismanes: una pulsera de cobre, un broche en forma de cisne, una pluma de gorrión o paloma.

VLADIMIR

Etimología e historia

Nombre de origen eslavo de *vlad* (= poder) y *mer* (= ilustre), es decir, «ilustre por su potencia», se ha diversificado en varias formas. Fue recuperado a finales del siglo XIX por razones literarias o ideológicas (Vladimir era el nombre de Lenin).

Fiestas: 15 y 31 de julio.
Variantes: *Waldemir, Waldemar*.

Carácter y destino

Frío, racional en apariencia, Vladimir sorprende a menudo con sus impulsos repentinos. Encarnizado defensor hasta el fanatismo de sus ideas; polémico, ambicioso, le gusta molestar al prójimo con sus palabras punzantes. Trabajador infatigable, está dotado para las profesiones legales o para el complicado mundo del espectáculo. En el amor se muestra sensual, egoísta, exclusivo pero globalmente cariñoso y fiel.

La suerte

Es el cuatro, de influencia solar, el número que sintoniza con la personalidad de Vladimir. Día favorable: domingo. Color: amarillo oro. Como amuletos resultarán propicios un crisólito, una hoja de palmera o naranjo y un canario amarillo.

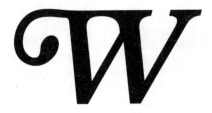

WALDO - VALDO

Etimología e historia

Del germánico *Waltan* (= mandar); Waldo, junto con Valdo, se ha ganado el favor de numerosos padres por su sabor ligeramente exótico.

Valdo es popular también en aquellas regiones donde está presente la corriente protestante de los valdeses (por el nombre del fundador, Vaude o Vaux), duramente castigada hace unos siglos por la persistente persecución contra las llamadas *herejías*.

Una variante: *Gualdo*.

Carácter y destino

Tanto **Waldo** como **Valdo** se presentan como individuos activos, entusiastas, ambiciosos. Inventores originales, carismáticos jefes, saben ganarse el favor de quienes les rodean e, inevitablemente, acaban siguiéndoles. Decididos, amantes del riesgo, se rebelan contra las obligaciones y la rutina. Orgullosos, combativos, cultivan un gran sentido de la amistad y de la justicia. Advierten intensamente la atracción por la relación de pareja, en la que se muestran pasionales y afectuosos, aunque a veces egocéntricos, celosos y tiránicos.

La suerte

El número favorable para Valdo es el nueve; para Waldo, el uno. Días favorables respectivos: martes y domingo. Colores: rojo y amarillo. Valdo adoptará como amuletos un clavo oxidado, un caballito de acero y nueve granos de pimienta. Waldo tendrá como talismanes un águila de oro, nuez moscada o la flor del árnica.

WALLY

Etimología e historia

Diminutivo de *Valpurga*, *Valburga*, la abadesa de Heidenheim protectora de los magos y las brujas (30 de abril), el nombre deriva del germánico *wala* (= campo de batalla) y *berg* (= proteger), con el significado de «aquella que protege los campos de batalla». La relativa difusión del nombre puede atribuirse esencialmente al éxito de la ópera del mismo nombre de A. Catalani, en la que es la bellísima pero extraña muchacha que seguirá a su amor al fondo del abismo. Una célebre Wally fue la duquesa de Windsor, por la que Eduardo VII de Inglaterra renunció al trono.

Variantes: *Walli*, *Vally*, *Valli*.

Carácter y destino

Naturaleza ambiciosa y competitiva, nunca mediocre. Dotada de una excepcional voluntad, firmeza y coraje, ama el dinero y persigue el éxito y el poder. Excepcional pero tiránica y celosa también en el amor, pretende una devoción absoluta, sin igual, a la que sin embargo, hay que reconocerlo, corresponde con ímpetu. Situación financiera fluctuante.

La suerte

Número: el uno (también en la vida aspira siempre al primer puesto). Día más favorable: domingo. Colores: amarillo oro y naranja. Amuletos: un collar de ámbar, un broche de oro en forma de león, genista y, entre las flores, la mimosa.

WALTER (véase GUALTERIO)

WANDA - VANDA

Etimología e historia

Sobre la base de *wandeln* (= migrar), de donde proceden también los nombres de la población de los vándalos y de Andalucía, el apelativo fue construido por el abad polaco V. Kablubek para una heroína de su legendaria historia sobre el origen de su pueblo. Wanda era la hija de Krakus, mítico fundador de Cracovia, muerto por un dragón. Tras rechazar las proposiciones amorosas del príncipe Ruggero, la joven reinó sabiamente en el país en lugar de su padre.

Actualmente, Wanda se ha transformado en la leyenda en una ninfa acuática, hasta el punto de que, hoy en día, en lituano el término *agua* se traduce como *Wanduo*.

Fiesta: 17-18 de abril.

Carácter y destino

De temperamento dulce, agraciadas, **Wanda** y **Vanda** parecen a simple vista personas dóciles y sumisas. Sin embargo, bajo este aspecto cándido ocultan una naturaleza obstinada y activa. Muy receptivas, atraídas por la psicología y la filosofía, dedican buena parte de su vida al estudio, en general dirigido hacia profesiones de carácter social. Sin embargo, por desgracia son poco afortunadas en el amor y difícilmente hallan un compañero capaz de comprenderlas y con el que compartir alegrías y penas. Escaso interés por las cuestiones financieras, aunque saben administrar el dinero con habilidad.

La suerte

Números de la suerte: el siete, para Wanda; el seis, para Vanda; días favorables respectivos: lunes y viernes; colores: blanco y rosa. Los talismanes: para Wanda, un objeto de cristal que recuerde la transparencia del agua, una piedra de río, un pececillo o una rana de plata; para Vanda, coral rosa, jade y perfume de rosa, jazmín o muguet.

WERNER

Etimología e historia

Werner tiene su origen en la raíz germánica *waren* (= preservar, mandar) y *harja* (= ejército), en la acepción de «aquel que protege el ejército».

Fiesta: 15 de abril.

Carácter y destino

Bajo la máscara de autocontrol que se impone, Werner es un individuo pasional, sensible, deseoso de relacionarse con los demás. Reservado, meditabundo, fácil de amar, tiene tendencia a las uniones sólidas y tranquilas, a las profesiones de carácter social y a las formas de inversión financiera quizá poco rentables pero seguras. En suma, Werner es el clásico perseverante capaz de conservar el dinero y los afectos a lo largo del tiempo. Bondad, condescendencia. Ligero masoquismo de fondo.

LA SUERTE

Es el número dos, marcado por la luna, el que influye en su suerte. Día propicio: lunes. Colores: blanco y plata. Entre los talismanes: un pequeño escudo, también de plata; una bolita de alcanfor; una hoja de laurel o mirto. También es favorable un gato, mejor blanco o gris.

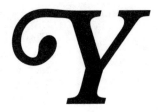

YÉSICA

Etimología e historia

Apelativo no presente entre los nombres de santos, procedente del drama shakespeariano *El mercader de Venecia*, en que la hebrea Yésica figura como la hija del usurero Shylock, enamorada del cristiano Lorenzo. Si queremos relacionar Yésica con un antecedente podemos referirnos al nombre de la hermana de Abraham, en la Vulgata Yesca, del hebreo *iskah* (= Dios Guarda).

Carácter y destino

Influida por el planeta Júpiter, Yésica está dotada de un temperamento valiente y una fuerte ambición. Serena, creativa, adaptable, siente profundamente la necesidad del estímulo de los demás. Alegría, optimismo. Las numerosas aventuras amorosas de la adolescencia son suplantadas hacia los treinta años por un único y gran amor al que Yésica se consagra con fidelidad y devoción. Facilidad para ganar y gastar dinero.

La suerte

Número propicio: tres; día favorable: jueves; colores: púrpura y azul eléctrico. Los talismanes: un pétalo de geranio, una avellana y una amatista.

YOLANDA - VIOLANTE

Etimología e historia

Aparentemente distintos, estos nombres se componen probablemente de dos voces de origen griego: *ion* (= violeta) y *laos* (= país), en el sentido de «tierra de las violetas», para Yolanda, y *ion* (= violeta) y *anthos* (= flor), es decir, «flor de la violeta», para Violante, la variante más curiosa.
 Fiestas: 17 y 28 de diciembre.
 Como variante, Violantina tal vez pueda gustar a algunos padres en espera de un bebé del siglo XXI.

Carácter y destino

Espontánea, sincera, sensible, la bella y cortejada Yolanda es capaz de grandes sentimientos y de sacrificio en el amor. Romántica, maternal, pero muy celosa, odia la hipocresía y los compromisos. Se abandona fácilmente al instinto y a la irracionalidad, pero gracias a su innata intuición siempre logra escoger el mejor camino.
 Una máscara decidida y fría oculta la extrema timidez y la gran necesidad de

afecto de Violante, siempre autocontrolada y reservada.

Su innato encanto la hace admirada y buscada, pero un profundo miedo del prójimo la convence de guardar las distancias.

Muy apreciada en el campo profesional por la eficiencia y la precisión con que trabaja. Excelentes ganancias, inversiones afortunadas.

La suerte

Para Yolanda: número de la suerte, el dos; día propicio: martes; color: violeta; talismanes: un rubí y una prímula roja. Para Violante, respectivamente, el ocho, el sábado, el azul muy oscuro y el pensamiento o una tortuguita de carey o auténtica.

YVONNE (véase IVO)

Z

ZAÍRA

Etimología e historia

Nombre de origen literario, inventado por Voltaire para la protagonista de una tragedia suya, Zaïre, tal vez sobre base árabe, de *zahir* (= florecida), o de *alzar* (= protector), y recuperado más tarde por V. Bellini en la ópera del mismo nombre, Zaíra es recordada el 21 de octubre.

Carácter y destino

Zaíra, astuta y despierta, sabe desde niña lo que verdaderamente quiere y casi siempre lo logra con la voluntad y la testarudez, pero sobre todo con sus recursos femeninos, llenos de coquetería. Mucha ternura y exclusividad en el amor. Altibajos financieros.

La suerte

Es el número uno, de influencia solar, el que marca la personalidad de Zaíra, llevándola a preferir el domingo, el amarillo (entre los colores), el oro (entre los metales), el topacio y la esmeralda (entre las gemas). Como amuletos, podrá optar por un broche en forma de abeja o, respetando el origen etimológico del nombre, en forma de flor.

ZENÓN (véase CENÓN)

ZITA

Etimología e historia

Deriva del toscano *cita, citta* (= niña; cabe destacar el paralelismo con el alemán *zitze* = mama, lactante, niño/a), o bien del latín *citus-cita* (= esbelto). Santa Zita fue autora de numerosos milagros, entre ellos la transformación de agua en vino y, criada ella misma, fue considerada patrona de las cocineras, las criadas y las sirvientas.

Fiesta: 27 de abril.

Para los más curiosos, a este apelativo respondía la última emperatriz de Austria.

Variante: *Cita*.

Carácter y destino

Caprichosa y exclusivista, Zita se muestra difícil de tratar. La responsable de esto es la Luna, el astro que preside la infancia y que, por tanto, influye en el nombre, el cual además confiere a su portadora una ferviente fantasía, inteligencia y en ocasiones grandes dotes paranormales. En su juventud, Zita tiende a sufrir de numerosos complejos debidos a su manía de subestimarse, aunque están destinados a diluirse con la madurez.

LA SUERTE

El número mágico para Zita es el dos. Día favorable: lunes. Colores: blanco y gris perla. Como amuletos, podrá adoptar un pececillo de cristal, un par de pendientes de plata y siete semillas de calabaza o melón.

ZOÉ

ETIMOLOGÍA E HISTORIA

Del griego *zoe* (= vida), paralelo a Epleado tanto en sentido pagano de larga y feliz vida como cristiano de vida eterna. Lo puso de moda la difundida novela de F. D. Guerrazzi, *La batalla de Benevento*, donde Zoé es la hija del rey Manfredo.

Se celebra el 2 de mayo y el 5 de julio.

CARÁCTER Y DESTINO

De temperamento activo, Zoé, como el nombre exige, está llena de vida y tiende a vivir una existencia plena, frenética, dedicada a no desperdiciar ni siquiera un instante.

En la relación de pareja se muestra más amiga que amante, pero es una amiga fiel, sincera, en la que se puede confiar plenamente.

Una variante: *Zoe*.

LA SUERTE

Es el número uno, de influencia solar, el número de Zoé, que prefiere el domingo, el amarillo, el oro y el topacio (entre las joyas), el león y el águila (entre los animales). Entre los talismanes, podrá escoger el girasol, una varita de canela o una ramita de salvia. También una gema influida por la luna como el diamante resultará propicia, tendiendo a suavizar su carácter y a hacerla más reflexiva y sosegada.

Impreso en España por
HUROPE, S. L.
Lima, 3 bis
08030 Barcelona